Elenísima
Ingenio y figura de Elena Poniatowska

Biografía

Biografía

Michael K. Schuessler (Estados Unidos, 1967) es doctor en Literatura Latinoamericana por la Universidad de California, Los Ángeles, y es especialista en la literatura novohispana y mexicana. Entre su obra destacan *Elenísima: Ingenio y figura de Elena Poniatowska* (nominada al Premio Pulitzer en su edición en inglés), *Peregrina: Mi idilio socialista con Felipe Carrillo Puerto* y *Artes de fundación: teatro evangelizador y pintura mural en la Nueva España*, de próxima aparición. Actualmente es profesor titular de Humanidades en la Universidad Autónoma Metropolitana, en la ciudad de México.

Michael K. Schuessler

Elenísima
Ingenio y figura de Elena Poniatowska

Presentación de Carlos Fuentes

© 2003, Michael Karl Schuessler

Derechos reservados

© 2009, Editorial Planeta Mexicana, S.A. de C.V.
Bajo el sello editorial BOOKET
Avenida Presidente Masarik núm. 111, 2o. piso
Colonia Chapultepec Morales
C.P. 11570 México, D.F.
www.editorialplaneta.com.mx

Diseño de la portada: Vivian Cecilia González
Fotografía de la portada: Héctor García

Primera edición: 2003
Primera edición en esta presentación de booket: junio de 2009
ISBN: 978-607-7-00087-7

Impreso en los talleres de Litográfica Ingramex, S.A. de C.V.
Centeno núm. 162, colonia Granjas Esmeralda, México, D.F.
Impreso y hecho en México – *Printed and made in Mexico*

Para Elena, ¿quién más?

PREFACIO A LA EDICIÓN DE 2009

Cuando surgió la oportunidad de incluir este libro en la colección Booket de Planeta, algo que me pareció muy acertado dados los esfuerzos de Elena por publicar libros accesibles para sus lectores, me puse a pensar en cómo se podría actualizar una biografía cuyo sujeto siempre ha seguido un vertiginoso ritmo de trabajo y que no ha dado señales de agotamiento en las actividades que la han caracterizado todo el tiempo. En virtud de su incesante producción en el campo de las letras, decidí que en vez de aludir detalladamente a todas sus obras, artículos y experiencias para mostrar el perdurable "ingenio y figura" de Elena, seguramente resultaría más atractivo —y factible— llevar a cabo una extensa entrevista con ella, con la convicción de que nadie mejor que la propia Elena para pormenorizar sus múltiples actividades, desafíos y logros desde 2003, año en que se publicó la versión original de este libro. Efectivamente, desde entonces muchas cosas notables han sucedido en la vida y obra de Elena Poniatowska, que incluyen la publicación de su novela *El tren pasa primero* (ganadora del premio Rómulo Gallegos 2007), el reconocimiento de su distinguida trayectoria periodística por parte de la prestigiosa International Women's Media Foundation (IWMF) en 2006, y el reiterado apoyo a Andrés Manuel López Obrador y su "Coalición para el bien de todos".

Lo que sigue es la transcripción de nuestra conversación que tuvo lugar el 8 de febrero de 2009 en su casa de Chimalistac. Me recibió, como siempre, con su distintiva sonrisa y el continuo afecto que me ha mostrado desde que la conocí, a principios de la década de los noventa. Durante más de quince años, ella ha sido una presencia invaluable en mi vida, muchas veces brindándome su apoyo y, a veces, sus confidencias. No obstante su edad, y a pesar de las difíciles circunstancias que ha vivido en los últimos años por sus convicciones, no se ha quebrantado su fe en la posibilidad de cambiar la realidad del país bajo una conducción política correcta y justa.

Al mismo tiempo, Elena ha cosechado el fruto de más de medio siglo de trabajo como escritora y periodista por las distinciones que ha recibido. Ahora bien, la idea de entrevistar a la "entrevistadora más famosa de México" no me tenía sin cuidado, pero al conversar con ella —siempre accesible, curiosa, amorosa, divertida— traté de olvidar al personaje legendario que tenía frente a mí y hacerme a la idea de conversar con una admirada y querida amiga de quien yo quería saber más, como si hubiera pasado mucho tiempo sin vernos. En lo que sigue, Elena y yo —y tú también, cómplice lector— nos ponemos al día con la escritora más celebrada de México.

¿Cómo han influido tus experiencias personales en tus acciones públicas durante los últimos diez años?

En 2001 murió mi mamá y no lo acepté. No toleraba que mi mamá se hubiera muerto y lo negaba. Creo que en mí, al igual que en mi tía Pita Amor, hay un elemento de locura. Quizá en Pita, que era valiente,ególatra y aun más inconsciente, se manifestó más. Pero también en mí hay mucho menos atrevimiento y mucho más afán de conocer, de leer, de servir, que en Pita, porque Pita se bastaba y se sobraba a sí misma. Ella se veía como un planeta que gira solo en el espacio y no necesita de nadie. Del lado de los Amor había un elemento lúcido y demencial a la vez, al cual no soy ajena. Cuando murió mi mamá seguí trabajando como si el trabajo fuera el único salvavidas posible.

Elena, ¿podemos hablar de cómo y cuándo te asociaste con Andrés Manuel López Obrador?

Cuando vino Andrés Manuel López Obrador aquí a mi casa a decirme que quería que lo ayudara, quedé muy sorprendida. Esto fue antes del desafuero en 2005 y me pidió que interviniera para ayudar a impedir el desafuero a todas luces ilegal. Recuerdo que le hablé a Mane, mi hijo, que vive aquí a dos cuadras y a Jesusa Rodríguez. Accedí y recuerdo que durante dos meses trabajamos Berta *Chaneca* Maldonado y yo todos los días desde las siete de la mañana a las doce de la noche, al lado de Martí Batres y José Agustín Ortiz Pinchetti, cuya inteligencia admiramos Chaneca y yo. ¿Qué hacíamos? Visitar a la gente, asistir a desayunos, ir a reuniones larguísimas, convocar a otras. Una vez Martí Batres y yo fuimos a pararnos frente a la puerta de Palacio Nacional a arengar a los que iban pasando. Gracias a la virgen de Guadalupe, Martí Batres es un excelente orador y un líder de masas porque yo me moría de la vergüenza (soy una mujer tímida como mi madre, sólo me aviento cuando escribo), sobre todo cuando oí a un señor ya grande que pasó refunfuñando: "Par de huevones, pónganse a trabajar".

Sabía poco de López Obrador aunque lo había entrevistado, pero ni él ni yo lo recordábamos porque a él le habían hecho muchas y yo he hecho miles de entrevistas. Después de su marcha de Tabasco a México acompañado por don Luis Nava en 1991, el inolvidable gobernador de San Luis Potosí, muchos lo siguieron por su autenticidad y porque luchó desde entonces contra la privatización de Pemex. Aunque no sé desconfiar, López Obrador es un político que habla un lenguaje comprensible y su preocupación, "Primero los pobres", es auténtica.

Trabajé con él sin saber en qué me metía. El 28 de abril, Vicente Fox, aunque lo odiaba, tuvo que declarar que no había razón para desaforarlo y la multitud lo apoyó y condenó a Fox. AMLO regresó a pedirme que lo ayudara en lo de la cultura de su gobierno e hice un documento largo y tupido, trabajé a conciencia haciendo entrevistas a creadores para pedirles su opinión. Lo hice exhaustivamente como hago todo en la vida, recogí ideas, posibles programas, necesidades, lagunas. Ingenuamente hice volúmenes y volúmenes de propuestas culturales, entrevisté a unos y a otros, asistí a reuniones en las que todos hablaban al mismo tiempo y también colaboré con Ignacio Marbán para establecer una agenda cultural de cada estado para que AMLO supiera que Enriqueta Ochoa había nacido en Torreón y la mencionara en su discurso, y no olvidara tampoco a Pilar Rioja ni a Griselda Álvarez aunque era del PRI junto a Socorro Díaz, ambas oriundas de Colima y así con cada estado de la República; además de costumbres populares, flores, frutas, platillos, bailes regionales y todo lo que hace la grandeza de un estado.

Después vino lo del petróleo y escuché con gran interés a los especialistas pero sólo apoyé con mi presencia —lo que se llama apoyo moral—. Y así he seguido hasta ahora.

¿Sigues fiel a López Obrador? ¿Él ganó las elecciones presidenciales?

No tengo duda. Estoy con López Obrador. No puedo adivinar cómo habría sido su presidencia pero es evidente que ganó las elecciones. Es un luchador consistente y apasionado que no ha cejado en su esfuerzo y ha visitado casi todos los municipios de la República, una cosa impresionante. Su capacidad de entrega es asombrosa. De veras quiere a la gente y se pone unas friegas espantosas; se mata de trabajo porque toda la semana está viajando a toda la República hablando con la gente, jugándosela. Es un hombre que sí ama el país, que sí se preocupa por el país, que sí es consecuente con lo que dice. No se ha refugiado en su casa a llorar por lo del fraude sino que pelea y eso me parece admirable. Él anda solo por los caminos con un equipo muy pequeño y les dice a los mexicanos que no están solos y no les va a fallar, y ellos le repiten lo mismo. "No estás solo, no estás solo". La gente de veras lo quiere. A pesar del boicot televisivo y el de la prensa (salvo *La Jornada* que no es un periódico infalible pero es decente) AMLO es la gran figura de protesta de México, el gran líder que no se dobla y que la gente sigue porque no les ha fallado. Gracias a él tenemos un movimiento de resistencia civil importante en el que Jesusa Rodríguez juega un papel de primera. Es indispensable que un país aprenda a protestar y la resistencia civil en México lo ha hecho crecer en una forma definitivamente admirable. Estoy más orgullosa de México después de López Obrador que antes de López Obrador porque he tenido la oportunidad de conocer a gente espléndida, gente que no aparece en los periódicos.

¿Crees que AMLO es el presidente legítimo de México?

Sí. Claro que lo creo.

¿Cómo interpretas la actitud para con tu persona de personajes como Manuel Espino y otros miembros de la reacción?

Que la traen contra mí porque sienten que no sé de lo que hablo y en cierta forma tienen razón porque soy una ingenua, desde niña creo que todo el mundo es bueno y lo que menos puede perdonarse en la política es la ingenuidad. La ingenuidad no sirve para nada. Por mi origen debería de pertenecer al PAN y yo quise mucho a don Manuel Gómez Morín porque tanto Kitzia, mi hermana, y yo fuimos muy amigas de sus hijos. Recuerdo que una vez en el jardín de su casa de la calle de Árbol en San Ángel (la misma calle de Hugo Hiriart) perdí una cadenita y él se puso a buscarla como si no tuviera nada más que hacer. También recuerdo que me llevó a su biblioteca a leerme algo de su poema dedicado a la virgen de Guadalupe y yo era una chavita babosa a quien otro menos buena gente no habría prestado la menor atención. Manuel Espino me dijo "pobre señora" porque sintió que soy una señora que no sabe de política pero sé de moral y por instinto me he alejado del poder. Nunca me he acercado a un poderoso. Soy fundadora de *La Jornada* y subí a la dirección una sola vez cuando vino el año pasado el escritor John Berger. No conocía ni la sala de juntas. Mis hijos Paula y Felipe han sufrido las consecuencias de mi actividad política porque, por ejemplo, a Josefina Buxadé de Haro que vive en Puebla y trabajó en el IFAI (es una profesora muy distinguida de la UDLA de Puebla, tiene un doctorado en Barcelona), la atacaron por ser mi nuera y bombardearon a la prensa con una cantidad de e-mails que se publicaron. El único que no ha sido agredido es mi hijo mayor, Emmanuel Haro Poniatowski, que está en la UAM Iztapalapa. Además del apoyo a López Obrador, apoyé a Lydia Cacho contra el "Góber Precioso", Mario Marín Torres, y las represalias a mis hijos no se hicieron esperar.

Paula, mi única hija, trabajaba en Mérida, Yucatán, en una fundación cultural de Banamex que dirige Roberto Hernández y con su trabajo ayudó a los artesanos de Izamal, pero a raíz de lo mío los banqueros consideraron que era una malagradecida y yo una mala madre.

A partir de un *spot* difundido el 7 de abril de 2006, en el que defendí a López Obrador de ataques en que lo llamaban populista, iluso, temerario, loco, y lo comparaban con Hugo Chávez para atemorizar a la gente diciendo que era un "peligro para México", el PAN o su servicio de propaganda hizo otro *spot* en contra mía y los ataques se incrementaron. Pero lo peor no fueron los insultos, porque insultos siempre te los dan, lo peor fue un día cuando como a las tres de la mañana sonó en el teléfono una voz masculina muy cálida y muy amable: "Elena, tenga usted cuidado. Hay un hombre dentro de su casa. Llame usted a la policía". Entonces dije como guajolote: "¿Policía?, ¿policía? No sé siquiera el teléfono de la policía". "Bueno, si quiere, yo la llamo" respondió. Cuando colgó, me puse una bata, prendí todas las luces de la casa, salí a la calle y no había nadie. Esa noche recuerdo que regresé, me senté en la cama, y allí sí fue la única vez que lloré. Lloré porque sentí, de veras, ¡cuánto odio!

A cambio de los ataques recibí una enorme cantidad de cartas —a través de *La Jornada*— de solidaridad y de afecto que me ayudaron a salir adelante. Fueron clave en mi recuperación después del primer momento de espanto porque nunca me he sentido tan apoyada y tan querida y eso lo propició el periódico *La Jornada*. También la revista *Proceso* me apoyó y recuerdo con especial emoción un artículo de José Emilio Pacheco que decía: "Yo haría cualquier cosa por Elena Poniatowska". Carlos Monsiváis, mi amigo de años, mi amigo de siempre, encabezó la lista de artículos de protesta y él, como todos lo sabemos, es el gran líder de la cultura en México.

¿Me puedes contar algo sobre tus experiencias durante el plantón sobre el Paseo de la Reforma y avenida Juárez hasta el Zócalo?

Como fueron más de cincuenta días de vida en el Zócalo, hablé mucho con la gente, y vi de cerca cómo trabajaba. Creo que hice el libro *Amanecer en el Zócalo* sobre todo para Jesusa Rodríguez porque admiré muchísimo su temple, el hecho de que permaneciera allí día y noche, de que se entregara por encima de ella misma y de su asma, de que trabajara sin parar olvidándose de sí misma. También una mujer muy guapa y muy apantalladora estuvo allí todos los días ayudando a organizar a los artistas porque una de las primeras solicitudes de AMLO fue entretener a los huelguistas. Se organizaron todos los actos imaginables y Jesusa quedó ronca de tanto hablar y tanto estimular a la gente. Ojalá y estén grabados sus discursos porque a mí me resultaron más sugerentes y más estimulantes que los de López Obrador. Él hablaba todos los días a las siete, lloviera o tronara, y vaya que llovió. Fue la temporada de lluvias más dura que hemos tenido. Dentro de esa gran batalla me pregunté, ¿qué puedo hacer yo? Entonces yo hablaba con la gente en las distintas tiendas de campaña de Zacatecas, Chiapas, Aguascalientes, Oaxaca, y fue muy emocionante darme cuenta de que una de las tiendas de campaña mejor organizadas era la de la llamada Tercera Edad. Hombres y mujeres de mi edad resultaron muy cumplidos, muy serenos, muy en paz, muy limpios exterior e interiormente, muy limpios en sus intenciones. Nunca se quejaron, nunca se desesperaron, nunca dieron la media vuelta para irse a su casa. En *Amanecer en el Zócalo* usé además muchísimo material de los reporteros de los periódicos de México pero sobre todo de *La Jornada*, que obviamente es uno de los que junto a *Proceso* tiene mayor conciencia social y apoya y genera con su apoyo, en cierta forma, la resistencia civil que tanta falta hace en nuestro país. *La Jornada* primero apoyó a los zapatistas (habría que recordar la entrevista de Blanche Petrich al Subcomandante *Marcos*, la de Vicente Leñcro en *Proceso* y la de Alma Guillermoprieto que es una extraordinaria periodista y ahora apoya a AMLO —pase lo que pase— con mucho sentido de su propia dignidad).

¿Cómo puedes definir el libro Amanecer en el Zócalo*? ¿Cuál será su destino? ¿Es la tercera parte de una trilogía que comenzó con* La noche de Tlatelolco *y* Nada, nadie. Las voces del temblor*?*

No me toca a mí juzgar mis libros porque siempre los juzgo muy mal, pero considero que fue un trabajo acelerado, angustiado, al que le faltó reposo. Luego, en medio de todo esto, recibí un golpazo personal, un clavado en la realidad que espero en los años que me quedan de vida me sirvan de lección y me hagan un mejor ser humano, más presente, más consciente, más responsable porque he tenido mucha tendencia, y creo que es un rasgo familiar, a distraerme por completo, a no estar, a flotar en la estratósfera. Haz de cuenta que me ponía yo un sarape de palabras, toda envuelta en palabras, para no ver hacia dónde iba.

Jamás me preocupé por cosas por las que se preocupa la gente. Es tan absurdo que, por ejemplo, mi difunto Guillermo Haro tiene veinte años de muerto y hasta ahora me pregunto si hizo un testamento y si lo hizo dónde está y quién lo tiene. Lo mismo sucede con mi madre. No sabía nada, no arreglé nada de sus papeles, no recogí uno solo de sus muebles, sólo quedan unas cuantas fotos amarillentas como dice la canción. Por eso muchas cosas quedaron en manos de otros que seguramente dijeron, bueno, con una mujer así, que quién sabe dónde está o quién sabe qué piensa, puede uno hacer lo que se da la gana. Yo me lo busqué, ¿no?

Después de todo lo ocurrido en torno a López Obrador
desde las elecciones presidenciales de 2006,
¿cuál es su relación en este momento?

Bueno, yo sigo con López Obrador, pero siento que lo mío, sobre todo a mi edad, es tratar de escribir cada vez mejor, dedicarme a lo que he hecho toda la vida. A lo de López Obrador tengo la sensación de ir a hacer bulto, no puedo aportar gran cosa, los que participan están en la política o reciben un buen entrenamiento político, la verdad no sé de qué viven, pero a mí asistir a tantas reuniones me causa una especie de trepidación interior que me impide luego trabajar en lo que es mi responsabilidad: escribir. Sin embargo, claro que asisto o ayudo cada vez que me lo piden. Mi lema podría ser "estar al servicio de". Creo, aunque suene muy de *boy scouts*, que hay que servir.

LA VENDEDORA DE NUBES

¿Me podrías hablar sobre tu reciente reincursión
en la literatura infantil, algo que yo no había visto
en tu obra literaria desde Lilus Kikus?

Eso lo empecé a hacer hace muchos años con Mariana Yampolsky. Ella fundó los Rincones de Lectura cuando trabajó en la Secretaría de Educación Pública. Además de gran fotógrafa y conocedora de México, era una extraordinaria trabajadora. Nos queríamos mucho, me tenía mucha confianza y me decía "necesito un cuento así" y yo se lo escribía. Hizo muchos libros con distintos autores. Con Mariana hicimos *La vendedora de nubes*, basada en la idea de una niña, Magda Montiel Solís. Un día su mamá Magda Solís, que era una estupenda maestra de literatura, me contó que su hija le había preguntado: "Oye mamá, ¿por qué no se venden las nubes?" y a mí me fascinó esa idea. Después hice varios cuentos para niños que incluyen *El león que servía el té*, *El burro que metió la pata* y adapté para niños el cuento surrealista por excelencia de Octavio Paz, *Mi vida con la ola*. A Octavio le gustó mucho estar entre los cuentos para niños de los Rincones de Lectura de Mariana Yampolsky. En todas las aulas, se ponía un rincón al que los niños pudieran acudir para pedir prestado uno de los libros allí expuestos y devolverlo después: que cada salón de cada año escolar de primaria tuviera un rincón con libros que mandaría la SEP y que los niños leyeran y no fueran libros de texto sino libros de esparcimiento.

Incluso uno que escribí sobre el 68 fue censurado —hace unos veinte años— porque en esa época no se podía hablar del 68. La primera vez que se hizo un recordatorio del 68 fue con Cuauhtémoc Cárdenas cuando él era jefe de gobierno. Nos pidió a Paco Ignacio Taibo II, a Carlos Monsiváis y a mí que fuéramos al techo o a la azotea del Palacio de Gobierno a la siete de la mañana porque se iba a izar la bandera a media asta en señal de duelo.

Boda en Chimalistac lo hice porque vivo aquí en Chimalistac y en esta iglesia de San Sebastián todo el mundo se casa, entonces se me ocurrió ese cuentito de la boda de una jacaranda con un limonero. La época de las jacarandas en el mes de marzo nos marca a todos y cubre a toda la ciudad con un manto morado que es imposible olvidar.

¿En qué estás trabajando en este momento? Me has mencionado una novela, si no me equivoco.

Estoy haciendo una novela —ni siquiera tiene un título— que escribo en papel reciclado para no gastar tanto papel porque escribo y reescribo. Hasta ahora todas mis novelas habían estado basadas en algún suceso de la vida mexicana, la Revolución, la ciencia, la huelga ferrocarrilera o la colonia francesa en México en *La "Flor de Lis"*, pero esta es una novela donde yo tengo muchísimo más que ver porque no sé hacia dónde voy ni qué va a resultar. Como yo tenía poco que ver con un ferrocarrilero, por ejemplo, yo me documentaba, pero hasta ahora he hecho novelas que están fuera de mí, completamente fuera de mí, porque *Hasta no verte Jesús mío* es la vida de una soldadera en la Revolución mexicana, *El tren pasa primero* es de un ferrocarrilero. Entonces son temas que tengo que estudiar, sobre los cuales tengo que hacer muchas entrevistas. Incluso para *La piel del cielo* entrevisté a muchos científicos. Claro que le puedo meter una dosis de realidad porque Guillermo Haro, mi esposo, era astrofísico y Mane mi hijo es físico y jefe de departamento en la UAM Iztapalapa, pero todas las otras historias que le atribuyo no son reales, y además, en el caso de Guillermo Haro si yo doy una imagen de él estoy haciendo un daño porque él no fue como aparece en la novela y por lo tanto me gustaría lanzarme a escribir su biografía cuando termine esta novela porque creo que no le hice ningún favor con *La piel del cielo*.

¿Qué me puedes contar de tu libro Jardín de Francia*?*

Jardín de Francia es una colección de artículos hechos en Francia durante los años 1953 y 1954 cuando yo era muy joven. Mi abuelo Andrés Poniatowski, que en aquel entonces había fallecido, fue amigo de Claude Debussy y Stéphane Mallarmé —el del poema *Un coup de dés jamais n'abolira le hasard*— entre otros. Gracias al recuerdo de él y al hecho de que él también había escrito *D'un siecle a l'autre* y *D'une idée a l'autre*, pude entrevistar a gente que normalmente no me hubiera recibido.

De hecho, en Francia consideran a Poniatowski como un apellido francés. Hay un Boulevard Joseph Poniatowski quien fue mariscal de Francia con Napoleón y luchó en contra de los rusos y cuyo nombre está debajo del Arco de Triunfo. Mientras escribía yo *Jardín de Francia*, viví en casa de mi tía Frances Lawrence Poniatowska. No son todas las entrevistas, faltan muchas que encontré después de entregar el manuscrito al Fondo de Cultura Económica.

Cuéntame un poco sobre tus experiencias en Venezuela a raíz del Premio Rómulo Gallegos.

A mí me hicieron unas entrevistas que comenzaban a las cinco o seis de la mañana y en una me preguntaron si me gustaría entrevistar a Chávez. Dije que no. Luego lo compuse un poco porque vi que me miraban como alguien muy descortés y bueno, dije que no estaba preparada. Entonces Chávez quiso que yo lo viera a él y cuando fui, resulta que él había leído pedazos de la novela *El tren pasa primero* y los leyó en voz alta ante la gente. Me sentó frente a él desde las diez de la mañana hasta las once de la noche, lo cual fue terrible porque no hice pipí durante todo ese tiempo —él tampoco—. Me acuerdo que nos dieron una cajita de cartón con un sándwich y un refresco y lo que fuera, para poder seguir escuchándolo. No comí del puro terror.

Todavía después de que terminó la entrevista con los personajes que estaban, por ejemplo Piedad Córdoba, la aguerrida y valiente senadora colombiana que siempre lleva turbante y que saca libres a los rehenes y parece que va a bailar la samba; el hijo de Abdel Nasser y algunos franceses, gente así de todas partes que le rendían pleitesía, que le daban las gracias porque él les había enviado petróleo. Estaba lleno de gente que además lo consideraba como un dios. Conmigo fue muy amable: me cantó *La adelita* para referirse a *El tren pasa primero*, la novela por la que gané el premio.

LETRAS MEXICANAS

¿Cómo ves la literatura mexicana de estos días?

La veo muy dinámica y muy buena. Veo a escritores muy buenos. Juan Villoro es un muy buen escritor y Jordi Soler a mí me gusta mucho, su *Rojos de Ultramar* es notable. También es muy bueno su hermano Álvaro Enrigue. Te puedo dar una lista grande de escritores, de poetas, Fabio Morábito, por ejemplo, me gusta casi tanto como Jaime Sabines. ¡Y ni hablar de José Emilio Pacheco que encabeza la lista y no tiene el lugar que se merece! Pero no creo que la literatura mexicana haya dado una gran aportación al mundo. Por ejemplo, García Márquez puso a Colombia en el mapa, desafortunadamente también la droga. En México se puede mencionar a Carlos Fuentes, a Octavio Paz, a los tres grandes muralistas, y tenemos, aunque ya no está en México, un premio Nobel de Física, Mario Molina, que está con Obama, algo maravilloso.

Hablando de Mario Molina, ¿se puede decir
que México ha padecido mucho una huída
de cerebros hacia países más desarrollados?

Sí, claro. Eso está mucho en el libro *La piel del cielo*. Los
que quieren investigar, los que quieren tener laboratorios,
no aguantan la burocracia universitaria. Para obtener diez
clavos y un resistol para tu laboratorio tienes que hacer una
carta con diez copias y acabas yendo tú a la tlapalería por
ellos. Estoy exagerando pero todo eso es ridículo y la falta
de ayuda, las empresas que no tienen laboratorios para hacer investigación, el hecho de que nosotros pensemos que
si somos vecinos de EU, ¿para qué hacemos nuestra propia
ciencia, si podemos importarla más barata de EU y ya está
hecha allá? En fin, la tragedia esa de que se habla bastante
en *La piel del cielo*.

¿Qué has aprendido a lo largo de cincuenta años
en el mundo literario y periodístico mexicano?

El mundo literario y el mundo periodístico mexicanos han
sido mi vida, les he entregado todo lo que tengo, todo lo
que puedo hacer, los años por venir. Todo lo que sé de
mi país y de mí misma lo aprendí a través del periodismo
y mis maestros fueron los grandes escritores y los grandes
pintores que entrevisté. Aprendí de arquitectura a través
de Luis Barragán, de grabado y de la realidad mexicana a
través de Alberto Beltrán, de literatura y de escritura a través
de escritores mexicanos que tuve la oportunidad de entrevistar, entre ellos a Alfonso Reyes. Creo que ahora después
de mucho tiempo de reflexión he cambiado porque, fíjate
Michael, qué absurdo, yo no sabía ni creía que se podía
decir que no. Creía que uno estaba sobre la tierra siempre

para decir que sí. Entonces yo decía que sí a todo, que sí, que sí, que sí, que sí. ¿Con qué finalidad? Nada más por decir que sí, ¿no? Entonces llega un momento en que digo: bueno, ¿y dónde está lo que yo quiero hacer? ¿Cuándo lo voy a hacer? ¿Cuando esté cien metros bajo tierra? Bueno, cien metros no, pero cuando esté tres metros bajo tierra no lo voy a poder hacer. Ahora lo que quiero es dedicarme a leer más, trabajar más, estar más en la soledad, aunque la soledad la conozco muy bien porque la escritura la exige, le es totalmente imperativa. Sigo con el periodismo pero mucho menos que antes. Hago periodismo de televisión, presento libros porque como te dije no sé decir que no, doy conferencias, me invitan a Estados Unidos, voy y vengo, pero menos que antes. Todavía tengo mi bicicleta que sale corriendo pero muchas veces también la uso para salir corriendo de situaciones de angustia.

Siento que todavía tengo muchísimos libros en el tintero y que los quiero hacer. Y luego poner en orden todos los papeles porque mis hijos llegan aquí, ven todos los libros apilados en todas partes. Apenas se libera un espacio, inmediatamente se llena de papeles y de libros y de todo lo que quieras y mandes. La mía es una casa tomada de papeles, de gente que cae porque sabe dónde vivo y me trae más papeles, de compromisos, de manuscritos, de periódicos amarillentos en bolsas de plástico, de hojas de árbol que también son papel. Mientras tanto el desorden sigue igual.

Elena, cuéntame un poco sobre el premio literario que lleva tu nombre.

Fue el Gobierno de la ciudad de México, en particular Marcelo Ebrard, que quiso establecer con la jefa de Cultura Elena Zepeda un premio literario que llevara mi nombre.

Es bueno porque en México difícilmente reconocen a las mujeres, aunque ya hay una librería Rosario Castellanos. A mí me preguntaron si me parecía bien y les dije que claro que sí, lo considero un regalo que me hace el DF y me hace recordar *Todo empezó el domingo* que hice al alimón con Alberto Beltrán, un extraordinario dibujante y grabador que ha sido olvidado porque a los que están con los pobres los olvidan con facilidad.

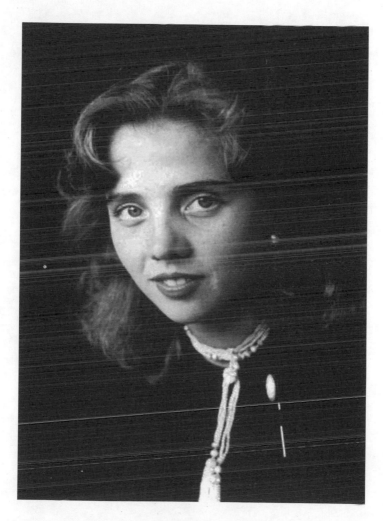

Retrato de Elena joven.

"LA PONI"

La vi por primera vez disfrazada de gatito en un baile del
Jockey Club de México. Toda de blanco, rubia como es, con
antifaz y joyas claras, parecía un sueño bello y amable de
Jean Cocteau. Como toda buena gatita, tenía un bigote que
surgía de la máscara. Pero en ella el obligado flojel de los gatos
no era, como el salvaje bigote de Frida Kahlo, una agresión
sino una insinuación. Era una, varias antenas que apuntaban
ya a las direcciones múltiples, a las dimensiones variadas
de una obra que abarca el cuento, la novela, la crónica, el
reportaje, la memoria… Salimos juntos, hace muchos años,
yo con un libro de cuentos, *Los días enmascarados*, ella con
un singular ejercicio de inocencia infantil, *Lilus Kikus*. La
ironía, la perversidad de este texto inicial, no fueron percibi-
das de inmediato. Como una de esas niñas de Balthus, como
una Shirley Temple sin hoyuelos, Elena se reveló al cabo
como una Alicia en el país de los testimonios. Sin abandonar
nunca su juego de fingido asombro ante la excentricidad que
se cree lógica, que se cree excéntrica, Elena fue ganando
gravedad junto a la gracia. Sus retratos de mujeres famosas
e infames, anónimas y estelares, fueron creando una gran
galería biográfica del ser femenino en México. Supongo que
su novela premiada en Madrid culmina esta exploración,
imaginaria y documental, de la condición femenina. Elena
ha contribuido como pocos escritores a darle a la mujer
papel central, pero no sacramental, en nuestra sociedad.
No nos ha excluido —gracias, Elena— a los hombres que
amamos, acompañamos, somos amados y apoyados por las

mujeres. Pero nadie puede oscurecer el hecho de que Elena Poniatowska ha contribuido de manera poderosa a darle a las mujeres un sitio único, que es el de las carencias, los prejuicios, las exclusiones que las rodean en nuestro mundo, aún machista, pero cada vez más humano. No sólo feminista sino humano, incluyente. "Hombres necios que acusáis a la mujer sin razón": la divisa de Sor Juana Inés de la Cruz no sólo es eco en Sor Elena de la Cruz-y-Ficción; es un abrazo, es una especie de compasión abarcante, "Hombres necios, unidos a mi trabajo, a mi lucha, a mi propia necedad". *La noche de Tlatelolco* es la grande y definitiva crónica del turbio crepúsculo del crimen que también marcó el crepúsculo del régimen autoritario del PRI en México. De esa terrible noche del 2 de octubre de 1968 data, acaso, la transformación de la princesa Poniatowska, descendiente de María Lesczinska, la segunda mujer de Luis XV de Francia, del rey Estanislao I de Polonia y del heroico mariscal de Napoleón, José Poniatowski, en una Pasionaria sonriente y tranquila de las causas de izquierda. No siempre estoy de acuerdo con ella en sus juicios. Siempre admiro su convicción y su valor. Pero por fortuna hoy la democracia mexicana se hace de acuerdos y desacuerdos lícitos, respetables y respetados. Lo importante de Elena es que sus posiciones en la calle no disminuyen ni suplantan sus devociones en la casa: el amor a sus hijos, la fidelidad a sus amigos, la entrega a sus letras. Amigo de Elena desde más años que los que quiero o puedo recordar, hoy le envío un inmenso abrazo, tan juvenil como nuestros primerizos.

CARLOS FUENTES

AL LECTOR

Elena Poniatowska no requiere introducción alguna. Es autora de más de cuarenta libros que abarcan casi todos los géneros: entrevista, cuento, teatro, crónica, testimonio, novela, ensayo y biografía. A pesar de su extensa y variada obra literaria, es mejor conocida por sus entrevistas y libros de testimonio, géneros reinventados en México por ella. Muestra excepcional de este último es *La noche de Tlatelolco* (1971), crónica colectiva del enfrentamiento entre estudiantes y soldados, constituida por un *collage* de voces que sirven al mismo tiempo de forma y contenido. *Hasta no verte Jesús mío*, novela neorrealista, es también testimonio, el de una mujer rezongona y admirable que luchó en la Revolución Mexicana y vivió más aventuras que el Periquillo Sarniento o la Pícara Justina.

Si bien Poniatowska ha disfrutado de un enorme éxito como periodista y escritora, siempre se sintió un poco abandonada por los círculos literarios de la élite. Como periodista, anduvo tras la noticia y por estar reporteando día y noche, nunca tuvo tiempo de participar en la sociedad literaria. Además, desde muy joven empezó a creer que había que hacer libros útiles, libros para su país, lo cual hacía exclamar a Carlos Fuentes: "Mira a la pobrecita de la Poni, ya se va en su 'vochito' a entrevistar al director del rastro". Por lo visto, el precio de las cebollas y los jitomates, los desalojos y las invasiones de tierra resultaron para ella mucho más importantes que los estados de ánimo o las vanguardias literarias del momento. Quizá por eso un día me explicó que algunos escritores la consideran "la cocinera, la barrendera, la criada que está limpiando los escusados de la gran casa de la literatura". Lejos de pertenecer al mundo que tanto le fascina, Poniatowska es descendiente del último rey de Polonia, Estanislao Augusto Poniatowski y del mariscal de Francia, el príncipe José Ciolek Poniatowski. Su familia cuenta entre sus antepasados ilustres con un arzobispo, un músico, y algunos escritores, incluyendo a la tía Pita, Guadalupe Amor, dueña absoluta del infierno. Gracias a su ascendencia, y debido a sus propias inclinaciones de izquierda, sus conocidos europeos la bautizaron como la *Princesse Rouge*.

Elena Poniatowska nació en París en 1932 y emigró a México a los diez años junto con su mamá y su hermana Kitzia, quienes huían de una Europa devastada por la Segunda Guerra Mundial. Su madre, Paula Amor de Ferreira Yturbe, fallecida en marzo de 2001 a los noventa y dos años, fue mexicana afrancesada, cuyos antepasados abandonaron México después del fusilamiento de Maximiliano y la demencia de Carlota. Nacida en Francia, doña Paulette conoció a su futuro esposo, el príncipe Jean E. Poniatowski Sperry Crocker, durante un baile de los Rothschild en París y se casaron poco después, en 1931. Del matrimonio nacieron tres hijos: Elena, Kitzia y Jan, el más pequeño, fallecido en 1968 a los veintiún años, víctima de un accidente automovilístico.

Poniatowska comenzó su educación en Francia, donde su abuelo le dio sus primeras clases de francés y matemáticas. Al llegar a México continuó sus estudios de primaria en el Windsor School. Concluyó su educación formal en el Convento del Sagrado Corazón de Eden Hall en Torresdale, cerca de Filadelfia. Allí hizo el programa de *Academic Classes*: cuatro años de estudios generales, aparte de las clases de solfeo, baile, religión y buenos modales. Aunque sus profesores le aconsejaron que continuara sus estudios en Manhattanville College, debido a una devaluación en México sus padres no pudieron financiar su educación universitaria y Elena regresó a México, tierra de volcanes y pirámides, haciendas y palacios, pero también de jacales y huaraches, pulque y huitlacoche.

De vuelta en México, Poniatowska estudió taquimecanografía para después trabajar como secretaria bilingüe, pero nunca hizo una carrera. Según ella, no pasó por la Universidad ni de noche. Si bien es verdad que ha recibido varios doctorados *honoris causa* de universidades de México y del extranjero —el más reciente el que le confirió la Universidad Nacional Autónoma de México en septiembre de 2001—, la escritora señala que su educación superior fue poco tradicional: no asistió a la Universidad de La Salle, sino a la de La Calle. En cambio, sus entrevistados, entre los que figuran Alfonso Reyes, Luis Buñuel, Octavio Paz, Diego Rivera, Juan Rulfo, André Malraux y Rosario Castellanos, se transformaron en los benévolos maestros de una joven siempre curiosa y, a veces, impertinente.

Mi primer encuentro con Elena Poniatowska fue hace más de diez años, cuando di una plática sobre Guadalupe Amor. Allí mismo, y casi sin conocerme, me convidó a su casa en México para revisar las muchas entrevistas que le había hecho a su estrambótica tía. De este primer contacto salió mucho del material para mi libro *La undécima musa: Guadalupe Amor*. También allí, al verme rodeado de innumerables álbumes de fotos, recortes periodísticos y otras evocaciones de una asombrosa trayectoria intelectual, resolví dedicarle mi siguiente proyecto biográfico. He aquí el resultado de más de cinco años de investigación, entrevistas, lecturas, revisiones y no pocos contratiempos.

Al escribir el libro, mi propósito ha sido dual. Por un lado, presentar el ingenio y la figura de una gran escritora mexicana a un amplio público hispanohablante, por ejemplo, a los ya escasos individuos que creen que Elena Poniatowska es una bailarina rusa. Por el otro, crear un caleidoscopio vital, un mosaico construido por medio de un coro de voces —las de su madre, su nana, sus compañeros escritores, críticos literarios y más importante, de ella misma— que a la vez fuera accesible para el lector general y útil para investigadores quienes, al tener acceso directo a documentos inéditos incluidos en este libro (algunos perdidos en los cajones y estantes de la escritora por más de treinta años) podrán señalar y analizar las múltiples cualidades literarias que encierra su obra, que alterna de manera casi imperceptible el periodismo y la literatura, el testimonio y la novela. Es un libro que, al mismo tiempo, rinde merecido e implícito homenaje a Elena Poniatowska, ya que está pensado y construido como un *collage*, el mejor medio para reflejar —si bien fugazmente— las facetas cardinales de su vida y obra. A lo largo de los diez capítulos que conforman el libro, me ocupo con especial atención de sus obras culminantes, al reconocer que procurar incluir más de lo esencial de la vida y obra de una escritora tan productiva es, como dijo Sor Juana Inés de la Cruz, "presunción necia": una empresa destinada al fracaso. No obstante, y tal vez en imitación del atrevido Faetón griego, quien, al tratar de apropiarse del carruaje solar fue arrojado desde lo alto hasta las oscuras profundidades del mar, he determinado, concienzudamente, eternizar su fama en mi ruina.

El libro principia con una introducción anecdótica en que narro mis impresiones de mi amiga la señora Elena, éstas fruto de una amistad sincera y productiva que nació hace más de una década y que pervive hasta el día de hoy. Evoco nuestras aventuras en México y el extranjero, a la vez que describo su entorno doméstico: su casa, sus hijos, su eterno desorden. No faltan referencias a su vida social, y algunas historias cómicas que allanan el terreno libresco para entrar, en el primer capítulo, en un breve pero detallado recuento de los primeros años de Elena niña: su educación en Francia durante la Segunda Guerra Mundial, su viaje a América a bordo del crucero "Marqués de Comillas" y su llegada a México, acompañada de su madre y Kitzia, su hermana menor. En este capítulo también se desentraña el misterio de su título real y cómo llegó su corona a parar al Monte de Piedad, entre otros asuntos familiares. El capítulo termina con la revelación —tanto lingüística como humana— que encarnó para la joven Elena Magdalena Castillo, su nana, amén de su triste partida al colegio Eden Hall, donde ensayó sus talentos literarios por vez primera en un brevísimo texto "On Nothing", publicado en la revista académica *The Current Literary Coin*, traducido y reeditado aquí por vez primera.

El segundo capítulo, que lleva por título "La Universidad en la calle", explora las actividades de Elena una vez de regreso en México: sus clases de taquimecanografía para ser secretaria ejecutiva; sus incursiones en el teatro, y finalmente, su entrada a la sección de sociales de *Excélsior* en 1953, esto gracias a la generosidad del tío de una amiga suya. A lo largo de un año Elena hizo una entrevista diaria con los personajes más destacados de la cultura nacional, además de publicar sus columnas dedicadas a la belleza femenina, a "dimes y diretes" y a actividades de los *pípiris-nice*, estas últimas firmadas con su nombre de pila, Hélène, o simplemente Helen. Para documentar esta etapa poco conocida en su desarrollo profesional se incluyen varias muestras de estos artículos y entrevistas, por largo tiempo olvidados.

El capítulo tres, "'Elenita': la joven narradora", recrea, a grandes pinceladas, su ingreso a *Novedades*, donde Poniatowska estableció una relación editorial que permanece hasta la fecha. Allí conoció a algunos de los intelectuales mexicanos más destacados del siglo XX, entre ellos a Fernando Benítez, director del suplemento "La cultura en México". En este capítulo también se examina su destino literario que nació en 1954 con la publicación de su primer libro, *Lilus Kikus*, amén de su única incursión en el género dramático, el controvertible *Melés y Teléo*, publicado dos años más tarde.

El cuarto capítulo se dedica a documentar e interpretar las circunstancias que rodearon la elaboración de su primer acercamiento a la crónica social, *Todo empezó el domingo*, una serie de apuntes costumbristas acompañados de las ilustraciones del recientemente fallecido grabador Alberto Beltrán. A través del experimento etnográfico que constituyó este libro, Elena se ocupa cada vez más de la gente marginada, la que descubrió de niña a través de los ojos de su nana Magdalena. Inspirada por lo que observó en estas excursiones, y a petición de su amigo el cineasta español Luis Buñuel, Elena empezó a visitar la cárcel de Lecumberri para entrevistar a presos políticos. En una de sus visitas al "Palacio Negro", ella descubrió a su compañera del alma y guía espiritual de toda la vida, Josefina Bórquez, cuya hosca e inimitable persona sedujo a la joven escritora y cuya presencia indeleble llena las páginas de su primera novela, *Hasta no verte Jesús mío* (1969), su obra más trascendente hasta la fecha y asunto del capítulo cinco, que lleva por título "Un México desconocido".

El capítulo seis documenta los trágicos sucesos desencadenados en octubre de 1968, año clave en la historia moderna de México y también en el desarrollo de Elena como individuo y como escritora, cuya respuesta literaria a los eventos se halla en su mítica *Noche de Tlatelolco: testimonios de historia oral* (1971), obra que le mereció el Premio Xavier Villaurrutia, que rechazó con una pregunta devastadora: "¿Quiénes van a premiar a los muertos?" A lo largo de estos años conflictivos, Elena nunca abandona el mundo de las mujeres, al recrear la voz femenina que nació de la "capacidad de indignación" de Jesusa Palancares, en las plegarias epistolares de *Querido Diego, te abraza Quiela* (1976), novela corta que recrea la obsesión de la pintora rusa Angelina Beloff con Diego Rivera, padre de su difunto bebé. Este capítulo fundamental termina con un acercamiento a la vida de otra mujer mexicana, Gaby Brimmer (1979), una joven afligida con parálisis cerebral. La asombrosa actitud de la biografiada al desconocer la participación de Elena en su proyecto vital culminó con una película basada en su libro, hecho nunca reconocido por el director, Luis Mandoki.

El séptimo capítulo traza el desarrollo profesional de Elena a lo largo de la década de los ochenta. Como lógico desenlace de sus experiencias personales y literarias, Elena se ve convertida en "Viuda de desastre" al ocuparse de los herederos desamparados de la Revolución Mexicana en *Fuerte es el silencio* (1980) y, después, al dar voz a las víctimas del terremoto que sacudió la ciudad de México en 1985, protagonistas anónimos de su crónica de denuncia y buen samaritanismo, *Nada, nadie, las voces del temblor* (1988). El capítulo concluye con el retrato de otra faceta literaria de la escritora, que se halla en La *"Flor de Lis"* (1988), novela femenina y semi-autobiográfica, resultado terapéutico de sus experiencias durante los años que siguieron al terremoto.

Su trayectoria literaria florece en la década de los noventa con *Tinísima* (1992), no sólo la biografía novelada de la fotógrafa y militante italiana Tina Modotti, sino un fresco político y cultural de las primeras décadas del siglo XX en México y Europa. En Modotti, Elena descubrió a un personaje cuya vida y obra abarcó casi toda la variada temática de sus libros anteriores: la condición femenina, el amor-pasión y la convicción ideológica, además de las experiencias de una extranjera inmersa en los misterios ancestrales del valiente nuevo mundo americano, que Modotti plasmó en sus a veces delicadas, a veces dogmáticas fotografías. El capítulo ocho también relata la adhesión de Elena al Ejército Zapatista de Liberación Nacional, que irrumpe en San Cristóbal de las Casas el primero de enero de 1994, y narra sus aventuras epistolares y personales con el subcomandante Marcos en las montañas del sureste mexicano.

Para Elena, esta década también fue un momento para reflexionar sobre su trayectoria literaria y periodística que abarca ya casi medio siglo. Su recopilación de entrevistas *Todo México* hace evidente esta tendencia, al igual que sus biografías de dos figuras del mundo cultural mexicano que Elena conoció en los años cincuenta cuando primero las entrevistó: *Octavio Paz: las palabras del árbol*, y *Juan Soriano: niño de mil años*, ambas publicadas en 1998. El capítulo termina con el Premio Alfaguara de Literatura 2001 que Elena obtuvo por su novela *La piel del cielo*, viaje literario por los espacios siderales y hoyos negros habitados por enanos blancos, fenómenos astronómicos que constituyeron la pasión intelectual de su difunto esposo Guillermo Haro y su álter ego novelístico Lorenzo de Tena.

El capítulo nueve, "Elena: patrimonio universal", documenta la creciente globalización de su obra literaria, que se considera lectura compulsiva en universidades de países como Estados Unidos, donde muchos de sus libros y ensayos se han traducido al inglés y donde cada vez más investigadores dedican artículos, reseñas y ensayos a los múltiples aspectos que encierra su voluminosa y heterogénea producción literaria.

El décimo —y último— capítulo, que lleva por título "La Poni: mito nacional", es una recopilación de testimonios de amigos y colegas de Elena, fruto de cincuenta años de periodismo, crónica y literatura, muchos de ellos provenientes de destacados escritores y otras figuras de la cultura mexicana que comentan sobre Elena y su mundo literario.

Para facilitar la consulta de las obras citadas en este libro se incluye una bibliografía anotada de sus obras indispensables.

Manhattan y Coyoacán
agosto a diciembre de 2002

INTRODUCCIÓN

"LO QUE ME IMPULSA ES EL DESEO"

Elena Poniatowska, 1990.

1. ENCUENTRO EN CHIMALISTAC

La diminuta mujer que me recibió aquella tarde de julio de 1991, con la cara llena de mascarilla verde (creí que era guacamole) y vistiendo una sudadera del mismo color, era la famosísima escritora, princesa de Polonia, y soberana "Reina de la Intelectualidá" mexicana: Hélène Elizabeth Louise Amelie Paula Dolores Poniatowska Amor, alias Elenita. Al verla así, con un semblante que parecía el de una preciosa ranita —como las que habitan los cuentos de los hermanos Grimm— algo en mí cambió para siempre. Desde aquel encuentro, Elena me ha hechizado con su alma jovial e inocente, con su presencia a la vez consoladora e inquietante y sobre todo con su sensibilidad profunda y visionaria: sibila que fue en vida alterna.

Al saludarla con un beso me llené los labios y la mejilla con esa pasta verdosa que, combinada con mi rubor, hacía juego con mis emociones. Elena se rió y me invitó a pasar por un pequeño jardín lleno de rosas, azaleas, camelias y bugambilias que conviven bajo la sombra de un enorme tabachín de cuyas ramas cuelgan botellas de agua endulzada, manjar de los colibríes que siempre rondan por ahí, fugitivos irisados de aquel alejandrino que —sin darse cuenta— compuso el príncipe de Texcoco. En el aire flotaban las consabidas notas de la *Marcha nupcial* de Félix Mendelssohn, que emanaban de la pequeña capilla plateresca de Chimalistac, lugar donde, según los cronistas, se bautizó a Malintzin, amante y lengua de Hernán Cortés. Después me enteré de cómo ahí se quiere casar media humanidad, pues siempre hay un gentío y la música —tan placentera en dosis pequeñas— es cosa de todos los días; el tráfico también. Tanto así que un buen día, alterada al no poder estacionarse con su coche lleno de bolsas del mercado, con una llave Elena rayó un auto convenientemente estacionado delante de su puerta. De inmediato se arrepintió, buscó al dueño del coche y pagó los daños.

2. UN ENCANTO HOGAREÑO

Al entrar en la casa, lo primero que llama la atención son los libros. Están en todas partes; no sólo en los libreros que cubren las paredes, sino regados por el piso, metidos en bolsas de Aurrerá, amontonados sobre la mesa del comedor, perdidos dentro del follaje de alguna planta. Al sentarme en la sala, descubrí uno debajo de un cojín del sofá; era el último libro de su querido amigo y poeta José Emilio Pacheco, el mismísimo texto que andaba buscando como loca pues tenía que presentarlo al día siguiente. Los pocos huecos que ceden los libreros ostentan fotos y daguerrotipos familiares: su papá, el príncipe Jean Evremont Poniatowski, vestido de militar; su madre doña Paula Amor de Ferreira Yturbe, princesa Poniatowska —retrato de Edward Weston—; su hija Paula con un gato entre los brazos y una sonrisa descomunal; varios cuadros de su amigo el pintor Francisco Toledo; y la figura en barro del *Blue Demon*, un luchador mexicano, vistiendo mallas azules y una capa roja, regalo de Jesusa Rodríguez. Abundan sobre todo imágenes del Santo Niño de Atocha —legado espiritual de su querida Jesusa Palancares, protagonista y heroína de *Hasta no verte Jesús mío*— convertido ahora en santo patrón de la casa, y de su dueña. Entre la jungla de libros, plantas, cuadros y curiosidades acumulados y dispuestos sin ton ni son a lo largo de muchos años, se deslizan dos gatos, Silvana y Gazpacho, la primera una Tabby, el segundo blanco y negro, vestido de *smoking*. Ambas mascotas son herencia de su hija Paula y siempre están ansiosas de ser acariciadas, aunque hay que tener cuidado porque si uno se descuida son capaces de darle un buen rasguño. Ya son los últimos animales que quedan en la casa, pues la perra Samoyedo que encontró Paula una mañana en el Periférico sur —"Loba"— se perdió o se la robaron, dejando un verdadero hueco en la vida familiar Haro-Poniatowska. La casa no es grande ni lujosa, pero cuenta con un encanto que inspira confianza y tranquilidad. Parece siempre en proceso de renovación, pues hay ahí muchas cosas, algunas muy chistosas, como los calendarios autografiados de Gloria Trevi; o el enorme retrato al óleo del mariscal de Francia, José Poniatowski, con tupidos bigotes, seguramente uno de sus muchos antepasados de abolengo, que da la impresión de crecer a su aire, generando nuevas formas, creando espacios alterados, cosa que le da una identidad dinámica, cambiante.

3. MI "MAMÁ MEXICANA"

Tuve mi primer encuentro con Elena durante un congreso sobre Literatura de la Mujer organizado por la Universidad de California en Los Ángeles, en el cual dicté una conferencia dedicada a su tía Pita, Guadalupe Amor, la "dueña absoluta del infierno". La misma poeta que en una noche de gala, hace ya años, al verla platicando con Octavio Paz, roció a su sobrina con una letanía de insultos que, por su desbordante conceptismo, son dignos de Quevedo: "No te compares con tu tía de sangre. No te compares con tu tía de fuego. No te atrevas a aparecerte junto a mis vientos huracanados, mis tempestades, mis ríos. ¡Yo soy el sol, muchachita, apenas te aproximes te carbonizarán mis rayos!"

Meses después tuve la inmensa suerte de que Elena me pusiera en contacto con la editorial Diana, donde me llevó un buen día —casi de la mano— para conocer al editor Fausto Rosales Ortiz. Muy entusiasta, Elena le platicó maravillas de mi proyecto sobre su tía Pita y pidió que lo consideraran para publicarse. No sé realmente qué habría sido de mi vida literaria sin el apoyo de Elena, ya que ella se encargó de supervisar mis incipientes escritos con un afán y un cariño casi maternos: en una ocasión me confesó que ella se consideraba mi mamá mexicana. Yo le dije orgulloso: "Sí, eres mi mamacita mexicana", pero ella me corrigió, diciendo que era su "mamita mexicana", ya que así sonaba mejor. Aunque parezca imposible, al salir juntos, sucede muchas veces que alguien me pregunta: "¿Es usted hijo de la señora Poniatowska?" Elena se ríe y exclama: "¡Ay, cómo me gustaría tener un hijo tan grandote!" A veces no es tan agradable salir con ella a la calle porque la gente se acerca queriendo conocerla. Una tarde mientras estábamos comiendo en la Fonda de Santa Clara, en Puebla, y Elena se había ido a no sé dónde, apareció una señora de la nada: "¿Es usted amigo de doña Elena?" Le respondí que no, que me llamaba Michael. Cuando apareció Elena lo hizo con una sonrisa traviesa. Creo que le gustó mi actitud. Qué bueno porque luego la gente hace preguntas que no tienen respuesta. Una vez llegaron los de la BBC de Londres a su casa; como ella todavía se estaba acicalando, me preguntaron cosas que en vano traté de responder. Al escuchar mis imprecisas respuestas, Elena gritó desde donde estaba: "¡No, Michael, así no fue! Ahorita bajo". Como en la misma entrevista ella confesó que era una *work-alcoholic* en vez de una *workaholic*, no me sentí tan mal por haber proporcionado información apócrifa.

4. ¡CHABEEE!

Chabela es también dueña de la casa, o al menos su generala, ya que sabe infinitamente más de lo que sucede ahí que la propia Elena. Chabela le recuerda a Elena dónde tiene que viajar, quién llamó por enésima vez, qué va a hacer el próximo fin de semana. Con un sentido del humor muy ranchero y un fuerte carácter que atrae y aterra desde un principio, se la pasa burlándose de los invitados y de absolutamente todos los personajes que tocan el timbre a todas horas del día y de la noche. Muchas veces son personajes extraordinarios, algunos memorables: Chuchito, el señor que tiene la edad de Cristo, duerme en una cripta del panteón de Dolores, y lava trailers en la Central de Abastos. De vez en cuando aparece Diana, oriunda de Morelos, feminista de hueso colorado. Un día llegó "Diablito", un niño de la calle de apenas nueve años que vendía chicles. A él le encantaba ir a comer y bañarse con la "Seño Güerita". Pero el día que su mamá se dio cuenta de que el "Diablito" no estaba en su esquina pidiendo limosna, fue, enojadísima, a sacarlo de casa de Elena. Al escuchar sus gritos y amenazas, Elena fue a ver qué sucedía. La mamá del "Diablito" la recibió con una letanía de insultos: "¡Maldita catrina! ¡Suelta a mi'jo o me las vas a pagar!" Como salta a la vista, Elena se interesa más por los "casos de la vida real" que llegan a su puerta —o que descubre en la calle— que por la gente de su posición social. Explica que ya a los suyos los conoce como la palma de su mano; jamás le van a sorprender, ni impresionar con su francés, ni mucho menos iluminar con sus observaciones diarias. Pero los otros ejercen un extraño poder sobre ella, y nunca deja pasar la oportunidad de hacerles plática.

Por algún motivo los que hablan por teléfono son las víctimas preferidas del genio de Chabela. Una tarde estábamos en la cocina recordando la canción *Sabor de engaño*, interpretada por Chelo Silva, cuando sonó el teléfono: "¿Bueno...?" contestó Chabela con cierta resignación, pues el aparato no cesa de sonar día y noche. "¿Quién? Mire señor, no se la voy a pasar porque cada vez que usted habla se altera la señora. ¡Adiós!" Colgó bruscamente y volvió a sus quehaceres como si nada. Al pedirle una explicación, me comentó que "alguien tiene que capitanear el ejército, pues bien sabe Dios que la señora está fuera de órbita". Ya desde antes, desde aquella vez en que amenazó vaciar la sopa de nopalitos sobre el vestido Chanel que presumía una amiga esnob que llegó a comer; desde que le colgó al ex presidente de la República, Carlos Salinas de Gortari, sé que si le das motivo, Chabela es capaz de tumbarte los tacones a balazos.

5. ¿INSPIRACIÓN MUNDANA?

Es curioso cómo cambia la idea que tiene uno de lo que es la creación literaria al frecuentar a una autora como Elena durante varios años. Yo me imaginaba al menos una escena de inspiración, con todo y *estigmata* a la Santa Teresa de Ávila, que luego daba lugar al nacimiento de una línea, o a la inserción de la palabra exacta. Pero no, al menos no en este caso. Para Elena escribir es trabajar, al igual que lo haría un zapatero, un bolero, o un albañil. Esta actitud frente al trabajo proviene de su formación como periodista, con fechas límite, constantes entregas y redacción veloz tan propias del género. Tal especialización le brinda muchos pros, como el de poder producir mucho, nunca parar, y ser, como ella misma proclama, "muy cumplida con todos". Eso sí es verdad: no es irresponsable, ni egoísta, ni nada, solamente es muy, muy chambeadora. Sin embargo —y ella misma lo dice— tiene un defecto cardinal: no puede decir que no. La palabra *no* no entra en su léxico. Si llama el presidente del club de fanáticos de Superbarrio para implorarle que escriba un artículo apoyando al superhéroe para ser candidato a la presidencia, lo hace. Si llega un señor que le quiere vender un geranio, se lo compra. Magda, su querida y aún muy viva nana, cuenta cómo cuando era niña, Elenita rompía su marranito de barro donde guardaba sus ahorros para repartir los centavos a los pobres que llegaban a la casa pidiendo limosna. Esto lo dice con una mezcla de indiferencia y consternación, ya que a Magdalena nunca le pareció tan buena idea que una princesita anduviera repartiendo dinero por las calles como Teresa de Calcuta. Seguramente su idea de una niña bien se asemejaba más a una María Antonieta: "Si no tienen pan, ¡que coman *brioche*!" O al menos capirotada.

6. TACA-TACA-TACA-TACA

En uno de los tantos escritos dominicales que publicaba semana tras semana en *El Nacional*, Elena Poniatowska admite que, para ella, escribir es consignar. Más bien, para ella, vivir es consignar y escribir un lujo. Como madre de familia, ama de casa, profesionista y personaje del mundo cultural mexicano, la vida no siempre se le pinta color de rosa. Tantos compromisos, tantas llamadas, tantas conferencias, tantas presentaciones, ¿cuándo escribe? Como su admirada Rosario Castellanos —a quien se parece en muchos sentidos— sólo logra derramar su imaginación literaria en las últimas horas de la noche, con el resto de la familia dormida y el teléfono mudo.

Sin embargo, siempre está trabajando en algo, y al subir a la pequeña habitación que se ha convertido en su oficina, se oye el monótono taca-taca-taca-taca del teclado. Ahí está Elena, inclinada sobre la pantalla, su mirada fija, tejiendo un estambre de palabras cruzadas, bordado con una greca de sustantivos que casi siempre terminan en diminutivo. Su equipo de cómputo no es el más moderno, pero parece servirle bastante bien. Lo malo es que guarda todos sus escritos en una infinidad de discos, y cuando hay que encontrar un documento es casi imposible hallarlo. Ahora Elena tiene correo electrónico (siempre descompuesto) y parece estar más a gusto con su equipo de cómputo que incluye una gigantesca impresora láser que ocupa gran parte de su estudio.

Al escribir, Elena nunca vuelve la vista atrás, ni corrige nada hasta que termina. Conmigo se molestaba porque, al equivocarme en la redacción de una palabra, opto por borrarla y volverla a escribir. "¿Por qué haces eso?", me preguntó intrigada. "Bueno, se me hace más fácil", le respondí. Evidentemente, ella no estaba muy convencida. Muchas veces el documento que trabaja es demasiado largo y malísimo, según ella, pero es la materia prima que transformará en un cuento, un artículo, un prólogo, o una entrevista. Sólo después de terminarlo todo, Elena vuelve al inicio y hace correcciones.

A veces se altera porque no encuentra lo que busca en la desorganización que padece su pequeño estudio. Particularmente recuerdo la vez que me mandó a buscar un texto dedicado a Octavio Paz. Para mi sorpresa, al llegar donde están las cajas que le sirven de archivo —en el cuarto que antes era de Paula— vi que la mayoría tenía un letrerito con: "Entrevistas y Varios". ¡Quince cajas con tan sólo una rúbrica! Obviamente nunca lo encontré. Elena se molestó. "Ay Pita, digo, Elena no te pongas así". "Pues no me digas así", fue su respuesta aún cariñosa. A decir verdad, Elena puede ser un poquito insoportable cuando se impacienta —en eso se parece a su tía— y son los que le ayudan en casa quienes se convierten en blanco de su desdén.

7. "HIJA DE LA MALINCHE"

Si bien es difícil que Elena reconozca sus no escasos éxitos, es la primera en reconocer todos sus fracasos. Aunque a veces le señalo que acompañarla en sus sempiternas conferencias que da en diferentes universidades de México y Estados Unidos es como andar con Madonna, ya que la gente no se le despega ni un solo minuto, y hasta la abordan en el tocador, cuando está sentadita en el lugar secreto; y en las presentaciones de sus libros se amontonan tanto para conseguir su autógrafo, que casi la tumban de su silla. Sin embargo, en su opinión, todo lo que hace es un desastre, tanto en México como en el extranjero. De hecho, lo que más le duele es su fracaso norteamericano porque, según dice, las escritoras chicanas y afroamericanas como Sandra Cisneros y Toni Morrison sólo se dedican a escribir y tienen a unos publicistas maravillosos. Además son buenísimas para los negocios. Elena, al contrario, tiene que recibir el gas, ir al banco y al mercado. Esta última excursión no le molesta tanto ya que le fascina distraerse un rato desenterrando gangas en las carpas que a veces se montan en el estacionamiento de Wal-Mart. Para colmo, Elena se queja de que una distinguida editorial estadounidense le quiere cobrar los ejemplares no vendidos de *Massacre in Mexico*. No obstante, reconoce que muchas de sus colegas escritoras se toman demasiado en serio, como aquella ocasión cuando su hija Paula —fotógrafa profesional— quiso tomarle una foto a la premio Nobel Toni Morrison. Las dos, madre e hija, se quedaron asombradas cuando la autora de *Jazz* estipuló que a diez metros de distancia y una sola toma.

Elena siempre se quiere dar un balazo porque sus textos para conferencias desaparecen en el último momento, o las da en español en un lugar donde casi nadie domina el idioma; o porque la atacan en Nueva York unos extremistas israelitas convencidos de que es antisemita —esto basado en la actitud de las costureras, protagonistas del testimonio *Nada, nadie, las voces del temblor*, que decían que eran judíos todos los dueños de las infames fábricas de ropa que se cayeron en el terremoto del 85—; o porque "miente" sobre lo que realmente sucedió cuando la noche de Tlatelolco. Respecto a esto le comenté (para reconfortarla, eso sí, pero no porque fuera mentira) que era pura y maldita envidia, ya que como decía Marcial —y lo recordó Sor Juana— *rarus est, qui velit cedere ingenio* [Raro es el hombre dispuesto a reconocer la superioridad de otro (u otra)]. Obviamente, Elena prefiere ser una "hija de la Malinche", apelación inventada por su amiga, la escritora Margo Glantz.

8. "SOY VIEJA Y SABIA"

Con toda la chamba que tiene, que le piden, que se compromete a hacer, Elena nunca se organiza y dice que siempre está "chafeando" su trabajo, como en una espiral hacia el abismo, más y más cada día. Y si bien está en un viaje dantesco que terminará en su total ruina profesional, sus negocios andan aún peor. Un día le comenté que no me querían pagar por una traducción y me advirtió con toda resignación: "Yo he sido muy pendeja, Michael. No te dejes como yo". Le pregunté qué quería decir exactamente, y empezó a nombrar todos sus proyectos fracasados: la película sobre Gaby Brimmer por la cual no recibió ni un cinco; su experiencia con Margaret Hooks, quien en aquel entonces desarrollaba un proyecto sobre Tina Modotti y Elena la complació al prestarle todo el material que había acumulado: entrevistas con el ya difunto Vittorio Vidali y parientes de Tina, todo. De todas maneras, a Elena le encanta su trabajo.

Una vez que coincidimos en San Diego, Elena dictó una conferencia sobre Tina Modotti y Frida Kahlo a unas quinientas personas. La suya era la *grande finale* del congreso de la Asociación de Lenguas Modernas, una especie de rastro a donde se dirigen miles de jóvenes doctores en busca de ese elusivo puesto universitario. Todos vestían *tweed*, de esos sacos de lana que tienen gamuza en el codo; era todo un rebaño escolástico. Aquel día observé a candidatos rechazados que lloraban en los pasillos del hotel, una desesperación pintada en la cara de casi todos, y un ambiente de desconcierto y nerviosismo. Después de su conferencia, y de intentar atender a todos los que le querían saludar, Elena se me acercó: "Oye, Michael, ¿no piensas que sería más divertido que toda esta gente te estudiara a ti, que tú a mí?" Conmovido, le respondí: "Claro, pero lo que pasa es que no soy tú y, obviamente, no tengo tus tablas ni mucho menos tu trayectoria". "No importa", contestó con una sonrisa materna, "ya comenzaste con el libro sobre Pita que salió tan bonito… créeme, soy vieja y sabia. Quédate en México, total, no te va tan mal".

9. DIEZ AÑOS YA

Hace casi diez años que visito con frecuencia a la señora Poniatowska. Al observar el inexorable caos que reina en su casa, me ofrecí a ayudarle en lo que pudiera con sus interminables artículos, traducciones, guiones y libros. Para mí ha sido una gran oportunidad poder trabajar y colaborar con ella, ya que me ha enseñado mucho y no sólo en materias como el periodismo, la literatura y la política. Ha sido un modelo a seguir en un sentido básico y por ello esencial: el arte de ser humano; cómo ser generosa con otros aunque estés ahogada de trabajo, cómo ser modesta en medio de tanta atención, fanfarrias, bombos y platillos; cómo apreciar las pequeñas sorpresas de la vida. Un día que llegamos a Bellas Artes y no hubo lugar para sentarnos, le dije de manera casi pueril: "Pero Elena, apenas te vean a ti, nos darán los mejores asientos". Se volteó con la nariz fruncida y me preguntó con toda sinceridad: "¡Cómo me van a ver si soy del tamaño de un perro sentado!" Así es Elena Poniatowska: humilde y ocurrente, ingeniosa y brillante.

CAPÍTULO I

VIVIR UN CUENTO DE HADAS

Elena con su imprescindible libreta.

1. ALCURNIA EN DO MAYOR

Muchos saben que Elena, tan humilde, tan modesta, es una princesa de verdad, sacada de un cuento de hadas. No obstante, al preguntarle un día por su corona, me dijo —con una sonrisa traviesa y tono de gran ceremonia— que tenía noticias de que años atrás se había quedado empeñada en el Monte de Piedad. Ojalá y conserve su boleta. ¿Será la misma tiara con la que soñaba obsesivamente la niña Pita Amor hasta que —en el mismo sueño— logró matar a todos los descendientes de la línea Poniatowski, para quedarse con ella?

El bisabuelo materno de Elena, José María Amor y Escandón, abandonó México en 1863, después de la muerte de su primera esposa, Leonor Subervielle, pero antes de la llegada de Maximiliano de Habsburgo y Carlota la Loca. Según recordó su hijo más pequeño, al abandonar su país natal rumbo a Francia, el rico hacendado entonó un *Te Deum* abordo del tren que para siempre lo alejaría de su querido México. Al salir del país dejó atrás la hacienda de San Gabriel, que originalmente formó parte del Marquesado de Oaxaca y cuyos terrenos casi abarcaron el estado de Morelos. En parte José María fue a Francia porque su segunda mujer, Adelaida Subervielle, hermana menor de Leonor, venía del norte de Francia. Nunca le agradó el clima de Puente de Ixtla, mucho menos su fauna tropical: moscos, zancudos, alacranes y otros exóticos animalillos conspiraron para no dejarla dormir, aunque se acostara lejos del piso en una hamaca tendida de pared a pared en su lujosa recámara.[1]

El abuelo materno de Elena, Pablo Amor Escandón, fue un *gentleman* de la aristocracia mexicana, educado —como la mayoría de su familia— en el colegio de Stoneyhurst, Inglaterra, y experto jugador de golf. Murió en París en 1918, enfermo, como recuerda su hija, Elizabeth Sperry Crocker, abuela paterna, "física y moralmente". Su condición fue agravada, al menos en parte, por haber perdido la hacienda de San Gabriel y casi todos sus bienes en la Revolución Mexicana. Su abuela paterna, Elizabeth Sperry Crocker, era norteamericana, de Stockton, California, cerca de San Francisco. Provenía de una familia emprendedora y en Sacramento todavía hay mementos de los Crocker, porque construyeron el San Francisco Railway, el Pacific Railway, y el Museo de Arte Moderno. La señora Sperry Crocker fue la misma que les contaba a sus nietas horripilantes historias de los mexicanos que había visto en las páginas de *National Geographic*, espantosos bárbaros que se ataban huesos a la cabeza y comían carne humana.

La madre de Elena, María de los Dolores Amor, mejor conocida como Paulette, ya que Dolores no hacía juego con su apellido amoroso, hija de don Pablo Amor y doña Elena Yturbe, nació en Francia en 1908. En París conoció a Jean Evremont Poniatowski Sperry, descendiente del último rey de Polonia, Estanislao II, y del príncipe José Poniatowski, nombrado mariscal de Francia por luchar con Napoleón contra los rusos por la independencia de Polonia. Según cuenta doña Paulette, vio a su marido en un *bal* de la familia Rothschild, celebrado en su casa de la Place de la Concorde, en París,

---

[1] Esta información proviene de la autobiografía de la madre de Elena, Paulette Amor de Poniatowski, *Nomeolvides*, publicada en 1998 por Plaza y Janés.

cuando el joven saltó del suelo encima de un piano. Se casaron poco después y nacieron en París sus dos hijas: Hélène, en 1932 y Sofía, conocida como Kitzia, un año después.

En un ensayo autobiográfico publicado en inglés[2] para la colección *The Writer on Her Work*, Elena recuerda la vida de su familia en Francia:

> Mi familia materna (mi bisabuela, abuela, y madre) siempre viajaba. Habían perdido sus bienes y haciendas durante la Revolución Mexicana, pero aún tenían bastante dinero para vivir en Biarritz, luego en París, y después en "Fairlight", Inglaterra. (Yo hubiera preferido que se llamara "Wuthering Heights", pero se llamaba "Fairlight", dulce y *comme il faut*). Viajaban de Karlsbad a Lausanne, de Marienbad a Vichy, para "tomar las aguas". Descendían en una estación, para quedarse una semana, y luego subían otra vez al tren. Veían al guardagujas hacerse más y más pequeño, y su linterna convertirse en luciérnaga. La casa de mi abuela, a quien llamábamos Mammy Grand, estaba colmada de retratos de Goethe y Wagner, y libros en alemán; ella amaba a Alemania. A Mammy Grand, quien enviudó muy joven, la llamaban "la Madona de la *couchette*", porque tomaba tantos, tantísimos trenes. Siempre se vestía de negro, su garganta y *décolletage* iluminaban lo oscuro de sus velos y *crêpes de Chine*... Las compañeras de viaje de Elena Yturbe de Amor eran tres niñas que vestían encajes, listones, sombreros y enaguas, sus caritas perdidas entre los dobleces de telas bordadas: Biche, Lydia y Paula (mi

---

[2] Elena Poniatowska, "A Question Mark Engraved on My Eyelids", en *The Writer on Her Work*, Vol. II, *New Essays in New Territory*. Ed. Janet Sternburg, Nueva York, W. W. Norton, 1991.

madre). La nana que aparece detrás de ellas en las fotos también estaba cubierta de almidón y *crêpes de Chine*. Mammy Grand llevaba consigo su samovar (porque mi bisabuela, Elena Idaroff, era rusa), junto con sus sábanas de seda para colocar en las camas hoteleras. No es como si fuéramos gitanos, aunque llevamos algo de eso en la sangre; más bien parecía que no encajábamos. (82-83, traducción mía.)

2. ALGUNOS DE "LOS TRESCIENTOS"

Elena es una princesa "de a devis" y no una de tantas que lo fingen con ganas toda la vida, pero está lejos de ser la futura reina de Polonia, si es que algún día decidieran los polacos reinstituir la monarquía. Qué bueno, pues a ella le incomoda notablemente tal alcurnia y se puede decir que ni le interesa, o más bien, que la desprecia. Dicen que los opuestos se atraen, y de ahí viene su fascinación por los seres marginados de su país adoptivo, tan distantes de su mundo y sus experiencias como niña rica y afrancesada en México. Como se sabe que Elena está emparentada con Benjamín Franklin por el lado de su padre, se puede decir que también cuenta con sangre plebeya. Esto se consigna en el *Libro de los trescientos*, un precioso tomo forrado en terciopelo escarlata con letras doradas: una verdadera enciclopedia de la nobleza mexicana. La página dedicada a doña Paulette Amor está llena de parentescos reales, héroes nacionales y otras figuras de gran abolengo. Vale la pena reproducirla aquí, ya que el libro no es fácil de consultar; solamente se descubre entre tomos forrados en piel de becerro, escondidos en los antiguos libreros de casas porfirianas —alguna vez majestuosas— ahora perdidas en el caos populachero de la actual colonia Tacubaya:

Doña Paulette Amor, princesa Poniatowska.
Esposo: príncipe Jean Ciolek Poniatowski.
Hijos: Hélène, Sofía (Kitzia) y Jan Estanislao —diecinueve, dieciocho y cuatro años de edad, respectivamente.

Antecedentes:

La princesa Paula Poniatowska ocupa un sitio destacado en la aristocracia mexicana y en la nobleza europea. De 1939 a 1941 estuvo en el ejército francés como conductora de ambulancias. Es hija de don Pablo Amor, prominente caballero mexicano cuyas haciendas fueron las más extensas del estado de Morelos. Madre de la dama que nos ocupa es doña Elena Yturbe. Las casas Amor e Yturbe han sido siempre de gran representación en la vida social y económica de México.

El príncipe Jean Ciolek Poniatowski ha recibido la Cruz de Caballero de la Legión de Honor y la Cruz de Guerra, por su participación en la Segunda Guerra Mundial. Casó en París el año de 1930 con doña Paula Amor. Ha radicado en México desde 1946 dedicado a los negocios bancarios, mineros y de laboratorios. Desciende de una rama de la Casa italiana de Torelli que procede en línea directa de la Casa Ducal de Saxe (Ludolphe, Duque de Saxe, 843-863).

Datos del *Almanach de Gotha* nos informan que durante el sitio de Asti, fue muerto el conde Joseph Salinguerra Torelli (1615). Su hijo Guido Severo Salinguerra Torelli, despojado de sus bienes por el Duque de Parma, pasó a establecerse en Polonia, y casó en 1629 con Sofía Poniatowska Lesczinska. Al adoptar la nacionalidad polaca, el nombre de Torelli (Il Toro) se convirtió en Ciolek. Su hijo, Jean

Ciolek Poniatowski, fue el fundador de la rama polaca de los Torelli, bajo el nombre de Ciolek Poniatowski. Su nieto el conde Estanislao Ciolek Poniatowski casó con Constancia, princesa Czartoryska y fue compañero de armas del rey Carlos XII de Suecia. De su matrimonio nacieron ocho hijos, entre ellos Estanislao-Augusto, que fue Rey de Polonia de 1764 hasta 1796, y el príncipe Casimiro Ciolek Poniatowski (1721-1800), hermano mayor de la familia casado en 1751 con Apollonia Usztrycka, de donde desciende el caballero que nos ocupa. Se destacaron en sus épocas, el príncipe Estanislao Ciolek Poniatowski (1754-1833), hijo de Casimiro. Su hijo el príncipe José Ciolek Poniatowski, casado con la condesa Perotti. Su nieto el príncipe Andrés Ciolek Poniatowski se casó en París en 1894, con doña Elizabeth Sperry Crocker, descendiente de la familia de Benjamín Franklin (1706-1790). De dicha unión hubo cuatro hijos, el menor de los cuales es el actual príncipe Jean Ciolek Poniatowski. (p. 479)

3. LA PRINCESA ROJA

La madre de Elena, Paula Amor de Poniatowski, nunca vio el asunto de la realeza con la misma indiferencia que su hija. Recuerdo que al ayudar en la traducción al español de las cartas que escribía en inglés durante la Segunda Guerra Mundial a su marido apodado "Bouzoum", en una de ellas doña Paulette comenta que llevó a sus hijos a un balneario cerca de Cuernavaca, pero para su total desencanto, estaba lleno de *horrible people*. A su hija no le agradó tal descripción pues es la gente pobre, u horrible, en el léxico materno, la más valiosa e interesante para ella. Elena se interesa mucho más por la situación de las costureras, lavanderas, sirvientas, víctimas de los desastres (naturales y provocados), los chiapanecos, el señor de la basura. No es una postura fingida. Me consta. Su madre, al contrario, fue una princesa con todos los privilegios e inmunidades. Hasta le llegaban cartas de Francia dirigidas a la princesa Paulette Amor de Poniatowski. Me pregunto qué habrá pensado el cartero de tal destinataria. Ella realmente disfrutó de su nobleza, mientras que para su hija es una especie de escarmiento, como una letra escarlata.

Elena no ha perdido sus relaciones con los Poniatowski de Francia aunque no se ven con frecuencia. Desde luego, la más cercana es con su prima hermana Marie-Anne, pintora y extraordinaria dibujante por quien Elena siente una especial devoción. Cuando eran quinceañeras, Mariana afirmaba a Kitzia y a Elena que era más princesa que ellas porque lo era dos veces, ya que su madre era Anne Caraman Chimay, princesa por su propio derecho; en cambio el apellido Amor no era de sangre real como el suyo. Además, Marcel Proust se había inspirado en su tía la condesa Greffuhle, para crear su princesa de Guermantes. Marie-André Poniatowski fue el héroe de las dos primas durante años ya que durante la guerra peleó en el Ejército polaco y murió muy joven en enero de 1945, en Holanda, cuando comandaba la segunda división polaca de vehículos blindados. Una bala lo alcanzó, ya terminada la batalla, cuando salía de su tanque. Además de ser un hombre muy guapo, Elena le alegaba a Mariana que ella era la única que aparecía en las memorias de su abuelo, sentada en las piernas del primo, que es ahora casi un mito dentro de la familia.

En París, Elena visita a sus primos hermanos, Philippe, Albert, Jean y Edmond (Babou), a quien ve con mayor frecuencia porque Babou es adicto a Careyes, México, y viene cada dos o tres años.

Con Michel Poniatowski, antiguo ministro del Interior de Giscard d'Estaing, Elena comparte inquietudes literarias e intelectuales. El abuelo de ambos, Andrés Poniatowski, quien le enseñó a su nieta a leer, escribió dos libros: *De un siglo al otro* y *De una idea a la otra*, publicados por Presses de la Cité y heredó a sus nietos (Michel, doce años mayor que Elena) su amor a las letras. Excelente historiador, sus cualidades literarias e informativas seducen a sus múltiples lectores. Michel Poniatowski es un gran conocedor de Talleyrand y escribió cinco volúmenes sobre su vida y su obra: Talleyrand en los Estados Unidos, Talleyrand y la antigua Francia, Talleyrand y el consulado, entre otros. Talleyrand es el padre fundador de la revolución junto a Mirabeau y La Fayette. Investigador de gran talento, circulan en Francia *La catástrofe socialista*, *Europa o la muerte*, *El socialismo a la francesa*, *La Historia es libre*, *El futuro no está escrito en ninguna parte*, además de *Historia de la Rusia de América y de Alaska* y sus libros sobre Enrique IV y Luis XVIII, entre muchos otros.

Por el lado materno, Elena lleva buena amistad con sus primas Mariana y Margarita, la una directora de la Galería de Arte Mexicano, la otra del American Book Store, Javier Sepúlveda el psiquiatra, Pablo Amor, el pintor y los primos Sepúlveda que van desde médicos y arquitectos a secretarios de Estado como en el caso de Bernardo Sepúlveda Amor, ex secretario de Relaciones Exteriores.

4. Una infancia aguerrida

Hélène Elizabeth Louise Amelie Paula Dolores Poniatowska Amor nació en París el 19 de mayo de 1932, primera hija de Paula Amor Yturbe y Jean Ciolek Poniatowski. A los siete años la dulce infancia de la niña Elena fue súbitamente interrumpida por la declaración de guerra a Alemania por parte de Francia e Inglaterra. Por cuestiones de seguridad, la madre llevó a sus niñas a la relativa tranquilidad del sur de Francia, primero a Vouvray, luego a Mougins, cerca de Cannes, y finalmente a Les Bories, cerca de Cahors. En 1939 doña Paulette se fue a la guerra junto con su esposo, y trabajó tres años como conductora de ambulancias. Es en este contexto histórico de abandono familiar y crisis de guerra donde nacen los primeros recuerdos de Elena. En un testimonio personal concedido al autor, la escritora recuerda su educación primaria, y proporciona algunos detalles —a veces no tan nítidos como se quisiera— sobre sus primeros años:

En Francia fui a la escuela en un pueblito que se llamaba Francoulaise; esto fue justo antes de venir a México, porque recuerdo que vivíamos cerca de Cahors. Vivimos allí en una casa de campo de mi abuelo que se llamaba Les Bories. Era una casa muy bonita que bajaba a un bosque donde se decía mucho que había jabalíes. En Les Bories están enterrados mis abuelos Poniatowski como si fueran reyes medievales, *les gisants*, en una capilla cerrada. Tienen dos lápidas de piedra muy bella. Recuerdo que de Les Bories yo iba al pueblito de Francoulaise a la escuela comunal. Antes estuve en la escuela en Vouvray, en la región de los castillos del Loire. Fuimos vecinos de un gran compositor que escucho con mucha frecuencia, Francis Poulenc. Una vez lo fuimos a ver y nos dedicó a Kitzia y a mí un pequeño vals.

En la escuela nos aislaban mucho a mi hermana y a mí porque nos llamaban "las princesas". Aunque por la humedad yo siempre estaba enferma, me gustaba la escuela. Después, nos cambiamos a Cannes donde fuimos a una casa bellísima: "Speranza". Allí me dio clases mi abuelo: matemáticas, gramática, lectura e historia de Francia. Yo le tenía terror porque me dejaba unas tareas —sobre todo de aritmética— que nadie en mi casa, ni el chofer, ni la recamarera, ni el chef, ni su ayudante, ni el jefe de los jardineros —porque eran varios jardineros—, ni la señora que se ocupaba de mi abuela, podían resolver. Me acuerdo que por eso sufría mucho. De noche lloraba y tenía pesadillas porque no le quería fallar a mi abuelo. No le fallaba en dictado ni en análisis gramatical. Eso me resultaba fácil, pero la aritmética y sacar ese tipo de deducciones, como cuántos postes deben ponerse para cercar un campo de X por X, en un rectángulo; creo que me puso problemas demasiado difíciles para mi edad. Tenía yo como siete años. Entonces me traumaticé porque además creí que "los grandes" lo sabían todo y los grandes no sabían.

A esa edad recuerdo un periódico que me impresionó mucho: *La Semaine de Suzette*. Tenía cuentos, material cultural para niños, y articulitos sobre el sol, el agua, las plantas y los animales. Una Navidad mi tía Anne, la madre de Michel Poniatowski y de mi prima más querida, Marie-Anne, me preguntó qué quería como regalo de Navidad. Le dije que *La Semaine de Suzette* y me regaló una colección con los números de todo un año.

Ahora que puedo verlo desde lejos, creo que me marcó mucho la última casa en la que vivimos mi hermana y yo antes de venir a México, Les Bories, al lado de un pueblito en el Lot, llamado Francoulaise, donde íbamos a la escuela en bicicleta.

La directora de la escuela tenía el curioso nombre de Madame Cocu, o sea Señora Cornuda, y nos trataba con verdadera deferencia a mi hermana y a mí.

Los que se encargaban de los trabajos del campo, los *fermiers* como se les llama en Francia, tenían dos hijas, Jacqueline y Colette con quienes hicimos amistad. Eran dos niñas robustas, fuertes, sólidas y su casa olía a semillas, a tela de costal, a tierra. Probablemente los *fermiers* tenían más hijos pero sólo recuerdo a Jacqueline y a Colette. Alguna vez comí con ellas y al terminar una espesa sopa campesina le echaron un chorrito de vino a su plato y con un pan recogieron los restos hasta dejar el plato reluciente de limpio. ¿Así los lavarían? Años más tarde, con mi tío Andrés, hermano mayor de mi padre, recuerdo que también comí con unos campesinos. Cuando le comenté el llevarse el plato de sopa a la boca y sorberlo y le dije mi extrañeza al ver sus modales (se llevaba el cuchillo a la boca) me respondió que había que hacer siempre exactamente lo mismo que los anfitriones: esa era la esencia de la cortesía.

Mi abuelo Andrés Poniatowski a quien quise mucho (atesoro sus cartas) tenía un rebaño de borregos y me gustaba meterme entre ellos. La lana de los borregos era gris y escondían sus hocicos en la pelambre de unos y otros. Olían muy fuerte, su lana también era fuerte y grasienta, e introducir las manos dentro de su lomo apretado de rizos, me daba una sensación de pertenencia que no he vuelto a tener. Era como tocar tierra. Probablemente las niñas con quienes jugué y comí son ya dos mujeres bien establecidas, mucho menos frágiles que las princesas. Nosotras éramos las princesas, así nos llamaban en la escuela, y yo sólo sentí que serlo nos separaba de los demás. A mi hermana la marcó mucho, toda la vida la ha vivido en función de ese principado ficticio. A mí me marcó mucho menos y en México se me borró totalmente, pero una tarde en Praga, cuando escuché que alguien llamaba *Altesse*, inmediatamente volví la cabeza, porque así nos llamaban de pequeñas, y me avergoncé de mí misma. "Algo queda", concluí, "algo queda" sin pensar en lo absurdo de que en un país socialista llamaran Alteza a alguien.

Lo endeble de esta supuesta distinción, el ser princesa, sin embargo podía mantenerse a lo largo de los años como se mantienen las ilusiones. La necesidad constante del trabajo la descubrí entonces con los campesinos franceses. Siempre había algo impostergable que hacer. Cuando se sentaban era a la mesa y sobre sillas duras que abandonaban pronto. Ninguna molicie. A la hora en que se iba el sol, se tiraban sobre su cama (que imaginaba también dura como un costal de papas) para levantarse antes de que saliera el sol. De sol a sol era una forma de vida, sus manos fuertes eran de sol a sol, descansaban sobre la mesa como instrumentos abandonados que se recogerían más tarde. Sus manos eran viejas palas, rastrillos, escobas, arados, terrones de lodo.

De vez en cuando las llevaban a su boca, como pequeños biombos para esconder su sonrisa o su risa ante mis preguntas de niña. Las respondían secamente, no se miraban entre sí, no había malicia en ellos, sólo un poco de sorpresa ante esa niña demasiado curiosa a la que había que perdonarle su espíritu inquisitivo. "Así son los hijos de los patrones" —debieron haber pensado.

Por eso en México, cuando en Tomatlán, a un paso de Zacatlán, oí a don Vicente decir: "Esto va a ser un buen año para las manzanas" sentí que regresaba a un ciclo olvidado, algo que tenía que ver con mi alma (no sé cómo llamarle ¿mi espíritu? Esa escalerita que baja hasta allí donde los pensamientos duelen mucho) y me daba un sentido de la continuidad. En Tomatlán, del brazo de Magda, sus manitas arrugadas, sus uñas duras como huesos, sus trenzas ralas por los años, las bolsas de su delantal que guardan todos los accidentes de la vida, tengo la sensación de tener mi destino, o la fuente de mi destino, entre las manos.

5. LA PEQUEÑA CREADORA

En 1997 la revista *Viceversa* publicó un número especial dedicado a las memorias infantiles de varios escritores mexicanos, incluyendo a Elena. En este pequeño testimonio referente a sus primeros años en Francia, antes de llegar a México, Elena nos revela los pasos de una niña insegura y tímida, obstinada e incansable, quien confiesa que una especie de autodesprecio la ha incitado desde un principio, y la sigue impulsando. En este pequeño fragmento autobiográfico, se vislumbra a una niña para quien todo representa un gran desafío, esto, según ella, íntimamente vinculado a un sentimiento de inferioridad debido a su reducida estatura, condición que la afectará durante toda la vida, ya que creció con una madre y una hermana altísimas: su madre midió 1.67 y su hermana 1.77 metros. Elena mide tan sólo 1.57. Sin embargo, ella es terriblemente exigente con su pequeño cuerpo y le da órdenes severas para que siga adelante y termine la tarea, en este caso el furtivo trazo de una figura humana hecha con lápiz demasiado grueso; aunque, en el fondo, se crea incapaz:

> Una hoja en blanco, un lápiz. Las rayas salen espesas porque el lápiz no tiene buena punta. Sin embargo, la línea se ensancha, se hace fuerte. Tengo seis o siete años. Ya sé escribir. Hago hombres con pantalones, un cinturón, una cabeza sin cabello, unos brazos tiesos. Hago uno, luego otro. Como el señor que dibujo no me gusta le pongo Jedaure, que no sé si existe y en francés suena horrible. Sigo afanándome. Hago otro. Cuando alguno me salga bien le pondré un nombre precioso: Juan, el de mi papá, o Andrés, el de mi abuelo.
>
> Ahora dibujo mujeres; sus faldas amarradas a la cintura son pirámides, por eso tienen todas una diminuta

cintura. Sus piernas son dos palos. Sus caras una bola. A ellas sí les pongo cabello pero por lo grueso de la punta del lápiz parecen púas. Un día me saldrán bien y a la más bella le pondré Paula como mi madre que es delgada, se mueve con una gracia que imanta, camina en el aire y no se cae, se asoma al balcón, lo atraviesa y sigue dando pasos en el espacio y hasta se detiene a pensar en algo, más leve que la atmósfera.

Dibujo mucho, me afano mucho, el esfuerzo se remonta a ese momento de la infancia. Siento rabia contra mí misma porque soy torpe, demasiado pequeña. Me exijo. Tiemblo. Mi cabeza da órdenes, la mano no obedece. Soy cruel.

A ese preciso instante se remonta la crueldad que traigo adentro, la que empecé a ejercer contra la niña de seis o siete años en Francia, por la que sentí el mismo desprecio insano que habría de encontrar más tarde en un cuento de D. H. Lawrence: "The Prussian Officer". Recuerdo que le pedí a Dios que me regresara de donde me sacó.

Ahora, a los sesenta y cuatro años, experimento compasión por esa niña desesperada que fui y tanto me irritó. Nunca llegué a ponerles nombres lindos a los hombres y las mujeres porque no me salieron como yo quería.

Hoy también, cuando me enfrento a la hoja en blanco, encorvada y con anteojos, doy la misma orden de la niñez y algo instintivo sube desde la mesa de trabajo y se insubordina, algo se ríe burlón y ojiazul, algo que sólo yo puedo reconocer: la crueldad.

Llama la atención que actualmente Elena haya retomado el pincel para pintar cuadros exorbitantes: recuerdo en particular el que pintó encima de un retrato de su mamá cuando niña, el cual convirtió en china poblana. La niña Paulette, antes cubierta de encajes y *crêpes de Chine*, aparece con el consabido vestido mexicano, todo con listones y cintas. Elena sigue intentando sacar aquella figura, ahora más que nada en forma escrita, pues su sueño sigue siendo escribir una gran novela que refleje la expresión totalizadora de una vida novelable.

6. EL "MARQUÉS DE COMILLAS"

Por cuestiones de la guerra, que parecía no tener un final próximo, y para proteger a sus hijas de las dificultades y peligros de la conflagración, la madre de Elena decidió llevarlas a México, patria que había conocido tan sólo una vez cuando de niña viajó a la capital durante la segunda década del siglo XX, justo después de la Revolución Mexicana, y de ahí a la hacienda de La Llave, en Querétaro. Sin embargo, en México vivía su madre, quien, dejando a sus queridos perros, fue a esperar a su hija y nietas cuando llegaron en un avión bimotor proveniente de La Habana. Los recuerdos de Elena respecto a su partida de Francia reflejan la ansiedad y maravilla de una niña transplantada "de la dulce Francia, tierra de jardincitos tamaño pañuelo y tiernas verduras que caben en la palma de la mano, a un enorme llano rodeado de montañas y volcanes, atravesado por zopilotes".[3] En entrevista, Elena reflexiona sobre este momento clave de su vida que, a sus escasos siete años, marcará para siempre su destino:

> Llegamos de Francia a Bilbao, ahí tomamos el "Marqués de Comillas", en el cual venían muchos refugiados

---

[3] Elena Poniatowska, "A Question Mark Engraved on My Eyelids". p. 83.

españoles. En el barco llegamos hasta Cuba. En La Habana querían mandarnos a Triscornia, y ponernos en cuarentena. Entonces mi mamá les dijo que cómo nos iban a poner en cuarentena, si era princesa. También defendió a una muchacha embarazada. Estuvimos en La Habana un día o dos y luego tomamos un avión, un bimotor de hélice, a México. Al llegar a México, la abuela nos esperaba y fuimos a vivir con ella. Era una casa muy apantalladora, porque tenía torreones y era como castillo. Era una de esas casas antiguas de la colonia Juárez: Berlín # 6, enorme y muy bien arreglada por la abuelita. Me acuerdo que sobre cada cama había una muñeca gigante; nunca había visto una muñeca de esas proporciones. Vivimos con la abuela muchos años porque mi mamá salía mucho y la abuela nunca salía. Ella quería salvar a los perros callejeros y había un patio trasero donde estaban los perros y creo que eran casi treinta.

7. PRIMARIA A LA INGLESA

Poco después de establecerse en la ciudad de México, Paulette inscribió a sus dos hijas en una escuela privada donde seguramente aprenderían a hablar el inglés de Shakespeare, ya que el francés lo hablaban desde la infancia y lo seguían estudiando en México. El español lo aprenderían en la calle y de boca de sirvientas, según recuerda doña Paulette en su autobiografía *Nomeolvides*:

El colorido lenguaje de las criadas muy pronto se les hizo familiar. En el Windsor School, a tres cuadras de la casa, aprendieron un buen inglés y para que no olvidaran el francés, la profesora de la Universidad, Bertie Sauve, aceptó darles clases cuatro veces a la semana. El piano en la academia de la señorita Belén Pérez Gavilán, en la calle de Liverpool, y la danza con Miss Carroll, completaban su educación. (173-174)

En entrevista, Elena proporciona algunos detalles curiosos sobre su educación primaria desde la perspectiva de niña transplantada:

> Primero fuimos a una escuela que no recuerdo cómo se llamaba, pero no hablábamos ni una palabra de español. Siempre he dicho que ni sabíamos que mi madre era mexicana, hasta llegar a México. Luego fuimos al Windsor School con una directora de escuela notable que se llamaba Edith Hart. Tenía profesoras muy buenas. Se daba la mitad de la mañana en inglés y la otra mitad en español como lo dictaba la Secretaría de Educación Pública. En inglés aprendimos a contar en *pounds, shillings and pence* porque era escuela inglesa. Todos los días cantábamos '*God save our gracious queen, …God save the queen*'. Allí estuve tercero, cuarto, quinto y sexto de primaria. Después fui al Liceo Francomexicano con mi hermana Kitzia, pero a mi hermana no le gustó. Ella ya tenía mucho carácter e imponía su voluntad a mis padres. Siempre fue así.

8. LAS ENSEÑANZAS DE DOÑA MAGDA

Y a instalada doña Paulette cerca del aún elegante Paseo de La Reforma, se apareció un buen día una señorita joven, y más bajita que alta, con la firme intención de pedir trabajo a la señora Paulette, quien en ese momento se encontraba a cargo de dos niñas, mientras su marido seguía en Europa enlistado en el Ejército. Era alrededor de 1943 y Elena tenía once años. La señorita se había enterado de que doña Paulette buscaba a alguien para que le ayudara con sus hijas y ella se creía capaz de hacerlo. Su nombre era Magdalena Castillo y su presencia en la casa materna de Elena tuvo gran influencia en el desarrollo de la pequeña escritora. Según recuerda Magdalena, Elena y su hermana Kitzia se sintieron atraídas a ella desde un principio, y gracias a sus plegarias, su madre le dio una oportunidad para demostrar sus capacidades como nana. Desde aquel día, Magda forma parte imprescindible de la vida de Elena, y hasta hoy viene desde su ranchito poblano a visitar a Elena, aprovechando para platicar con su sobrina Isabel, Chabela, ahora encargada de la casa. La señora Magdalena, con unos lentes oscuros estilo aviador siempre encaramados sobre su nariz o colgados de un delgado hilo que trae alrededor del cuello, platica —muy a su manera— de cómo llegó a México, y de la reacción de Paulette al ver a la diminuta muchacha provinciana quien creía poder cuidar a sus dos niñas:

¿Yo cuándo conocí a Elenita? No estoy muy segura, porque más bien su edad no me acuerdo. Pero era una niña chiquita. Yo llegué como de dieciocho años y entonces estaba con una parienta por la calle de Guadiana. Estaba ella trabajando con una señora francesa. Yo tenía deseos de trabajar; a mí me gusta trabajar. Pero no sabía hacer nada. Sí sabía por fuerza hacer tortillas, moler el nixtamal, barrer y lavar, eso era todo. Había una señora con dos niñas que buscaba a una persona para que las acompañara. Dije bueno, vamos a verla y fuimos a verla. Me acuerdo que la señora no estaba, pero la cocinera nos dijo "esperen aquí". Nos esperamos. Llegó la señora de donde había ido y le dije que yo era la persona que buscaba el trabajo y a ver si le servía.

Dijo que subiéramos. Subimos y ella me preguntó:

—¿Usted es la persona que busca trabajo? No, usted no puede servir para mis niñas, está muy joven.

—Sí estoy joven le dije, pero lo que pasa es que soy chaparrita.

Entonces las niñas que estaban por allá corrieron, sin conocerme, y me abrazaron. Dijeron a su madre:

—¡Mami, mami!

Yo no más estaba parada, me daba pena, ¿verdad? Uno que viene del pueblo no es abierto. Somos todos cerrados.

Dice la señora:

—Ay, fíjese que usted les gusta. Quédese usted por una semana. Si no, la mando con mi mamá para que le sirva.

Ella tenía a su mamá que tenía un asilo de perros. Tenía en su casa como unos treinta o cuarenta perros y una cocinera que les servía sus platos así hartos de comida abajo en el patio. Es que la señora recogía perros de la calle.

A Magda le tocó acompañar a las niñas a todas partes, bañarlas, darles de comer y consentirlas cuando no se sentían bien. Se puede decir que Magda lleva toda la vida con la familia Poniatowski; fue nana de Elena y Kitzia, y después de los hijos de Elena: Emmanuel, Felipe y Paula. Sobre Elena, Magda conserva muchos recuerdos que sirven para reconstruir la vida de esta pequeña francesa recién llegada a la ciudad de México. Insiste en que la niña Elena era todo un angelito:

Yo la tenía que bañar, acompañarla a la escuela, ir con ella a pasear, ir al cine, a la clase de baile, a la clase de piano, a la gimnasia. Era muy linda, era muy dócil, muy amable, se compadecía de toda la gente. Una vez una persona llegó para pedir limosna. Es que quería dinero para enterrar a su hijo. Yo llevaba a Elena a la escuela e íbamos saliendo por la puerta y me dice:

—Ay, Magda, trata de ayudar a esta pobre señora.

Le dije:

—No niña, tu mamá está ocupada y no le puedo hablar.

Elena respondió:

—Ahorita voy a traer mi alcancía.

Entonces fue a traer su alcancía y toda se la dio. Era muy espléndida; así ha sido de por sí.

Su madre recuerda sus primeras clases de música y canto amén de sus estudios de primaria, y nunca se le olvidará que cuando regresó su esposo de la guerra, su pequeña hija ya sabía tocar el piano:

Elena iba a clases de piano cerca de la casa. Las tomaron ella y su hermana. Elena tiene las manos chiquitas pero se destacaba en el piano. Eso ha de haber sido en los años de 1944-1945, porque mi esposo llegó de la guerra y encontró que ella no sabía leer bien la música y como él era muy músico, dijo que no era muy buena su profesora. Elena se desanimó un poco. Cantaba también muy bien. Tenía una voz preciosa. Elena dice que una vez que iba en el periférico cantando, como que se le desgarró la garganta. Siempre tuvo muchas dificultades con la garganta; la operaron de las anginas. No era fuerte como su hermana. Me acuerdo que desde chiquita se caía fácilmente, se coronaba las rodillas.

9. MISS JUJÚ

Elena descubrió a su primera maestra en la joven Magdalena, proveniente de Zacatlán de las Manzanas, pequeño poblado ubicado en la sierra de Puebla. Como era recién llegada de Francia, Elena no hablaba bien español y Magda le enseñó a pronunciar las palabras, al menos para que se pudieran entender entre sí. Debido a estas tempranas enseñanzas, Elena todavía conserva una pronunciación folclórica y un léxico arcaico más característico de la gente que dice "naiden" en vez de nadie, "suidad" en vez de ciudad, y que emplea palabras como "Újule", "Pácatelas", y otras expresiones que no se aprenden sino en la calle. Según opina su madre, fue debido a este temprano contacto con el México popular que la pequeña Elena descubrió que había todo un mundo de individuos que no formaban parte de su ambiente aristocrático:

> Por las sirvientas comenzó a darse cuenta de las diferencias de vida; de cómo vivían ellas. Desde entonces empezó a entender que había la clase media, por ejemplo, y la clase pobre. Era sorprendente, porque nosotros no hablábamos con la gente [que luego aparecerá] en sus libros, ni nos ocupábamos mucho de esa clase de gente, bastante media. Y el interés de ella por esa gente, creo que era mucho por quienes conoció y a las que admiraba. Ella ha de haber pensado que la gente de sociedad no era ni tan inteligente ni tan activa.

Esta temprana fascinación por la gente humilde, combinada con el hecho de que Elena nunca tuvo lecciones formales de español, resultó en un español distinto al castellano refinado de Juan Ramón Jiménez. Además, según Magdalena, la pequeña tenía muchos problemas con ciertos sonidos propios del idioma, y por eso su joven maestra se afanó en ayudarle a hablar bien:

> No hablaba mucho español. Mochaba las palabras, pero yo le hablaba así: ella decía "burito" y yo le decía

"burrito". Decía "Ahí va un perito", y yo le decía "se llama perrito". Así yo tenía que ayudarle a componer las palabras y componer su hablar. Yo le hablaba siempre. De por sí como conozco las palabras; soy un poco torpe, no creas que soy muy civilizada.

Con Magdalena, parece que Elena fue una alumna ejemplar que ni siquiera hacía berrinches para quedarse en casa por tener gripa, tanto era su afán por aprender, ya con ella, ya en su escuela. Leía mucho, primero en francés, después en inglés y en español, pero como todos los niños, también hacía travesuras que, muchas veces, recaían sobre su nana. Magdalena recuerda:

La niña cuando iba a la escuela era muy, ¿cómo diría yo? Era muy inteligente, la niña. A veces se iba a enfermar de gripa y la señora decía "Magda, ahora no va a salir la niña". Elena decía "No mami, yo no tengo nada, tengo que ir". No le interesaba quedarse en casa. Leía mucho francés; le traían muchas revistas francesas.

Como todas las niñas de su edad, a Elena le encantaba reunirse con sus amigas, jugar casita y meter a Magda en aprietos. Un día cuando la señora Paulette salió a uno de sus múltiples compromisos sociales, Elena y Kitzia y sus amiguitas se metieron en el enorme clóset de mamá y se probaron toda su ropa: trajes sastre de la casa Schiaparelli, elegantes sombreros emplumados y guantes de cabritilla que llegaban hasta el codo. Como recuerda Magda, a veces estos juegos se volvían tediosos para ella, ya que a ella le tocaba levantar, antes que regresara la señora Paulette, todo el desastre creado por las niñas:

Es que ella tenía también sus visitas y jugaban entre ellas, niñas igual de su tamaño. Hacían que eran princesas. A veces se ponían toda la ropa de la señora y hacían un tiradero de todos sus vestidos. Se iban a bañar en puro perfume; a llenar la tina de puro perfume. ¡Que así se bañaban las princesas! Yo me apenaba porque la señora a mí me tenía que regañar, no a ellas. Eran sus amistades y lo alzaba yo todo para que cuando llegara la señora estuviera en orden. Porque eran las princesas, las embajadoras. ¡Eran las quién sabe qué tantas cosas!

Paulette también conserva recuerdos de una niña quien se identificaba —al menos al principio— con sus ascendientes aristocráticos. Es curioso reconocer que el que más le llamó la atención cuando niña fue el rey Estanislao II, su tío bisabuelo, quien nunca fue aclamado por sus proezas políticas, sino más bien por sus aportaciones a la cultura, especialmente la pintura: "Elena me dijo un día: 'Voy a ser reina de Polonia'. Estanislao no fue reconocido como buen rey, pero sí lo fue, sobre todo desde un punto de vista artístico. Gracias a él vinieron a Polonia Guardi y Canaletto. Era un hombre muy valioso".

Aparte de estas inclinaciones hacia la nobleza, naturales en una niña de su edad y clase social, Elena parece haber sido una hija ideal, a tal grado que era capaz de regalar hasta lo que no tenía con tal de ayudar a una persona quien, según su punto de vista, estaba necesitada. Magda daba gracias a Dios por estas inclinaciones tan benévolas (y muy católicas), que a la vez se le hicieron un poco exageradas:

No era mucho muy traviesa. Le gustaba estudiar, platicar, dar caridad a ciertas personas que encontraba en la calle. Íbamos al cine de los mejores, al Palacio Chino, al Metropólitan, al Vanguardias, los que eran

79

de categoría. También me gustaba acompañarlas a Cuernavaca, a Pastejé, a Acapulco, a Manzanillo.

De sus primeros escritos, Magdalena no recuerda tanto como uno quisiera, pero sí se acuerda de que Elena siempre estaba leyendo y escribiendo, al menos en francés. Según ella, la niña leía puras revistas en francés; muñequitos en francés. Su nana se la pasaba viendo los monitos pues no sabía ni lo que decían. Doña Paulette sí recuerda cuando empezó a escribir su pequeña hija, quien desde los siete años ya llamaba la atención por sus habilidades narrativas: "Elena creo que tuvo un don, pues desde chiquita escribía muy bien. Cuando tenía siete años, la profesora de su escuela en Francia estaba muy contenta con ella porque escribía muy bien".

En cuanto a sus relaciones con Kitzia, su hermana menor, Magdalena notaba algunas diferencias de carácter entre las dos. Kitzia era alta, grande y, por lo visto, un poco autoritaria. Elena trataba de llevarse bien con ella, aunque a veces, después de una riña, se reunía con Magdalena para que la consolara:

Las dos hermanas se querían pero era más fuerte la señora Kitzia. Desde un principio fue de más carácter y más impositiva. Elenita era noble. Luego se peleaba Kitzia con Elena y yo siempre defendía a Elena. La consolaba. Luego me decía: "Magda, vamos a rezar por mi papá, porque anda en la guerra". No le decíamos a su hermana. La dejábamos abajo y subíamos a la azotea "para estar más cerca del cielo", decía ella, y nos arrodillábamos. Yo recé como sé rezar. Después poco a poco Elena me enseñó a rezar e ir a misa; yo las llevaba a misa.

Más que una nana, Magdalena asumía en muchas ocasiones el papel de madre, especialmente cuando Elena se enfermaba. Como su madre tenía muchos compromisos sociales, en Magda recayó la responsabilidad de cuidar a sus niñas adoptivas. En una ocasión, a Magdalena se le ocurrió apodar a Elena con un mote de toda la vida: "Estaba muy enferma y Elena quería que estuviera con ella. Entonces fui y ella empezó a hablarme quedito. Le dije 'No llores, Miss Jujú'. Nomás de payasa yo. A mí nomás se me salió decirle así. Porque se quejaba, porque estaba triste. Ya estaba grandecita. Y así pasó".

10. Corazones sagrados

Con muchas niñas de buena familia, Elena terminó sus estudios —aunque limitados— en el extranjero. Su madre mandó a las hermanas a un internado cercano a la ciudad de Filadelfia, Pensilvania, en Torresdale, donde esperaba, aprenderían todo lo necesario para ser excelentes "niñas bien" y para que, al regresar a México, se casaran con un joven de mejor nivel socioeconómico. Aunque de carácter fuerte y algo cerrada, a Magdalena le dolió la ausencia de sus niñas, quienes le escribían cartas desde el Colegio del Sagrado Corazón (Eden Hall), quejándose de todas las cosas que tenían que hacer y que nunca hacían en casa, pues siempre estaba Magda para levantar todo, tender las camas, servir sus guisados favoritos, y hasta lavar sus calzones:

La mamá decidió mandarlas a un convento porque no sabían hacer nada. Ni se sabían lavar la cabeza; no se sabían bañar. Yo tenía que bañarlas aunque estaban ya grandes. Luego me mandaban cartas diciendo que me echaban mucho de menos, que las tenían castigadas porque tenían que lavar su ropa interior, y que tenían que hacer su cama y que era mucho trabajo para ellas. También eran delicaditas para la comida. Bueno, Elenita se conformaba más. La otra quería puros pasteles. Si a Elena no le gustaba la comida, no decía nada, Kitzia sí se enojaba.

En el último apartado de *Lilus Kikus,* titulado "El convento", que según su madre, tiene mucho de autobiográfico, Elena cuenta —por medio de su pequeño personaje y álter ego, Lilus— los sentimientos que le provocó la idea de ir a estudiar en un convento. Elena también reconoce que este pequeño cuento es al menos semiautobiográfico:

Tiene un poco de este convento pero ya muy inventado, muy ficticio. Fue decisión de mi mamá mandarnos allí porque también estaban mis primas hermanas. Eran las hijas de Lydia, la hermana de mi mamá que vivía en Garden City y trabajaba en Nueva York. Y allí estaba muy cerca e íbamos a Nueva York y después en las Navidades podíamos ir a Garden City con la tía Lydia. En Eden Hall recuerdo que una vez mis primas Yolanda y Diana me miraron con cierta aversión porque a los tres meses saqué primer lugar en inglés. Después me hicieron tesorera de la revista *The Current Literary Coin* porque decían que yo era muy honrada. También me hicieron actriz. Actué en *Twelfth Night* de Shakespeare. Recuerdo que decía: "Sweet Sir Toby, Sweet Sir Toby". Creo que era la tabernera, el papel de una mujer muy alegre que sirve vino. Estuve contenta en el convento y Kitzia también. Ahí terminé *high school.* Después me ofrecieron una beca para ir a Manhattanville a un *college,* continuación de Eden Hall. Sin embargo, hubo una devaluación en México en tiempos de Miguel Alemán y mis papás alegaron que aunque yo tuviera beca, pagar el boleto de avión y unos extras y no sé qué diablos, ya no lo podrían hacer.

La señora Paulette recuerda muy bien esta etapa en el desarrollo de su hija, y destaca que en la escuela Elena "siempre tenía muy buenas calificaciones y luego cuando fue al convento y aprendió inglés, sacó el primer premio. Escribió 'On Nothing' (Sobre nada)... es el título. Y está muy bien". Originalmente escrito en inglés, y aparecido en 1950 en el volumen XV de la revista *The Current Literary Coin*, es un documento sumamente valioso para poder vislumbrar a la incipiente escritora. Aquí se reproduce traducido al español por vez primera:

SOBRE NADA

Parecería que no hay nada que escribir sobre *nada*, pero todo un mundo gira alrededor de esta pequeña palabra. Aunque parezca extraño, *nada* constituye todo aquel planeta llamado Tierra y todas las criaturas que lo habitan. En *nada* el hombre esconde sus profundas emociones, sus amores, sus temores, su valor, su grandeza. Hay profundidad, amplitud y altura en *nada*, como se puede observar en las nadcrías de la vida cotidiana que le revela el hombre a la humanidad.

Quizá *nada* sea la palabra más empleada por los hombres. Es articulada por todos, jóvenes y viejos, ricos y pobres. Muchas veces he contemplado la reacción de niños chiquitos cuando son sorprendidos probando mermeladas prohibidas o arrasando con la caja de galletas. Su respuesta a la pregunta peligrosa: "¿Qué hiciste?" es invariablemente la misma, "¡Ay, nada!" La causa de aquel *nada* es la vergüenza del momento, el hecho de haber sido descubiertos al tratar de esconder algo. Mas, ¿por qué tenemos que elegir esa pobre palabra *nada*? Otro ejemplo que muestra que tan buen escondite es la palabra *nada*, se halla en la experiencia común de dar y recibir regalos. "¡Esto es para ti!" dice quien le presenta al destinatario un paquete envuelto con gran esmero. "¡Ay qué maravilla!", responde éste. "¡Qué ganas de saber qué es!" Con esto, quien regala rogará con voz humilde, "¡Oh! ¡No es nada, de veras!" He aquí otro ejemplo de cómo la palabra *nada* juega un papel fundamental. El dador, como el niño, esconde algo, pero esto constituye un encubrimiento totalmente diferente. ¡Quizá quiera decir que ese paquete es tan sólo una pequeña muestra de su amor! De modo que la humanidad esconde su autoconciencia detrás de aquel *nada*. Otro ejemplo de la popularidad de que goza la palabra *nada* es el caso de la señorita Clara McFlimsy de Madison Square, quien siempre se quejaba de que no tenía *nada* que ponerse. Ignoro si las *Châtelaines* medievales o las damas isabelinas se quejaban de no tener nada que ponerse, puesto que no aparece en ningún manuscrito. Sin embargo, en la edad atómica, esta famosa frase: "No puedo salir, no tengo absolutamente nada que ponerme" ha sido una fuente de preocupación para muchos. La Cenicienta no pudo ir al baile porque no tenía un vestido de noche, ¡pero con la ayuda de su hada madrina ganó el amor del príncipe!

No se usa la palabra *nada* tan sólo para perdonarse, pues también se puede aplicar a una pobre criatura para quien la humanidad siente un desprecio notable, "¡un bueno para nada!" Me gusta la historia de Monk, quien parecía ser un "bueno para nada", aunque si bien era un "bueno para nada", era bueno para todo. Llegaba tarde a los *Máitines.* No sabía el *Pater Noster* ni los cánticos ni el Credo. Fuera donde fuera veía a los clérigos en sus altares, a los diáconos frente a los evangelios, a los subdiáconos frente a las epístolas. No podía hacer nada de estas cosas y tampoco tuvo nada que ofrecer a la madre de Dios. Desesperado recurrió a su anterior profesión. Él rendiría su homenaje dando brincos. Mientras duraba la misa, él brincaba delante de su altar y se sacudía y hacía saltos mortales hasta caerse al suelo y desmayarse del cansancio. Este "bueno para nada" Monk, este juglar, hizo mucho por el honor de Nuestra Señora y mucho la complació, ya que ella bajó de los cielos con ángeles y arcángeles para observar el espectáculo.

Con esto no quisiera implicar que todos los hombres deban convertirse en "buenos para nada". Al contrario, los hombres no deberían condenar a las personas cuyo valor desconocen. Según ellos, los "buenos para nada" no cumplieron con las tareas de la vida cotidiana. Puede haber una razón que explique esta falta de responsabilidad. Aquellos "buenos para nada" pudieron haber encontrado una fortuna más grande, una vida espiritual mucho más relevante que la de las cosas materiales que les dan a los hombres un sentimiento placentero de autoimportancia.

¡La vida del hombre no es nada! ¡La vida del hombre lo es todo! La vida del hombre no es nada porque él es polvo y en polvo se convertirá. La vida del hombre es todo porque él es espíritu. Hay grandeza en la *nada*. Hay profundidad y anchura y altura en *nada*. "La profundidad llama a la profundidad." Minucia e insuficiencia llaman al abismo de la Merced Divina. Todo se podría escribir sobre *nada* pues yace en la médula de la creación.

HÉLÈNE PONIATOWSKA

Capítulo II

La Universidad en la calle

Sentada frente a su máquina de escribir en *Novedades*.

1. Regreso a México

Al volver a México, la joven Elena aún no sabía hacer nada que le ayudara a sobrevivir en el mundo real; en el colegio norteamericano, las monjas le enseñaron buenas maneras y otras herramientas para convertirla en una *débutante* ideal. En entrevista, Elena reflexiona sobre esta etapa de su vida, marcada por una notoria inestabilidad familiar:

La característica de mis papás fue el nunca haber planeado absolutamente nada de nada. Nunca nos dijeron como supongo que les dicen a otras "niñas bien": "Tienes que salir adelante, casarte con un hombre rico". Mis papás flotaban en la estratosfera. Mi papá era un héroe de la guerra, del *Seventh Army*, era capitán francés. Trabajó ligado a los norteamericanos porque su inglés igualaba a su francés, siendo hijo de Elizabeth Sperry Crocker. Creo que llegó de la guerra muy golpeado. Tuvo varias misiones muy peligrosas en que lo tiraban en paracaídas a zonas de ocupación. Regresó héroe de guerra (tiene el *Purple Heart* norteamericano), lleno de condecoraciones pero con una salud quebrantada. Le afectó mucho la guerra. Mi hermano Jan nació entonces, un niño hermosísimo. Mi hermana Kitzia se casó a los dieciocho años con Pablo Aspe, de quien era novia desde los once años. Mi mamá se salvaba a través de mi hermano Jan que era un niño maravilloso. Mi papá era muy buen hombre, hipersensible, un compositor de música, muy creativo, pero su vida giraba alrededor de los negocios que iba a hacer, en los que nunca triunfó y el fracaso le pegó muy duro.

Al igual que mis padres, difícilmente tomo la más nimia de las decisiones. Dejo que las cosas caigan por su propio peso aunque me caigan en la cabeza, mejor dicho, en el alma y me aplasten como un zapote. Para mí todo es dual, bueno y malo, feo y bonito a la vez. No hago juicios morales y eso, claro está, me ha acarreado algunos problemas. Los primeros, con mi propio carácter. No juzgo. Resulta más cómodo evadirse, flotar mientras la pústula se va infectando día a día sin que tome yo una sola precaución. Esto es de herencia. Mi madre flotaba pero esto la salvó de muchos sufrimientos y le permitió (aunque quedó herida de muerte) aguantar el dolor de la muerte de su único hijo hombre: Jan, que murió a los veintiún años; y le permitió aguantar también dos o tres años más tarde la parálisis de Alejandro, su nieto, hijo de Kitzia, mi hermana, quien heredó la extraordinaria entereza materna. Mamá vivió en un estado latente de dolor que jamás enseñaba, quizá por su formación, pero estaba allí en el aire que la rodeaba. Una vez fuimos juntas, mamá, Paula y yo al panteón de San Joaquín. (Allí están enterrados mi padre, mi abuela y Jan, mi hermanito, con quien voy a quedar para acompañarlo). Paula tomaba fotos de las tumbas familiares. Mamá se detuvo junto a la de Jan, y Paula le dijo: "Pero sonríe..." Y mamá respondió: "¿Cómo quieres que una madre sonría al lado de la tumba de su hijo muerto?" Creo que la muerte de Jan precipitó la de mi padre. Le sobrevivió diez años, casi once, pero a papá ya le costaba mucho vivir.

Estoy muy orgullosa de ser hija de Johnny y Paulette Poniatowski, me gusta su actitud ante la vida. Nunca fueron *social climbers* o *money climbers* o *political clim-*

bers, nada, al contrario, eran ellos mismos, un poco fuera de este mundo, irreales, generosos, bellos, poéticos, crédulos, entregados, profundamente respetuosos de los demás, un poco de otro planeta la verdad y eso, me conmueve. Pensar en ellos me acerca a mí misma, a lo mejor que tengo, lo mejor dentro de mí, a mi propia muerte, y muero amándolos como murió mi hermano menor, Jan, amándolos.

A mi madre siempre la traje dentro y ahora más que nunca la guardo en lo más profundo, es mi fuerza, siempre (o casi) está conmigo. *Maman* la llamo en francés y aparece a mi lado, la encuentro en el aire que respiro, en el ramo de flores que me regalan, en la luz que enciendo en la noche, en la almohada sobre la que pongo mi cabeza, antes de apagar la luz.

Mis hijos también la extrañan; Paula, mi hija fue su nieta favorita, la bien amada, y en su último día de hospital, Paula pidió que la dejaran pasar al quirófano y quién sabe qué vieron en sus ojos, que le abrieron la puerta. Mi madre jamás soltó la joven mano de su nieta. Decía de ella: "A esa niña mía jamás le he oído una mentira". Si uno quiere saber la neta, basta con oír a Paula Haro.

A su llegada del extranjero, Magda notó que a sus dos niñas consentidas les interesaban los muchachos. Sin embargo, cuando a Elena le salía un pretendiente, ya no lo quería. Para decidir por un novio u otro, le pedía consejos a su nana:

Elena era muy guapa —bueno, es guapa de por sí— y tenía muchos pretendientes. ¡Ay, los enamoraba mucho! Pero ella no quería a sus novios. Había un novio que hacía muchas payasadas y me decía "Magda, ¿cuál te gusta para que sea mi novio?" Siempre me andaba preguntando. No me hacía caso pero ella me exigía que

91

yo le dijera. Uno que se llama Javier Carral le gritaba a Elena "¡Rata!", cuando venía a buscarla para llevársela a una fiesta.

2. ¿SECRETARIA EJECUTIVA?

Era principios de los años cincuenta y Elena tenía diecinueve años. Recuerda que "cuando mi papá me avisó que no iba a regresar a estudiar a los Estados Unidos, le dije que quería estudiar medicina, pero no pude revalidar ninguna materia. Luego alegaban: '¿Cómo vas a estudiar medicina? ¿Qué vas a hacer en las clases de anatomía con los cuerpos desnudos?' Yo obedecía fácilmente, pues era un medio muy mundano, muy de 'gente bien' al que yo pertenecía".

En aquella época, la mujer en México —al igual que en Estados Unidos y Europa— no tenía nada que ver con el mundo de los negocios o de la política, ni mucho menos con el del periodismo, campo dominado por hombres en casi todos sus aspectos. Al enfrentarse con un destino de *balls*, *cocktails*, y desfiles de moda que aguardaba a todas las jóvenes de su clase, Elena se dio cuenta de que algo tendría que hacer para cambiar.

Sorprende descubrir que Elena fue actriz antes que secretaria ejecutiva o periodista, y que este afán histriónico comenzó a revelarse en Francia, cuando tenía alrededor de seis años:

Yo había actuado primero con los *Scouts* de Francia y después con André Moreau y el "Cuit Poulet". Luego Brígida Alexander, la mamá de Susana Alexander, me vio en el teatro francés y me llamó porque necesitaba a una joven. Hice una obra para la televisión con un actor que se llamaba Antonio Passy. Se llamaba *El hombre*

92

que se casó con mujer muda y yo era la mujer muda. Nunca dije una sola palabra. Después Magda Donato, que era encantadora, me llamó para que actuara como recamarera en una obra de teatro, pero ya era teatro pagado, profesional. Lo único que tenía que hacer era entrar a escena, llevar la charola del desayuno, abrir las cortinas y decir a los actores —Carmen Montejo y Tito Junco— en la cama: "Los señores están servidos". Una vez nos cruzamos entre bambalinas Tito Junco y yo y dijo "allí va la futura madre de mis hijos". Me sentí tan agredida que ya no regresé a la noche siguiente, lo cual fue una falta de profesionalismo bárbaro porque no hubo sirvienta para esa función.

Doña Paulette recuerda que cuando quiso mandar a su hija a Francia, para que debutara, su hija puso sus condiciones: "Elena tenía un carácter fuerte y obstinado. Decía: 'Yo no quiero depender de nadie, y si ustedes me mandan a Europa, yo voy con mis propias pistolas, ganando mi propio viaje, pagando todo yo'".

Curiosamente, fueron las relaciones públicas que cultivó su mamá con la *socialité* de la ciudad de México las que le permitieron a Elena descubrir su verdadero camino:

En mi casa recibíamos *Excélsior* —señala Elena— y leí las entrevistas de Bambi, cuyo verdadero nombre es Ana Cecilia Treviño. Una amiga de Eden Hall, María de Lourdes Correa, me dijo que su tío era el director de la sección de Sociales de *Excélsior* y me acompañó a verlo para decirle que quería ser periodista. Para salir del compromiso, Eduardo Correa me dijo: "Hazle una entrevista a mi sobrina. A ver cómo te sale y me la traes".

Esa misma tarde acompañé a mi mamá a un coctel de la condesa Helen Nazelli —norteamericana casada con un noble italiano— para Francis White, el nuevo embajador de los Estados Unidos en México. Durante el coctel le dije a mi mami: "¿Por qué no le dices que soy periodista y quiero hacerle una entrevista?" Al presentarme con el embajador, éste me puso una mano en la cabeza y me la acarició: "*Good child, good child, let her come to my office tomorrow*". Al día siguiente fui a la Embajada frente al restaurante Bellinghausen. Le hice una entrevista de lo más idiota; me regaló una foto y llevé artículo y foto a *Excélsior*.

Sin embargo, a doña Paulette no le pareció apropiado que una niña de su clase y abolengo se metiera en el mundillo del periodismo, dominado por gente de bastante media clase, como ella misma diría. "En mi familia —cuenta Elena— decían que la gente bien educada no aparece en los periódicos. Entonces por un lado yo sentí que estaban bien contentos porque sus amigos les decían a mis papás: '¡Miren qué cosas hace su hijita!' Pero por otro lado no era lo que ellos querían para mí".

La entrevista con el embajador White se publicó el 27 de mayo de 1953 y constituye la primera de 365 entrevistas, una para cada día del año, en una serie casi infinita de diálogos que, a lo largo de cincuenta años, vendrán a conformar tan sólo una faceta de la obra literaria de Elena.

3. BAMBI Y DUMBO

En entrevista con el autor, Elena proporciona algunos detalles de sus primeras experiencias como periodista en *Excélsior*, lo que constituiría el momento más decisivo de su vida profesional:

—Entraste a *Excélsior* en 1953, pero no exactamente como entrevistadora sino más bien como columnista social, ¿no?

—Bueno, todas las mujeres entraban a fuerzas a la sección de Sociales. Después podías ascender, pero el primer paso de una mujer en un periódico era la sección de Sociales. Cuando entré quise ponerme el seudónimo Dumbo para hacer juego con Bambi. Eduardo Correa protestó: "Aquí no vamos a tener todos los personajes de Walt Disney. Usted se pondrá su nombre y su apellido". Hice mis entrevistas, crónicas de sociales, todo lo que tienes que hacer dentro de un periódico.

Ana Cecilia Treviño —la recientemente fallecida Bambi—, su compañera de trabajo durante aquel primer año en *Excélsior*, recuerda el impacto que tuvo Elena en el periódico desde un principio:

Aunque había pocas mujeres en el periodismo, no creo que Elena haya tenido graves problemas. Al principio a ella no la metieron en la sección de Sociales porque no estaba de planta. A mí sí me metieron en Sociales, pero no lo hicieron por machismo, lo hicieron para protegerme. Tuvieron una idea un poquito tarada, que me podía pasar algo malo si yo trabajaba en otro medio. No lo hicieron porque yo fuera mujer. Yo se lo agradecí en el alma. Elena nunca tuvo la limitación de Sociales. Ella tiene el gran mérito de que no estudió periodismo, sino que ella se ha seguido a sí misma y eso también siento que ha sido muy bueno ya que es muy original y muy inteligente. Elena es muy inventiva y desde que empezó sus entrevistas tuvieron un éxito enorme.

Gracias a este desbordante éxito, en un lapso de un año se armó tanta competencia entre las dos jóvenes periodistas que una no tendría más remedio que retirarse de *Excélsior*, ya que la sección no era suficientemente grande para las dos.

4. Reportera sin ton ni son

Después de su primera entrevista con el embajador de los Estados Unidos, Eduardo Correa le encargó otra. Elena recuerda el pánico que le provocó su primera asignatura como entrevistadora:

> Salí a la calle y me dije: "Ahora qué hago, no sé ni a quién entrevistar". Entonces pasé frente al Hotel del Prado rumbo a San Juan de Letrán donde yo tomaba clases de mecanografía para ser secretaria ejecutiva. Iba yo a pie a mi escuela y vi un letrero que decía: "Amalia Rodrigues Canta Fados Portugueses". Entré y dije que quería ver a la señora Amalia Rodrigues. Me preguntaron de parte de quién, y dije que era periodista de *Excélsior*. Subí, la entrevisté, hasta me dijo que podía yo escucharla gratis en el cabaret a pesar de que le pregunté: "¿Qué cosa es un fado? ¿Dónde está Portugal?" Hacía preguntas tan estúpidas que hacía reír a los lectores.

Pertenecer a la sección de Sociales era escribir crónicas y reseñas de acontecimientos sociales, hacer entrevistas era un lujo. También era ir a las más comentadas fiestas, exposiciones y cocteles de la época. Aparte de su presencia *de rigueur* en estos eventos, durante el espacio de un año, Elena hizo una entrevista al día con muchos personajes del medio cultural mexicano y extranjero: Cri-Cri, Andrés Henestrosa, Alí Chumacero, Cantinflas, Anna Sokolow, Juan Soriano,

Gutierre y Carletto Tibón, Lola Álvarez Bravo, Max Aub, Dolores del Río, Luis Nishizawa, Cario Coccioli, Gabriel Figueroa, Carlos Mérida, Pita Amor, Carlos Pellicer, Jean Sirol, Octavio Paz, Henry Moore, Matías Goeritz, Manuel Toussaint, Luis Barragán, y el mismísimo Santa Claus disfrutaron de un divertido diálogo con la joven reportera que luego aparecía en la sección B de *Excélsior*.

Sorprende que, al preguntarle si con tanto trabajo los editores de *Excélsior* le ofrecieron un contrato formal, su respuesta fuera negativa:

Nada, nunca. Toda la vida he trabajado *freelance*. Nunca en la vida he tenido seguro social, ni pensión. Si yo hubiera querido, quizá me hubieran dado un escritorio. Mi padre me regaló una Olivetti portátil porque estaba estudiando taquimecanografía. La conservé muchos años y le puse encima una calcomanía con una caricatura de los *Supermachos* de Rius.

La misoginia me persiguió desde que me inicié en el periodismo, mejor dicho, desde que quise hacer algo que fuera un poco más allá del sendero trillado, pero me di cuenta que corrían con la misma suerte las demás mujeres y que algunas llegaban hasta a desquiciarse. Había —y hay todavía— un empeño furioso por cortarle a la mujer cualquier salida que no sea la del matrimonio y la maternidad. ¿Cómo combatir ese estado de cosas? Es más fácil adaptarse que luchar, es más fácil la inacción que la acción; pero la inacción, el no hacer nada, es finalmente adaptarse. Ren-dir-se a la larga resulta mucho más peligroso que la acción, porque destruye todo lo que llevabas dentro de ti, todo lo que podías ofrecer. Tenía frente a mí el ejemplo de mi tía Pita Amor, un ser libre y creativo, que finalmente se desquició, porque se doblegó e hizo todo lo que los demás pedían de ella. Obedeció leyes para después romperlas, dio el espectáculo, escandalizó para que otros se divirtieran, perdió la brújula y nunca vi que se tendiera una mano amiga para ayudarla, quizá porque llegó a los límites de sí misma. Estaba más allá del bien y del mal. Al final de su vida, era parte de la decadencia de la Zona Rosa, recorría siempre las mismas calles, Londres, Amberes, Niza, con su bastón, su flor en la cabeza y sus anteojos de fondo de botella. Había tenido mucho que dar y ahora era un despojo de sí misma. Las mujeres que destacan corren el riesgo de volverse caricaturas de sí mismas. En mi caso, hombres y mujeres esperaban que diera el traspiés, detrás de las puertas o de los biombos oía yo risitas, para que la caída estrepitosa me hiciera entrar al redil-razón, me diera cuenta que había escogido el mal camino. Pero también porque todo lo distinto asusta; a mí desde luego me asustó, pero también les dio miedo a los demás. Preferían darse de codazos y reírse. "Mira hacia donde va, la pobre". ¿Como la tía Pita, hacia el abismo? Lo que pretendo decirte, Michael, es que para las mujeres, sobre todo en los cincuentas —no sé si ahora— ejercer la propia vocación era un desafío y un reto cotidiano que te desgastaba. Había que ser muy fuerte. Mi madre, mi hermana y yo somos mujeres fuertes. Pero no tanto. En los ojos de mi madre había una infinita tristeza y en los de mi hermana también. Sin embargo, siento que mucho del tiempo que pude invertir en la creación se me fue lamentablemente en defenderme de la otra Elena que me decía, para qué, a quién diablos le importa, a quién le estás dando tu vida, podrías estar tranquila ahora mismo, tu empeño es de risa loca, estás sacrificando demasiado, no ves a tus amigos, vete a Acapulco, ve a que te den unos masajes como todas las demás, esa gente nunca te lo va a agradecer, les echas perlas a los cerdos, no es tu medio, al rato nos vamos a morir todos y ¿qué gusto te diste?

La misoginia hizo que me sintiera casi siempre traicionada. Jamás me pagaron lo mismo que a un hombre. Jamás me dieron el mismo espacio que a un hombre, jamás el mismo reconocimiento. Jamás supe acercarme a un poderoso, al contrario "patas pa' cuándo son" y nunca supe dónde estaba lo que me convenía. Me habría dado vergüenza hacer "lo que me convenía". Es más, sólo mi tenacidad y en cierta forma mi inconciencia hizo que siguiera adelante. Amanecía cada mañana y no había respuesta de los directores del periódico. A mí me enseñaron que no había que reclamar nunca, que es de muy mala educación. Tenía por orgullo, y quizá todavía lo tengo, jamás haberle pedido nada a nadie. Quizá sea soberbia. También me enseñaron que no había que cobrar. Los periodistas están muy mal pagados y no soy la excepción. Todo esto se lo atribuyo a la misoginia. Claro, si me hubiera casado con un hombre rico, quizá me habría ganado el respeto de los demás, pero la sola idea de acercarme a un hombre por su riqueza me parecía un pensamiento de lacayo o de lacaya. A lo mejor, ante todo, mi orgullo es el responsable.

5. ¿QUÉ? ¿DÓNDE? ¿CUÁNDO? ¿CÓMO?

Un afán creciente por descubrir y describir la realidad de la mujer en el mundo cultural mexicano se hace presente en la mayoría de sus entrevistadas de esa época. La mujer de don Alfonso Reyes, doña Manuelita, proporciona una visión tras bambalinas de cómo era vivir con una eminencia de la literatura mexicana y universal. Lo que sigue es un fragmento de una de las entrevistas diarias que Elena hizo a lo largo de 1953 y se titula "El amor tenía rizos: doña Manuelita Reyes". En este diálogo Elena descubre la vida conyugal de Reyes, a tal grado que doña Manuelita revela algunos aspectos íntimos de su querido esposo. Elena comienza la entrevista enfocándose en la casa, ubicada en la calle de Benjamín Franklin, y su verdadera dueña, Manuelita:

> En una biblioteca prodigiosa, "la capilla Alfonsina" (así se conoce dentro y fuera de México), biblioteca de dos pisos con un pasillo, como la Palafoxiana de Puebla, viven Manuelita y don Alfonso Reyes, y desde una especie de "coro" nos recibe don Alfonso, con esa informal galantería suya, tan llena de gracia. Después vino ella. Manuelita Reyes tiene ojos de malicia; toda ella revela el sentido del humor. Es difícil expresarlo, pero de ella emana fortaleza, sutil y dulce fortaleza.

Aunque no aparecen todas las preguntas de la entrevistadora, por el estilo de crónica que Elena emplea desde un principio, se da por hecho, a partir de las respuestas, que estas fueron del tipo más sencillo: ¿Cuáles son las obras favoritas de su marido? ¿Cuál es el país favorito en que han vivido? ¿Cómo se enamoraron? Es como si Elena se basara en las preguntas clave de cualquier periodista: qué, quién, cuándo, dónde, cómo. Sin embargo, algo más se entrevé a lo largo de esta entrevista que sirve para ilustrar su dinámica conyugal, pero que no es producto de las preguntas emitidas por la reportera. Por medio de la interpretación que hace Elena de mujer y marido, vemos —si bien de reojo— detalles sobre su relación que no excluyen el gusto que tiene don Alfonso por los "muy hermosos objetos", es decir, las jóvenes poetas a quienes el maestro les corregía una endecha, un cuarteto, una lira o un soneto.

En julio del mismo año Elena consigue una entrevista con María Izquierdo, una de las artistas más destacadas del siglo XX, creadora de imágenes que definen, en muchos sentidos, la manera en que la mujer mexicana interpreta el mundo a su alrededor. Nacida en San Juan de los Lagos, Jalisco, en 1902, y fallecida en 1956, Izquierdo, en su obra pictórica, abarca los estilos fauvista, cubista y surrealista. Su diálogo apareció en *Excélsior*, en la sección de Sociedad y Eventos Varios, el sábado 18 de julio de 1953, y se titula "Orozco el maestro: opina María Izquierdo". En esta entrevistacrónica Elena crea un escenario religioso —para no decir fanático— al describir a la pintora mexicana, tan devota a su pueblo y a su raza:

> María Izquierdo es tal vez el testimonio vivo más elocuente de la devoción a la pintura, pero de la devoción mexicana; su carrera, su trabajo, es como el cumplimiento de esas "mandas" en que se llega al santuario, después de subir, de rodillas, la empinada cuesta de piedra, María Izquierdo, tan mexicana, no es bella, encanta.

ME CREÍAN UN HOMBRE

En 1928 comencé a pintar en la Escuela de San Carlos de Bellas Artes. Un año seguí los cursos y también pintaba en mi casa. Luego fui a Piedras Negras, en Coahuila, donde participé en un concurso obteniendo el primer premio con tres cuadros, entre ellos, el de un gallo. Esta fue mi primera exposición. De regreso a San Carlos hubo otra exhibición de cuadros de los alumnos, y el director, Diego Rivera, escogió tres cuadros de M. Izquierdo, suponiendo que yo era hombre. Después declaró que: "María Izquierdo era la mejor alumna que San Carlos podía tener".

Sus maestros, Diego Rivera, Gedovius, y Toussaint, la estimaban. Esto desató la furia y los celos de los demás alumnos que la corrieron a cubetazos de agua y le cerraron, literalmente, la puerta de San Carlos. Como sus maestros y grandes críticos la declararon pintora ya hecha, María Izquierdo se retiró en su casa para pintar y no ha vuelto a tomar una sola clase.

6. ¿LA "FEMINIDAD"?

En su continua búsqueda por comprender —y fomentar— el papel de la mujer en el mundo contemporáneo, Elena aprovechó el "lujo" concedido por *Excélsior* para acercarse a ellas, hablar con ellas y aprender de ellas, aunque su profesión distara mucho de la suya. Por eso no sorprende descubrir entrevistas llevadas a cabo durante sus años de formación, con personajes femeninos tan inverosímiles como Gertrudis Duby, antropóloga suiza que dedicó su vida a explorar las selvas más remotas de México, llenas de peligros, insectos y otros inconvenientes. Elena se sentía atraída por esta mujer que, como ella, procuraba alcanzar sus metas en un terreno ajeno, un mundo nuevo: "Me llamaban la atención las mujeres —señala—, pero, yo naturalmente por mi cultura, me inclinaba hacia la gente que venía de Francia".

En su entrevista "Mujer y exploradora: incansable a los 52 años", aparecida en *Excélsior* el 28 de julio de 1953, la reportera le pregunta a Gertrudis Duby, esposa de Franz Blom, residente de San Cristóbal, Chiapas, sobre la "feminidad", término —a mediados del siglo XX— aún lleno de implicaciones caseras, domésticas; lejos de la realidad de esta excepcional mujer, cautivada por la flora y fauna de México y consciente de los terribles problemas de tala y deforestación. Su contundente explicación-negación de la masculinidad constituyó una grata sorpresa para la joven reportera:

> Suceden más cosas horribles en Acapulco, "paraíso de los enamorados", que en mis selvas. El peligro que sí existe es el jabalí. Cuando una manada de cincuenta o cien jabalíes es guiada por un líder bravo que quiere atacar, se echan encima de la expedición, y el único recurso que le queda al hombre es el de treparse a los árboles llenos de saraguatos y de micos. Esto sucede rara vez, ya que ningún líder es bravo, igual que entre los hombres...
>
> Existe todavía en este mundo —nos dice la señora Gertrudis Duby—, la creencia de que una mujer no puede ser exploradora. Yo puedo cruzar ríos a nado, machetear caminos, andar a pie sierra arriba y sierra abajo, durante diez o doce horas y cabalgar quince horas al día bajo un sol ardiente a pesar de mis cincuenta y dos años.
>
> No creo que por eso una mujer pierda su feminidad. En primer lugar es muy difícil analizar lo que es feminidad. Si se entiende por ello no decir su edad (lo que acabo de hacer) me parece una tontería muy grande. No comprendo por qué otras mujeres no quieren decir su edad. Al cabo y al fin, siempre sale a relucir.

Gracias a su insistente trabajo en las páginas de *Excélsior*, su labor pronto comienza a llamar la atención de muchos lectores y Elena consigue entrevistar a gente cada vez más destacada, como en el caso de Dolores del Río. Sin embargo, ni su conversación ni sus observaciones van mucho más allá de lo esperado en una sección de Sociales. Una cosa sí logra la joven reportera: que Dolores hable de sus valores humanos, de su manera de pensar, de actuar. A tal grado que se pone, como reza el mismo encabezado, "Contra Luis Buñuel: el sentimentalismo vale". Este concepto —considerado demasiado femenino— tan despreciado y relegado a los contextos nada literarios de la radionovela o, en el mejor de los casos, los populares folletines que se vendían en los puestos de periódicos, es el mismo que rescata el poeta chileno Pablo Neruda al afirmar que la "literatura sin sentimentalismo cae sobre el hielo". Al mismo tiempo es la sensación que mejor caracterizará la novela del llamado *post boom* latinoamericano, encabezado por escritoras como Isabel Allende y Ángeles Mastretta, y antes que ellas, Rosario Castellanos y la misma Elena Poniatowska, cuya obra literaria, para entonces todavía en estado embrionario, sacará a la luz las emociones —muchas veces de desesperación y tristeza— de protagonistas femeninas como Jesusa Palancares, Angelina Beloff y Tina Modotti. También se desarrollan las descripciones que hace la reportera de sus entrevistados, llenas de símiles poéticos:

> Una mano como palomita, dos manos como dos palomitas. Delgadas, tiernas, chiquitas, un poco esquivas, unas manos finas, con uñas duras, manos dulces que se posan levemente sobre las cosas, con cierto temblor. Con ellas, Dolores del Río sirve el té y se sirve una gran rebanada de pastel de chocolate al mismo tiempo que dice: "Me chocan las gentes que no tienen ilusión de nada… Quiero a los que desean lograr algo, no quiero a los 'pazguatos'". Me siento infeliz con alguien que todo lo acepta y nada le importa. Me desesperan el "ni modo" tan mexicano, el "mañana" y el "a ver qué pasa", y la vulgar expresión "me viene guango"… Al contrario de

lo que piensa Luis Buñuel para mí el sentimentalismo
es un "valor en sí".

7. "DIMES Y DIRETES"

No obstante su lugar privilegiado en las páginas de *Excélsior* que le permitía entrevistar a tantos personajes del mundo cultural mexicano, Elena también tuvo que ocuparse
de trabajos menos ilustres, en especial en el campo de la
crónica social que cubría toda la gama de eventos ocurridos
en la capital mexicana durante los años cincuenta. Nunca
se quejaba de estas asignaturas, ya que le proporcionaban
la oportunidad de conocer a mucha gente del medio intelectual y literario de México, que en aquel entonces Elena
desconocía. Si bien al llegar de Estados Unidos no sabía
nada del país materno —no le sonaban los nombres Alfonso Reyes, Octavio Paz o José Clemente Orozco— debido
a sus contactos sociales, muchos obtenidos por medio de
su madre, y gracias a su dominio de tres idiomas, Elena
era la más indicada para asistir a estos eventos. Resulta
curioso el hecho de no emplear su nombre hispanizado en
estas breves notas, ya que opta por la versión francesa, su
nombre verdadero: Hélène o Anel, Elena al revés. Según
ella, los mismos directores del periódico fueron quienes le
dijeron que su nombre no podía aparecer tantas veces en
la misma sección y por lo tanto tendría que inventar otros
nombres —seudónimos— para encubrir el hecho de que
muchas veces publicaba dos o tres artículos el mismo día
y en la misma sección. No obstante, Elena insiste en que
nunca tomó una decisión consciente respecto a qué nombre emplear en dado artículo o nota: "Yo no hacía ninguna
distinción. Simplemente sabía que no podía firmar cinco
veces en el periódico Elena Poniatowska. Pero en general,

las entrevistas las firmaba con mi nombre. Las demás eran lo que se llaman notas".

Sea como sea, al firmar sus notas de sociales con el nombre elegante de Hélène o Anel, ella podía competir con otros ya establecidos cronistas de la sociedad mexicana, entre quienes se encontraban nombres extravagantes como el del Duque de Otranto; asimismo Carlos León, Rosario Sansores y Agustín Barrios Gómez, autor de la consabida "Ensalada Popoff".

8. LA LEY DE LA MODA

Si bien la moda femenina constituye parte inevitable del trabajo periodístico de la mujer a mediados del siglo XX, al preguntarle sobre el tema, la respuesta de Elena fue tajante: "No me interesaban nada esos asuntos". Sin embargo, siempre cumplió con su tarea —a veces dándole un tinte irónico— y pudo aplicar su conocimiento del francés para entrevistar a un destacado personaje de la *haute couture* parisina, la diseñadora del Palacio de Hierro, Marguerite Rostand. Su conversación apareció en *Excélsior* el 19 de octubre de 1953:

> El deseo de gustar ha existido siempre en la mujer. Para conseguir este fin, el vestido primitivo fue poco a poco transformándose en atavío. Como todas las creaciones humanas, el vestido se ha desarrollado en el tiempo, y las características de su evolución impregnan separadamente cada época, y constituyen la esencia de la moda.
>
> ¡La moda! Ley inquebrantable que somete a todas las mujeres. Si para los hombres hay normas como la Ley del Trabajo y la Ley del Impuesto sobre la Renta, para las mujeres hay un decreto inflexible y categórico; la

ley de la moda. Continuamente insatisfecha, la moda se adelanta y vuelve sobre sí misma en busca de hallazgos. Representa el esfuerzo de poner a la belleza humana el marco que la distinga y la haga sobresalir por encima de la insípida vulgaridad cotidiana. Madame Marguerite Rostand nos ha dado lo mejor de su talento y de su buen gusto en los años que lleva radicada entre nosotros, y aquí opina sobre la falda corta:

—Para mí el espíritu de la moda no consiste en la longitud de la falda... A mí no me interesa tanto que una falda sea larga o corta, lo importante es que tenga un diseño elegante y que esté bien cortada. Yo creo más en las formas que en los tamaños.

A lo largo de sus entrevistas, artículos y crónicas, Elena se concentra cada vez más en escudriñar la vida y manera de ser de la mujer mexicana, aunque no siempre escriba sobre la que compra las tortillas y cuece los frijoles. Durante sus primeros años de periodista le llaman más la atención aquellos seres excepcionales sólo relacionados entre sí por el hecho de pertenecer al género femenino. Si bien pareciera que la joven entrevistadora se fascinó por las estrellas del momento, siempre se puede entrever —a conciencia o no— un intento por descubrir algo más profundo en estos personajes, más allá de los secretos de su cintura de avispa, sus dietas y sus modistas. Elena les saca la sopa, por así decirlo, respecto a la manera en que ellas mismas se ven, y en cuanto a cuáles son realmente las cosas que más les importan en su profesión. Es el caso de su entrevista con María Douglas el martes 17 de noviembre de 1953, titulada "Viuda del Oso: importancia de la comedia":

—Bueno por favor prosigamos con las preguntas...
(María teje algo ancho, largo y complicado, pero no

tiene forma ni de suéter ni de bufanda, ni de gorra…
¿Qué es?)

—Oh, esto sólo es un tejido… Son unas puntadas
todas juntas… a ver qué sale.

(María Douglas es la persona menos curiosa que
existe. No se informa en qué periódico saldrá su entrevista, ni en qué sección, ni qué día, ni nada. A muchos
les molesta que sea en la de Sociales).

—No necesita enseñarme esta entrevista antes de
publicarla, le tengo confianza.

—¡Ay! Muchas gracias… Ojalá y todo el mundo
fuera tan despreocupado como usted…

—Sí, qué bueno sería.

María Douglas tiene un ojo azul y otro verde, con
algo de café… Una voz que quema las ondas del aire,
como la de un dragón. ¿Quién no la recuerda en *Las
Coéforas*? Y unas piernas muy bonitas, pero se dejaría
afear para una película.

—Sí, nada importa que me vuelvan un chango, y no
creo que sería tan difícil —ríe María—. Creo que a las
buenas actrices mexicanas no les importa que las envejezcan, ni nada. Pero en general, al público no le gusta
ver a su actriz predilecta hecha un sapo en la pantalla.

9. Pípiris-nice

No obstante su creciente éxito en el ámbito de la entrevista
cultural, los editores de *Excélsior* nunca olvidaron que Elenita originalmente fue contratada para hacer notas sociales,
ya que los lectores (o más bien las lectoras) de la sección B
(Sociedad y Eventos Varios) tenían que estar bien informados sobre las actividades de la gente *pípiris-nice* de la época.
De modo que no sorprende la publicación de docenas de

minirreportajes dedicados a bodas, comuniones y otros eventos del momento. Si bien estos reportajes tratan temas por su naturaleza banales, la reportera siempre encuentra la manera de personalizarlos y darles sazón. Este fragmento proviene de una reseña que hizo Elena de la "Elegante boda de María de Lourdes Correa Arratia", aparecida el jueves 26 de noviembre de 1953. La nota es especial ya que Elena conoció a la novia en Eden Hall, y la misma Maú la llevó con su tío Eduardo Correa, director de la sección de Sociales del periódico *Excélsior*. Años más tarde, cuando Elena se vio obligada a asistir a eventos como éste, se quejaba amargamente, a veces hasta amenazaba con no ir. Sin embargo, cuando los editores de *Excélsior* la mandaban para retratar en un párrafo solemne (aunque muchas veces divertido) los procedimientos nupciales de las familias reales mexicanas, no firmaba estos articulitos con su nombre completo, sino con el sucinto Hélène o Anel:

> De pequeños, todos hemos jugado a la boda… "¡Yo soy la novia!" Y una de nosotras se tapaba de blanco, con una sábana, una toalla o lo que fuera…
>
> Las menos afortunadas eran relegadas al cortejo, o iban de damas… El cortejo estaba formado por el padrino, las madrinas, los tíos, la suegra, la prima, en fin, toda la familia… El novio era siempre algún "Siete machos" a quien no le gustaba jugar a ese juego… El cortejo nupcial desfilaba por toda la casa, se metía debajo de los pianos, saltaba por encima de los sillones, y así era la boda de niños perinola… que al cabo de un rato de procesión deciden que la "roña" es más movida, o que dentro de un rato viene la merienda, y "mejor jugamos a otra cosa"…
>
> "Después viene" es un periodo en que los niños profetizan a las mujeres un negro futuro… ya que no admiten

"viejas" en sus juegos… Construyen cabañas de caníbales para jugar a los exploradores y ponen letreros clavados: "No se admiten mujeres". Entonces las niñas leen, otras rezan y otras más declaran: "¡A mí, qué me importa!"

Pero un día, un famoso día, ya no es juego, ¡es otra cosa…! Baja del coche, un coche que es un nido de flores, seguida por una cola de tul, un vestido de leyenda, nebuloso, que tiende tras ella, leve como un soplo de aire… una especie de radiación de paz. Es la felicidad sin amargura, sin dudas… rodeada por todo un mundo de amigos, de familiares, de fotógrafos. Ella es la reina, sí, sí, la reina… y parece muy natural que en su frente brille la triple corona de la felicidad, la juventud y el amor.

Seguimos desde el comienzo hasta el fin de la triunfante misa nupcial (porque las misas nupciales tienen algo de triunfante). Oímos las palabras del reverendo padre Vértiz, y todos brindamos por la felicidad de ellos, de María de Lourdes y Rafael, que se casan bajo el auspicio de San Jacinto, bajo la mirada amante de Quien nos hizo, ante el regocijo de sus padres, sus hermanos, de todos los que contribuyen a su felicidad… Todos esos ojos los miran hoy con especial interés, con especial sentimiento, porque hoy es el día de sus bodas… y es de ellos, les pertenece por completo con todo su cielo azul y su horizonte abierto a la felicidad. Pero una boda es una mezcla de alegría y de gravedad. La gravedad del sacramento. ¡Dios da al lazo conyugal una consagración misteriosa y sublime!

10. UN REPENTINO DESPERTAR

Poco a poco Elena también deja a un lado la candidez de niña afrancesada, de buena familia, con buenas maneras y mejores intenciones, al encontrarse con personajes tan memorables como Santa Claus con quien se topó un día en una tienda departamental de la ciudad de México. En esta entrevista, titulada "Los niños buitres", Elena asume el papel de una jovencita cuyos padres le confiesan que Santa Claus no existe, y de repente se sumerge en una cruel realidad humana que antes ni siquiera sospechaba. Este personaje asombró mucho a la incipiente ensayista, tanto así que la mañana de Nochebuena de 1953, es decir pocos días después de que saliera esta entrevista, Elena publicó su primer artículo de carácter social, al reflexionar sobre lo artificial —e injusta— que es la Navidad para la mayoría de los mexicanos. La entrevista apareció en la sección Modas, Clubes-Sociedad y Eventos Varios de *Excélsior,* el sábado 19 de diciembre de 1953; y su introducción, parecida a un pequeño cuadro de costumbres, está calculada para despertar los ánimos navideños de sus lectores, a fin de ir desenmascarando una celebración regida por intereses monetarios, siempre acompañados por un desbordante cinismo. Ambas actitudes son en todo momento ajenas al regocijo general que antes provocara la temporada:

> Entrevista con Santa Claus. La presentimos. Será una entrevista dulce y sentimental (de esas que no le gustan a Luis Buñuel), cargada de bolas de Navidad, de ojos cintilantes llenos de asombro y de pequeña angustia. Haremos algo reconfortante y burgués como tumbarnos en un sillón de peluche. Llenaremos cuartillas de voces cristalinas, de risas, de anhelos infantiles, de esperas de velas, de chimeneas y venados. Colgaremos calcetines y zapatos llenos de esperanzas. Pondremos niños que no duermen y ruidos extraños en todos los rincones de la casa. Hablaremos de la ilusión reflejada en las esferas de Navidad, brillantes y frágiles como burbujas de espejo.

De las cenas de Navidad, con pavo y *plum pudding*. Haremos una entrevista a gusto, nada trabajosa, compacta y espesa de tranquilidad.

No obstante, al iniciar el diálogo con don Félix Samper Cabello, la joven reportera se da cuenta de que algo no está bien, ya que este robusto caballero recuerda más bien a un Ebeneezer Scrooge que a un San Nicolás:

—Don Félix, Santa Claus, ¿por qué le gusta hacer de Santa Claus?

—Sin esperar contestación, escribimos ya: ¿Por amor a los niños? ¿Por solidaridad con sus ilusiones? ¿Para contribuir a su felicidad? Pero, qué horror… He aquí lo que nos dice don Félix.

—Porque aquí me pagan muy bien. Gano más en veinte días que en tres largos meses.

(Qué hombre tan materialista… Pero es culpa nuestra. La pregunta no estuvo atinada.)

—¿Y a los niños los quiere usted?

—Durante los veinte días de mi trabajo, sí.

(Dios mío, esto va de mal en peor.)

—Pero, ¿la ilusión de los niños, don Félix? A usted, ellos sí lo quieren.

—Me quieren porque creen que yo les voy a dar algo. Vienen a mí, ya con los primeros brotes del egoísmo, los primeros "yo quiero". A veces parecen cochinitos…

No obstante el repentino *shock* provocado por estas inesperadas respuestas, Elena pronto se recupera del golpe inicial y le sigue la plática tan sólo para descubrir, horrorizada, que este Santa Claus se refiere a sus pequeños admiradores como "niños buitres". En un esfuerzo para darle a

Santa un poco de sopa de su propio chocolate, la reportera le pregunta lo inesperado pero inevitable:

—Usted, a otro Santa Claus, ¿qué le pediría?
—Una casita, donde morir solo, pero calientito. Sabe usted, yo he viajado mucho. He sido rico y pobre, pintor y escultor, soy catedrático de la Universidad, y fui maestro hasta de monjas, pues di una serie de cursos en un claustro. Soy actualmente artista de cine, pero no me llaman por veinte mil razones. Y ahora doy clases de italiano. Quise ser tenor, porque tengo una voz bonita, pero no llegué más que a soñar en italiano.

Hacia el final de la entrevista, Santa le permite pedir un deseo, y Elena hace un último intento por rescatar la felicidad de la temporada con una inocente imploración:

—Que me diga usted que la Navidad es bella, que la humanidad no es estúpida, que los niños no son cochinitos, que la política de México…
—Como dice Dumas hijo, "nacemos sin dientes, sin pelo y sin ilusiones. Morimos igual, sin dientes, sin pelo y sin ilusiones…" Cuando muera, que me vistan de Santa Claus, y que me pongan ese letrero que usted desea. "La Navidad es bella, los niños no son cochinitos y la política de México ya va por mejores caminos…"

11. LA NAVIDAD MEXICANA

El primer reportaje de conciencia social publicado por Elena hace justicia al título de este capítulo: "La Universidad en la calle", pues la joven escritora recibió una importante lección en disidencia social, política y humana, de boca de aquel Santa Claus tan devastador que denuncia la estupidez y mezquindad humana. Después de reflexionar sobre las verdades reveladas por este bigotudo señor disfrazado de terciopelo rojo y forrado de armiño, Elena se sienta frente a su máquina de escribir para asimilarlo por escrito. Primero que nada descubre su interés sincero por los llamados niños de la calle, a los que bautiza "niños estrellas". Gracias a su tan inverosímil tutor, de repente ella reconoce los "brillos artificiales" y la "risa comercial" navideños. Este artículo fundamental apareció en las páginas de *Excélsior* el jueves 24 de diciembre de 1953 y lo reproduzco por completo:

NAVIDAD DE LA POBREZA

—Yo, la mera verdad, no sé qué comprarle. En fin de cuentas, tiene todo…

—¿Algún perfumito?

Personas cargadas de paquetes ya no saben qué otra cosa comprar, mientras unos niños tiesos de frío contemplan con asombro los lujosos aparadores.

¡La Navidad es de los niños! Los grandes la han acaparado por completo y sólo les dejan a ellos un poco de Santa Claus y otros brillos superficiales por el estilo. Pero los pobres cómo van a comprender a Santa Claus. Un ser rubicundo enorme de satisfacción henchido de poder. Ese que se pasea riendo a grandes carcajadas por las calles. Y esa risa la sueñan los niños en la noche. A los niños ricos los tranquilizan sus papás, con la certeza de los regalos, pero a los niños pobres nadie les asegura que esta es una risa comercial, que nada tiene que ver con el corazón de los hombres.

¿Y el espíritu de la Navidad? ¿Cuál es el espíritu de la Navidad…? ¿Es el Dickens de la vieja Inglaterra…?

¿Scrooge…? ¿El Dickens lleno de niños desdichados y pálidos exageradamente infelices? ¿O es acaso el mes de las grandes caridades organizadas? Esas fiestas burbujeantes de beneficencia, té-canastas, posadas en que todos bailan caritativamente a beneficio de los leprosos, los tuberculosos y la maternidad X… Nadie ve nunca a esos pobres, pero cada pisada, cada mamboleada, cada paso de vals, cada mirada coqueta, contribuyen a la Navidad anónima. Y esta es la ironía de las relaciones entre ricos y pobres. Tan irónica como las corridas de toros que se organizan a beneficio de una iglesia franciscana. ¡La caridad navideña!

¡Pero si la caridad es un trance personal, es una relación estricta entre dos personas! Una mano que se tiende a otra, y la estrecha con cálido afecto. La caridad es mucho más profunda y mucho más dura, porque si es verdadera, se apropia del mal ajeno y contribuye a remediarlo de una manera directa y eficaz. Incluye también la confesión de la propia miseria: vivir con satisfacción en medio de tantos.

Como dice Saint Exupéry, la caridad es una contribución para que el hombre recobre su dignidad de hombre… Y en la Navidad hay que devolverle a los niños su dignidad de niños…

¡Y cómo van a entender los niños la caridad de los ricos!

No entienden esa satisfacción que se parte en dos, y que deja caer una nuez un poco vana pero muy consciente de sí misma.

No entienden la gratitud que les exigen los ricos. Porque los que dan exigen siempre el reconocimiento. Hay viejas señoras que sueñan en la felicidad y actúan compasivas: enseñan a dar "las gracias" y aprenden a decir: "Mal agradecidos". Todo esto es tan falso como el mismo Santa Claus, pletórico de estruendosa felicidad, y como esos cuentos de Navidad que son el comentario barato y superficial de una profunda celebración.

La Navidad mexicana debe dirigirse otra vez hacia el corazón de los niños y encontrar de nuevo un lenguaje que sea comprensible para ellos, que los consuele y remedie con dignidad. Ningún país del mundo tiene niños como los que vemos por las calles de México. Niños enteros... Niños estrellas... Y otra vez Saint Exupéry nos habla "de la hermosa arcilla humana..." Lo doloroso de un pueblo no está en su miseria o en su tristeza, o en el dejarse llevar por un cierto orden de vida. Lo verdaderamente doloroso está en la vida y en la gracia que se asesina en un niño pequeño. Porque en cada uno de los hombres vive un artista asesinado.

Sólo el espíritu, cuando sopla sobre la arcilla, puede crear al hombre. Y es en Navidad cuando sopla el mejor viento del espíritu... Y debe llegar sobre todo a los niños. A los millares de niños que esperan, los millares de niños que crecen y que deben hacerlo con grandeza...

Celebremos la Navidad con nuevo espíritu, pensando en los niños y olvidando a los jóvenes que danzan en aceleradas, estrechísimas parejas, a los señores que viven en el mundo como en una casa de muñecas, suntuosamente adornada con un cristianismo de juguete.

12. SINCRETISMOS LITERARIOS

Ya para 1954, menos de un año después de su primera entrevista con el embajador de Estados Unidos en México, se descubre un estilo propio —una marca patente, por así decirlo— en las entrevistas de Elena. Un cierto hibridismo entre la crónica y la entrevista formal parece ser la receta que ha utilizado provechosamente a lo largo de su trayectoria como escritora y periodista, a tal grado que los dos géneros comienzan a confundirse en un sincretismo literario engendrador de reportajes que, en vez de limitarse a un parrafito de notas introductorias —es decir una pequeña nota biográfica— hacen alarde de su personalidad e inundan toda la entrevista. Tal es el caso de la "entrevista" sostenida con la portera del Hospicio Cabañas, en la que Elena se incorpora casi íntegramente. Al mismo tiempo reconoce su marcada diferencia con mucha de la gente con que se topa en la calle. De esta manera, Elena se obliga a asimilar la distancia abismal que existe entre el mundo de sus años formativos, y la dura realidad vivida por la mayoría de sus paisanos, tan fielmente captada y trasladada a paredes y capillas por el gran muralista José Clemente Orozco. Tantas fueron sus ganas de conocer personalmente el espectáculo de la Conquista que cubre las paredes del Hospicio Cabañas, ahora centro cultural de la capital tapatía, que se inventa una historia de amistad que nunca existió con el maestro pintor, ya que Orozco murió en 1949 y Elena nunca lo conoció. Pero su tío Paco Iturbe fue mecenas del pintor durante un tiempo y a esto debemos las pinturas murales que adornan la gran escalera de la Casa de los Azulejos, ahora Sanborns. Orozco también pintó el rostro de Paco Iturbe en su famoso mural de Miguel Hidalgo en el Palacio de Gobierno de Guadalajara.

Por lo visto, sus lecciones de la calle le sirvieron mucho, y como el afamado pícaro Lazarillo de Tormes o el Periquillo Sarniento mexicano, Elena, más parecida quizá a la pícara Justina, ha aprendido a vivir por los sesos, cosa que le sirve para lograr entrar al Hospicio, aunque se encuentre cerrado por renovación. Elena y sus acompañantes hacen todo lo posible para no aparentar lo que evidentemente son: chilangos ricos de buena familia que, después de unos coctelitos en el Club de Golf, llegan a conocer los afamados murales. Si bien al principio la portera no les permite entrar, poco a poco se ablanda. ¿Será cierto que en México el "no" no siempre quiere decir que no? Al entrar en la capilla Tolsá, enfrentan un mundo sombrío, "sitiados por el arte agresivo de Orozco", pues ahí se encuentra el hombre "preso en sus terribles inventos, en su técnica destructora".

Elena advierte a sus lectores para que se preparen antes de entrar, porque pueden "salir de manera violenta, tal vez como los mercaderes salieron del templo". Se puede argumentar que es poca cosa, pero sí se puede vislumbrar el acercamiento a lo real y cotidiano de la vida en México —y su historia—; y hasta la sutil evangelización de sus lectores, en su mayor parte gente bien, cuyo mayor dilema es el de no saber qué regalo hacerle a su pareja para el día de San Valentín: un perfume o una corbata. Dicha crónica, como todas las de esta etapa del desarrollo de Elena, apareció en la sección de Sociedad y Eventos del diario *Excélsior*, el viernes 8 de enero de 1954:

> —No, no pueden pasan. Ni siquiera un momento... Es domingo, y además todo esto está en reparación... Mejor vayan ustedes al museo taller...
>
> Y la portera del Hospicio Cabañas se obstina en su tejido, como para dar más fuerza a su negativa. Tal parece que se ha dado cuenta de que nosotros traemos todavía en los ojos los restos de un frívolo espectáculo: el Club de Golf de Guadalajara, con su paisaje amanerado, sus palos y pelotas, sus hileras de automóviles, sus discusiones baladíes, su langosta en mayonesa y sus árboles demasiado bien educados.
>
> —Sólo un momento... Nos vamos a México ahora mismo, y no conocemos los frescos del Hospicio. Ade-

más, nosotros éramos amigos de Orozco… (Es una vil mentira, pero hay que tocar todas las cuerdas).

—A ver, a ver… ¿cómo era don José Clemente?

—Pues usaba lentes, le faltaba un brazo y era muy amigo de Justino Fernández. Nunca le gustaba hablar de pintura. Su esposa se llama doña Margarita.

La portera sonríe y parece ablandarse. Deja de tejer y nos mira la ansiedad en los ojos. (Hacemos todo lo posible para olvidarnos del Club de Golf.)

—Además, el mismo Orozco ha dicho que toda su pintura pertenece al pueblo, le gustaría haber pintado en todas las plazas públicas…

—¿Y a poco ustedes son muy del pueblo? Ya se lo dije, mejor vayan al museo taller, que está abierto y en servicio. Lo hago por su bien, esto les causaría ahora mala impresión, con tanto andamio y tanto caliche…

—Un momentito, nomás un momentito…

—Bueno, para que no hagan viaje de balde. Pero sólo un momentito…

Corremos hacia adentro. Efectivamente, el edificio está en reparación. Pero a través de un confuso maderamen, la pintura de Orozco nos dirige sus violentos reproches. La pobreza y la miseria nos dan una bofetada en plena mejilla. Toda la realidad parece tratada a latigazos.

Los trazos violentos, enérgicos y decisivos, son como una inmensa tachadura en el rostro orondo de la plácida burguesía. Comprendemos de golpe por qué Orozco es un pintor difícil y desagradable para tantas buenas personas. A nadie le gusta que le echen en cara su falsedad y su olvido. A nadie le gusta saber que la humanidad es fea, que hay cárceles y hospitales y que un río de cuchillos corre por el mundo. El concreto y el acero nos amenazan en los muros con sus estructuras sombrías. Como nosotros mismos, sitiados ahora por el arte agresivo de Orozco, el hombre está preso en sus terribles inventos, en su técnica destructora. Quien haga una visita al Hospicio Cabañas, debe ir bien preparado, y poner cuanto antes orden en su conciencia. De lo contrario, puede salir de manera violenta, tal vez como los mercaderes salieron del templo.

Salimos del Hospicio casi como robots. Pero como unos robots que tuvieran conciencia y les remordiera. (Sin querer, nos acordamos de todos nuestros amigos, todos los que se han quedado buscando una pelotita blanca entre el césped verde, que eligen con gran cuidado la fórmula de salvación entre la aljaba de los "puts", y que después del último hoyo se van a comer con toda tranquilidad la sonrosada y blanca langosta con mayonesa…)

Otra faceta en el desarrollo de la joven entrevistadora se descubre en una charla que sostuvo con Juan Rulfo, publicada en las páginas de *Excélsior* el 10 de enero de 1954. Aparte de incorporar sus propias observaciones en forma de crónica, persiste en sus sorprendentes preguntas, a veces tan simples que dejan sin palabras al entrevistado, especialmente en el caso de Rulfo: "—Espéreme un momento —dice Rulfo—. Yo soy de chispa retardada, y usted me pregunta así nomás a boca de jarro…" En su charla también demuestra Elena su incipiente conocimiento de la cultura en México pues logra unir dos hilos y dos medios: literatura y pintura. De esta entrevista aprende mucho, especialmente en lo que respecta al valor del testimonio, forma literaria que con el tiempo haría suya. Como se sabe, Rulfo fue muy influenciado por los cuentos de los ancianos que se sentaban a fumar tabaco y contar historias después de un largo día en el campo. Antes de invocar a sus propios fantasmas de la infancia,

Rulfo confiesa que sus maestros literarios eran Proust, Joyce y otros escritores canónicos que, a decir verdad, tenían poco que ver con la realidad fantástica del campo mexicano.

¿Cuál es el secreto de la obra de Rulfo? Elena lo descubre en una voz "anónima y concreta" que desemboca en sus cuentos; la misma voz colectiva a que se unirá en coro Jesusa Palancares casi quince años más tarde, inmortalizada en las páginas de *Hasta no verte Jesús mío*. Una voz llena de savia y sabiduría popular.

13. "LA MUJER MEXICANA, RAÍZ Y FLOR DE MÉXICO"

Como hemos señalado a lo largo de este capítulo, otra nota que crea la sinfonía de palabras puesta a componer la obra literaria y periodística (si es que se puede hablar de una separación entre ambas) de Elena Poniatowska, es su creciente preocupación y afán de explorar y definir el papel de la mujer en el mundo cultural de México. Fiel testimonio de este interés lo descubrimos ya en sus primeras entrevistas, muchas de ellas realizadas con mujeres extraordinarias como Gertrudis Duby, la exploradora de la selva, la actriz Dolores del Río, la pintora María Izquierdo, y Manuelita Reyes, esposa de don Alfonso. En cierta ocasión, Elena aprovecha su cotidiana obligación de asistir y sacar notas de eventos sociales, para hacer crónica de una exposición llevada a cabo en el Salón de la Plástica, y compuesta exclusivamente de lienzos pintados por mujeres. La primera frase de su nota es muy atinada, pues responde a una urgente cuestión respecto al lugar de la mujer en el mundo artístico mexicano; una cuestión que todavía persistía en los círculos culturales de la época. ¿Se trata de algo pasajero, de una gracia más? Parece que la respuesta es un no resonante. Sin embargo, hay que notar que en la lista de los consignados hallamos a la poeta Pita Amor en la categoría de "La mayor gracia", apelación de dudoso valor según los parámetros de Elena. La reseña apareció en *Excélsior* el 10 de abril de 1953 y va firmada por Hélène, su nombre de pila:

Las mujeres intelectuales o artistas suscitan siempre la pregunta: ¿se trata de algo pasajero, de una gracia más? Ante ellas —ante algunas—, nos sentimos a veces abrumados o disminuidos por la evidencia de su "sensibilidad".

Pero Andrés Iduarte en sus breves palabras aclaró el significado de esta exposición de las pintoras y esculturas mexicanas. Son unas cuantas obras, no un agobiante muestrario de pintura. Y el público disfrutó de esta desacostumbrada exposición con espíritu fresco. El ambiente era cordial y es de señalarse la ausencia del tono *poseur* habitual en sucesos análogos. Señalamos entre lo que dijo Andrés Iduarte, estas palabras: que "preside esta exposición un espíritu de colaboración entre varios artistas —en los dos sentidos de la palabra *varios*—, porque nace un propósito de entendimiento y armonía entre todos los que cultivan y estimulan las artes plásticas; lo más recio y puro ha sido siempre la mujer en la edificación de la familia mexicana; en nuestra historia, en nuestras letras, es donde la resolución y la entereza femeninas han enseñado a los hombres, y donde gracias a una de ellas estuvo durante un gran siglo el cetro de la poesía; sin feminismo profesional, sin retorcimiento de ninguna especie, sin renuncia a sus esencias, la mujer mexicana, raíz y flor de México, ha rendido a menudo nuestros mejores frutos; esta exposición es una consecuencia de lecciones de maestría, abnegación y heroísmo que nos han dado nuestras pintoras y esculturas…"
Concluyó con sencilla gentileza, agradeciendo la coo-

peración de Carmen Marín de Barreda, directora de la galería, y a doña María Izaguirre de Ruiz Cortines por su apoyo y simpatía.

LOS ARTISTAS

Angelina Beloff es la negación de todo artificio y quizá la más consciente de su obra; radicalmente incapaz de aparecer notoria en ningún orden, ni en su persona ni en su pintura. Gloria Calero, vive y pinta con el más puro entusiasmo, con una gracia casi infantil, pero no "fabricada"; su *Madona con niño* es una sorprendente visión de encanto. María Izquierdo, casi "apenada" entre los cumplidos. Frida Kahlo, una nueva Frida frutal y sabia en sus "cocos". Fanny Rabel, con la poesía de una niña azorada en *El amigo árbol.* Cordelia Urueta, atmosférica en su "danza". Y en fin todas ellas en sus propios colores en esta cálida fiesta de pintura. No callamos nombres. Nos falta espacio y nos sobran palabras.

EL PÚBLICO

Paulette A. de Poniatowski: "Todos los asistentes tienen rostros inteligentes, pero no ven los cuadros". Sólo media hora después las pinturas fueron vistas; antes estuvieron sumergidas en lo que fue una multitud. Entre los asistentes: Magda M. de Carbajal, esposa del ministro de Gobernación; Amalia de Ceniceros, esposa del secretario de Educación, y Margarita Rodríguez, secretaria particular de doña María Izaguirre de Ruiz Cortines, en representación de la primera dama. Jorge Enciso, Pilar Arce de Bernal, Lupe Marín, Efrén del Pozo, doctora

Áurea Procell, Angélica Arenal, José Chávez Morado y Olga Costa, Alicia Rahon, Siqueiros, Mariana Frenk y el crítico Paul Westheim, Andrés y Alfa Henestrosa, Margarita Urueta de Castro Valle, Mélida de la Selva de Warren, Michelle de Nefero, Margarita Nelken (tomando notas), Jorge Juan Crespo de la Serna y señora, y doña Rosario Sansores. Antonio Rodríguez, José Iturriaga, doctor Francisco Marín y señora; Federico Cantú, Germán Cueto, José Moreno Villa, Helia D'Acosta, el duque de Otranto y señora Ursel Bernarth (fotógrafa), María M. de Orozco Romero y Adriana Garibay.

Consignamos:

El más divagado: Rafael Bernal.
El más reticente: Juan Soriano.
La mayor gracia: Pita Amor.
La más guapa: Nadia de Haro Oliva.
La cabellera más digna: Lola Álvarez Bravo.
El más triste: Raúl Anguiano.
El más retrasado: Octavio Barreda.
El más fiel a todas: Fito Best Maugard.

Capítulo III

"Elenita": La joven narradora

Elena "al pie de la máquina" (1936-1957)

1. DE *EXCÉLSIOR* A *NOVEDADES*

Casi dos años después de haber entrado al mundo del periodismo, y de colaborar con un artículo, una entrevista o una nota diaria para la sección B de *Excélsior*, Elena aceptó una oferta de trabajo hecha por el director de *Novedades*, el otro gran matutino de la ciudad de México y la competencia más fuerte de *Excélsior*:

En *Excélsior* estuve apenas un año —recuerda Elena— porque un día mi mamá encontró al director de *Novedades*, don Alejandro Quijano. Eran amigos porque los dos habían trabajado juntos en la Cruz Roja. Quijano le comentó a mi madre:

—¡Ay, me gusta muchísimo como escribe su hijita! ¿Por qué no le dice que venga con nosotros? ¿Cuánto gana en *Excélsior*?

Mi mamá le dijo que yo ganaba treinta pesos por entrevista, y él dijo que me darían ochenta. Pero no fue por eso que me fui. Yo estaba contenta en *Excélsior*, pero había una gran rivalidad entre Bambi (Ana Cecilia Treviño) y yo. Aparte de escribir columnas sociales, Bambi también sabía formar el periódico. Entonces cada vez que se encargaba de la sección de Sociales aventaba mis artículos por la ventana. Le dije un día a nuestro jefe, Eduardo Correa, que esto no era justo:

—Un día me lloran unos ojos cafés y otro día me lloran unos ojos azules. ¿Qué quiere usted que yo haga? —repuso.

Entonces me fui a *Novedades* donde trabajo hasta la

fecha. Cuando se enteró que me iba, Rodrigo de Llano, director general de *Excélsior*, me mandó llamar:

—¿Cómo es posible que usted se haya ido sin haberme avisado?

En cuanto a su ritmo de trabajo en su nueva casa editorial, éste no se distinguió del de *Excélsior*:

> Iba diario al periódico *Novedades*. Las notas de Sociales se hacían por teléfono: "¿Cómo estaban vestidas las damas de honor? ¿El vestido era de Dior o de Manuel Méndez?" Yo nunca lo hice así porque me parecía deshonesto y por curiosidad acudía a bodas, *showers* y exposiciones. Creo que estaba yo media chiflada de trabajo. A casi todo me acompañaba Mane, mi hijo mayor. Mis primeros años como reportera fueron un aprendizaje espléndido. No tenía la menor conciencia de qué quería hacer. Tenía un deseo muy fuerte de escribir una novela, pero ya estaba en ese carrusel, en ese *merry-go-round* del periodismo, de la actividad diaria y nunca encontré tiempo para sentarme a hacer lo mío.

2. UN LIBRO INSÓLITO

A pesar de todo, con la publicación de *Lilus Kikus* en 1954, Elena desencadenó una producción literaria de más de treinta títulos, algunos ya clásicos de la literatura mexicana del siglo XX, *Lilus Kikus* constituye la primera obra literaria de Elena Poniatowska desde la aparición del ensayo "On Nothing" en la revista *The Current Literary Coin* del Convento del Sagrado Corazón. En cuanto al enigmático nombre de su protagonista, Elena señala que "fue un invento porque había una adivinanza que decía algo así como 'Matakikus', pero no recuerdo cuál".

Según recuerda su mamá, dentro de las páginas de su primer libro, Elena incluyó a una o dos de sus amigas; ella también aparece como protagonista, si bien de manera soslayada: "Hay un poco de autobiografía hacia el final de *Lilus Kikus*, pero muy poquito, *Lilus Kikus* era un aprendizaje. Ella tomó clases para escribir mejor español, porque en el convento había aprendido inglés".

Para ser su primer libro, *Lilus Kikus* gozó de buenas ventas y mejores críticas, aunque el tiraje fue pequeño: sólo quinientos ejemplares en su primera edición de Fondo de Cultura Económica. Al reseñarlo, el mismo Ermilo Abreu Gómez, gran estudioso de Sor Juana Inés de la Cruz y eminente crítico de la literatura mexicana del siglo XX, sentenció: "Se trata de un libro insólito. Así no se escribe en nuestro México actual. Elena Poniatowska, como muy pocos escritores de hoy, tiene lo que se dice el sentido del idioma". Quizá por recordar la insólita y precoz niñez de Juana Inés, Abreu Gómez concluye su texto con una implícita comparación con la monja jerónima, quien también asombró a sus superiores con un gran talento literario a una muy temprana edad: "Casi no entiendo que una persona tan joven haya logrado tal dominio en su manera de escribir", confiesa el autor de *Juana de Asbaje*.

Elena, aún orgullosa de su primer intento de creación literaria, reconoce que la novela corta "tuvo mucho éxito porque fueron quinientos ejemplares. Recuerdo que Emmanuel Carballo dijo que lo que más le había gustado fue que era un texto que no tenía ni la menor influencia de Juan José Arreola. Arreola lanzó la colección de Los Presentes y me enseñó a eliminar gerundios".

Uno de los primeros en comentar el libro fue Carlos Fuentes, autor de Los *días enmascarados*, también publicado en Los Presentes. El título de su reseña dialogada, "Elena Poniatowska, *Lilus Kikus*", publicada en la *Revista de la Universidad de México*, en 1954, hace alusión a la curiosa —y tácita— relación entre la Elena escritora y la niña Lilus Kikus, a su vez álter ego y seudónimo:

—Oiga, ¿y usted ya leyó *Lilus Kikus...*?

—Sí señor, yo lo escribí.

—¿Cómo? ¿Usted es...?

—Sí, yo soy Lilus Kikus. ¿Qué chispa, no?

—Siéntese usted, niña Lilus; conversemos.

—No puedo señor. Los sábados me toca estar de rodillas.

—Mire, hace tiempo que deseaba conversar con usted. El otro día opinábamos varias personas sobre su libro. Buscábamos, sobre todo, sus antecedentes. Usted sabe que constituye toda una profesión buscar los antecedentes de un libro. Existen críticos que viven angustiados definiendo la influencia de Kafka y Borges sobre los cuentistas mexicanos, y cuando logran remontarse a Branch Cabell y su famoso Jurgen, diríase que Empédocles ha vuelto a lanzarse al cráter del Etna.

—En el convento nos enseñaron un versito que decía: *Great Empedocles, that ardent soul, / Leapt into Etna, and was roasted whole...*

—No me interrumpa, Lilus Kikus... Le decía que, en busca de estos antecedentes, encontramos desde luego dos. Uno, *The Young Visiters,* de Daisy Ashford...

—¿Qué cosa es eso?

—Es una novela escrita por una niña de nueve años. Sir James Barrie animó a Daisy para que la publicara, cuando ésta era ya una mujer de treinta. Algunos dijeron que, en realidad, la obra había sido escrita por el propio Barrie. En fin, lo importante es que *The Young Visiters*

revela ese mismo asombro natural, esa perversa ingenuidad, de *Lilus Kikus.* Si en la obra de Daisy Ashford
—como opina Barrie— por primera vez se eleva al rango
de gran fenómeno, literario y humano, el desayunar en
la cama, en la de Elena Poniatowska surge a la vida el
espantoso problema del derecho de propiedad sobre
las lagartijas.

—Pero es que el señor del cuatro…

—Prosigo. El otro, sería *Tiko,* de Consuelo Pani.
Tiko es un chow-chow. Dice don Alfonso Reyes que Tiko
"anda por entre una precipitación cubista de escenas y
paisajes… como si jugara al caleidoscopio con las cosas,
los lagos y las montañas". Esto, claro, referido a la ausencia de ilusión panorámica del espacio en los canes. Pero,
¿no hay un poco lo mismo en *Lilus Kikus*? La realidad
está vista como de costado, o desde un obelisco de aire,
o bajo la mínima frondosidad de la hierba. El mundo
es cada segundo en forma absoluta, un señor "inquieto
por haberse dormido", el "éxito junto al mar", Jesusito
entre los borrachos de Canaán, la azucena entintada de
la Borrega. La fantasía se ha vestido con listones, usa dos
trenzas cortas y tiene las rodillas raspadas. El universo
de Lilus Kikus se calibra en un ramito de romero cosido
a sus calzones. ¿Le parece bien?

—Me parece que los críticos son unos bodocudos.
Además, mis verdaderas influencias son otras.

—¿Cuáles?

—Las brujas, señor.

—Ay, Lilus Kikus, aún no sabes muchas cosas. Todas
las niñas como tú hablan en plural. Has de saber —pronto reconocerás el valor de los datos positivos— que no
hay en el mundo más que *una* bruja. Norman Matson ha
escrito un libro definitivo sobre la materia, *Flecker's Magic.* Allí se demuestra que sólo existe una bruja, porque

todas las demás se suicidaron en el siglo XVIII. Parece
que Newton les hizo perder todo optimismo...

—¿Y cómo estuvo eso?

—Verás...

Otro que se encargó de comentar el primer libro de Elena
fue Emmanuel Carballo, respetado crítico y autor de muchos
ensayos sobre la literatura mexicana, cuya reseña apareció en
las páginas de "México en la Cultura", suplemento cultural
de *Novedades*, el 7 de noviembre de 1954. Esta constituye
la primera de muchas reseñas de Carballo dedicadas a la
producción literaria de Elena; a través de los años el autor
se encargó de opinar —no siempre de manera positiva—
sobre casi toda la obra de la escritora. Para él, uno de los
asuntos más interesantes de *Lilus Kikus* es precisamente su
estirpe literaria, ya que el libro se encuentra a caballo entre
dos géneros:

> *Lilus Kikus* se resiste a entrar fácilmente en los habi-
> tuales casilleros de la crítica. Estrictamente no es un
> cuento, tampoco es una novela. Para ser cuento le falta
> circunscribirse a una anécdota; para se novela, plantear
> un conflicto, desarrollar los caracteres. El hilo de unión
> entre sus doce pequeños y hermosos capítulos es esta
> niña aparentemente ingenua, esta joven asombrada
> para quien la vida se entiende a base de jeroglíficos;
> los signos, los símbolos. Lilus Kikus anima con su pre-
> sencia sugerente las nimias peripecias que le ocurren,
> ofreciendo, de paso, una lección a los escritores que en
> pleno siglo XX buscan asuntos inéditos: la literatura no
> se hace únicamente a base de buenos sentimientos, de
> problemas trascendentales, sino a base de un adecuado
> tratamiento de escenarios, personas y acciones. Lo
> cotidiano así tratado, como en el caso de este libro,

se convierte en maravilloso... *Lilus Kikus* es un libro que ningún escritor que por primera vez se asoma a las letras se avergonzaría de firman. Es algo más que eso: Una obra depurada, con una estructura, en su tipo, perfecta...

Si bien Carballo atina respecto a la estructura del libro, es el artículo profético de Artemio Garfias, publicado bajo el ominoso título de "Lilus Kikus en peligro y sin salvación", el que mejor prevé el impacto que tendrá la obra de Elena en la comunidad literaria mexicana durante la segunda mitad del siglo XX. Aunque la breve nota está firmada tan sólo con las iniciales A.G., el nombre completo del misterioso crítico —ya algo borroso— aparece apuntado por Elena en uno de sus cientos de álbumes de recortes periodísticos. Garfias destaca la facultad de observación que posee la joven escritora, talento que le servirá a lo largo de su carrera literaria; pues sus descripciones, reflexiones y análisis de la realidad mexicana son elementos que, años después, la harán merecedora de una fama periodística y literaria afincada en su inagotable curiosidad por lo que ocurre en la calle, en el mercado, en las colonias de paracaidistas, en la realidad mexicana hecha de adobe y maguey:

> Lilus Kikus, apenas asomada a la literatura, está en el inevitable peligro de ser la gran escritora que anuncia su libro o, por el contrario, si otras circunstancias son más poderosas, la ineficiente madre de familia cuyo mejor recuerdo quedará en las cartas que haya escrito a dos o tres amigas inteligentes... Si la promesa de escritora se cumple, en cuanto esa niña madure, nuestra sociedad, o ciertas partes de ella, va a lograr la gloria de ser alegremente destrozada y puesta con la carne y los huesos al aire. Porque esa niña lo ve todo, lo que dice y lo que

133

calla, y su madurez consistirá precisamente, si no en decir, en analizar lo que calla.

La noticia es mala, muy mala, para la sociedad; muy buena, en cambio, para México. No siempre que aparece un primer libro puede tener México, o cualquier otro país, la certeza de un gran escritor.

Lilus Kikus ha lanzado su reto, y con bien desmedida audacia. Aunque glorioso para algunos clanes del México de hoy, sería una desdicha para él de aquí a diez o veinte años, y los siguientes, que la deliciosa primicia que nos ha ofrecido no tuviera, andando el tiempo, más consecuencias que un restringido chismorreo epistolar.

En 1967, casi quince años después de la primera edición de *Lilus Kikus* en Los Presentes, el narrador jalisciense, Juan Rulfo, compone un texto que sirve de contraportada para la segunda edición del libro, corregida y aumentada, titulada *Los cuentos de Lilus Kikus.* Ya que sus palabras aparecieron únicamente en esta edición limitada de ficción, de la Universidad Veracruzana, que dirigía Sergio Pitol, aquí se reproducen en su totalidad. Aunque constituyen las únicas frases del reticente autor dedicadas a una obra de Elena Poniatowska, sirven para canonizarla y acogerla en la gran casa de la literatura mexicana:

Hace muchos años, tal vez veinte o quizá un poco más, apareció un libro de sueños; los tiernos sueños de una niña llamada Lilus Kikus para quien la vida retoñó demasiado pronto.

Lilus sabía poner orden en el mundo sólo con estarse quieta, sentada en la escalera espiral de su imaginación, donde sucedían las cosas más asombrosas, mientras con los ojos miraba cómo se esfumaba el rocío y un gato se mordía la cola o crecía la sonrisa de la primavera. Luego, de pronto, sentía que los limones estaban enfermos y que sólo inyectándoles café negro con azúcar podía aliviarlos de su amargura.

Pero Lilus era también endiabladamente inquieta: corría a preguntarle a un filósofo si él era el dueño de las lagartijas que tomaban el sol afuera de su ventana.

También divagaba en cómo hacerle a Dios un nido en su alma sin cometer adulterio e investigaba con su criada Ocotlana de qué tamaño y sabor eran los besos que le daba su novio.

Todo en este libro es mágico y está lleno de olas de mar o de amor como el tornasol que sólo se encuentra, tan sólo en los ojos de los niños.

3. LA *ENFANT TERRIBLE* EN EUROPA

Después del éxito de *Lilus Kikcus*, Elena ganó el primer premio del Turismo Francés que le pagaba un viaje a París, y al llegar se puso a entrevistar a personajes del mundo del espectáculo y la cultura francesa. El martes 17 de julio de 1956, en la misma sección de Sociales de *Excélsior*, su anterior casa, aparece un reportaje sobre Elena —ya convertida en personaje del mundo social y cultural mexicano—, uno de los primeros en una interminable serie de entrevistas y semblanzas que siguen publicándose hasta la fecha. En este perfil biográfico, el anónimo autor bautiza a Elena la *enfant terrible*, ya que, gracias a su conocimiento del francés, se pone a sacar la sopa a sus entrevistados galos. Sin embargo, no hay que olvidar que su apellido tenía bastante peso en la Francia de la posguerra, pues sus parientes habían ocupado puestos importantes dentro del gobierno francés desde los tiempos de Napoleón Bonaparte, cuando el príncipe José Ciolek Poniatowski fue nombrado mariscal de Francia:

Esa niña terrible, rubia e inteligente, que es Helena Poniatowska todavía está en París... Por aquí un concierto de corazones partidos lamenta su ausencia... Helena Poniatowska no se decide a regresar a México todavía; la niña terrible se ha dedicado a entrevistar a todos los valores de la literatura y del teatro francés actual... Habló largo y tendido con Jules Romains que, como ustedes recordarán, vivió los años de la guerra entre nosotros... También la pequeña Poniatowska entrevistó a Jean Cocteau, que día a día pone de manifiesto su increíble genio y versatilidad... Después Helena partirá a Italia... Mientras tanto, vive con su tío el príncipe Michel Poniatowski.

De su época parisina —tan difícil en términos personales— Elena recuerda sólo un fragmento de los personajes que entrevistó, muchas veces gracias a las relaciones sociales cultivadas por su abuelo:

Cuando estuve en París entrevisté a los famosos de aquella época: Jean Marais, Jean Louis Barrault, Pierre Fresnay, el esposo de la actriz y cantante Yvonne Printemps, Jules Supervielle, Françoise Sagan, y a Grace Kelly, ya casada con Rainier de Monaco. Mi abuelo Andrés Poniatowski era muy conocido y por lo tanto hice muchas entrevistas gracias a él. Todos los días iba yo a buscar a Simone Signoret, a Yves Montand, a Germaine de Beaumont, a la princesa Bibesco, a Ionesco, a Rubinstein. Trabajé muchísimo. Viví en la casa de mi tío André Poniatowski, hermano de mi padre. Mandaba los artículos a México a *Novedades*. Entrevisté a l'abbé Pierre, un padre socialista que en cierto modo inventó a los proletarios curas obreros. También entrevisté a un gran científico, Louis de Broglie. Era el Einstein francés. No tenía mucho tiempo para perder con una muchacha que no sabía nada de ciencia ni de nada, pero después de la entrevista en el *Collège de France* me invitó a comer, fue muy lindo conmigo, me trató muy bien. También François Mauriac, con quien fracasé horriblemente porque no había yo leído sus libros. Henri de Montherlant me negó la entrevista porque llegué cinco minutos tarde. Fue una legión de entrevistados y trabajé como chiflada. Lo más importante fue que Mane, mi hijo mayor, nació el 7 de julio de 1955, en Roma. Después regresé a México con él y con deseos de escribir una novela, pero para mantenernos me dediqué a hacer miles de entrevistas para *Novedades*.

4. MADRE Y BECARIA

En 1957, Elena recibió la beca del Centro Mexicano de Escritores para jóvenes creadores. Recuerda que gracias a ella, trabajó al lado de "Margaret Shedd, Héctor Azar, Emma Dolujanoff, Juan García Ponce, Carmen Rosenzweig y Emilio Uranga. Creo que empecé dos o tres novelas pero la crítica era devastadora, terrible".

La original propuesta que Elena envió al jurado del Centro Mexicano de Escritores se publicó recientemente en una muy útil recopilación titulada *Los becarios del Centro Mexicano de Escritores* (1952-1997) editada por Martha Domínguez Cuevas. Para obtener su beca Elena propone escribir:

> Una novela escrita en tercera persona, que constará de doce capítulos. No aspiro más que a reflejar la turbación de una muchacha, su idea equívoca de la vida, su

posición dentro de una sociedad; y en ningún momento he pensado caer en las descripciones cinematográficas. Creo que el único modo de evocar una caricia es a través del espíritu y, en el fondo, la única sensualidad que vale la pena es la que se nos va envuelta en el alma, porque el alma envuelve entonces nuestro cuerpo como la piel de una uva que comprime la pulpa. Más que el relato de situaciones amorosas, deseo que esta novela sea el resultado de los espíritus de aquellos que participan en ella.

5. ¿LITERATURITAS DE A TRES POR CINCO?

En el mismo productivo año de 1957, aparece una de las primeras entrevistas hechas a Elena, ésta por Lya Kostakowsky, esposa de Luis Cardoza y Aragón, cuyo largo diálogo "La entrevistadora entrevistada o el que la hace la paga", se publicó en "México en la Cultura", suplemento cultural del periódico *Novedades*, el 27 de mayo del mismo año. La entrevista es de sumo interés porque nos permite entrever los pensamientos, proyectos, opiniones y gustos de Elena en un momento decisivo de su vida. A lo largo de la extensa entrevista, lo que más llama la atención es su creciente afán por explorar y documentar lo que ocurre en el México real y cotidiano: la miseria en que viven muchos de sus habitantes, sus actividades y distracciones de todos los días. Es precisamente aquel mundo que le fue descubierto por aquel inverosímil Santa Claus el que en corto tiempo ella haría suyo con la publicación de *Todo empezó el domingo*, en 1963:

La periodista joven más brillante de México es objeto de la curiosidad de mucha gente. Sobre todo, de los lectores de provincia. Porque en la ciudad de México, al fin y al cabo, todos nos conocemos. En Yucatán un señor me aseguraba muy serio que Elena Poniatowska era una mujer de edad que se hacía la ingenua. En Guadalajara, una señora me aseguró que Elena Poniatowska era el seudónimo de un escritor con bigotes, ya entrado en años, que se divertía haciendo despepitar al prójimo. Pero aquí está Elena, en persona: es chaparrita, de ojos claros e inocentes, la nariz respingada y una boca entreabierta que deja ver unos dientes muy blancos. Rubia, vivaz. Edad, 24 años. (Autorizado divulgarla.)

—Elena, todo México quiere saber quién es y cómo es esa niña terrible del periodismo que tiene ese *esprit* francés y la malicia mexicana y que ha hablado con todos los personajes del arte, la ciencia y la banca. Por su candor, agudeza y rapidez, parece en sus entrevistas uno de esos preciosos ángeles de Chucho Reyes cabalgando en una escoba de bruja.

—¡Haberlo sabido y voy antes a un salón de belleza! ¿No estoy muy despeinada?

—No. Además no le voy a sacar fotografías… ¿Considera de importancia la labor de la mujer mexicana en la literatura y el periodismo?

—¿Por qué no me deja que yo se lo escriba? Eso es un tema como muy formal…

—¡No! Yo estoy haciendo la entrevista.

—Bueno. La mujer no recurre casi nunca a los caminos de la razón. Pero puede asaltar mediante la intuición a la esencia misma de las cosas y dar un buen palo de ciego… Mire Lya, nosotras damos palos de ciego, y rompemos muchas veces la piñata de la verdad sin darnos cuenta… Creo que hace falta el libro de una mujer escrito con ternura y sentido del humor. Algo así como Kathryn Mansfield. Pero las mujeres por lo general no son inteligentes: son intuitivas. Son receptáculo del hombre y de la vida.

—¿Está satisfecha de sus libros?

—No. *Lilus Kikus* es un diario de impresiones del convento donde me eduqué. *Melés y Teléo* lo hice en dos meses y lo acabé cuando ya la primera parte estaba en la imprenta. En principio fue un *sketch* sobre los intelectuales que fue creciendo de una manera deforme, de chiste en chiste y de cita en cita. Creo que es un buen ejemplo de escritura automática y con él aprendí que no debo escribir a la carrera, a tontas y a locas.

—¿Qué le gustaría escribir?

—Pues un buen libro, sea de lo que sea, pero bueno. Quiero tener el heroísmo de llevar un día mis ocurrencias a su última posibilidad de perfección, y no salirme por la tangente de la gracia y de lo chistoso.

—¿Cuáles son sus autores preferidos?

—Rilke, Saint Exupéry, Mansfield. Uno de mis libros predilectos es el *Diario de Marie Baskirtcheff*, que murió tuberculosa. ¡Ha de ser bonito morir tuberculosa y llena de camelias!

—¿Y de autores mexicanos? (A esta pregunta siempre responden que Alfonso Reyes con eso de su tintofilia).

—De veras. Lo he leído poco: "Amapolita morada", "Visión de Anáhuac", "Homero en Cuernavaca". Pero una noche lo oí hablar en el Fondo de Cultura Económica, aquella vez que testó a favor de los Cachorros para entregarles el legado de su vocación literaria. La sala se llenó de murmullos que querían ser ladridos o rugidos, y cada vez que lo veo me dan ganas de correr a abrazarlo, como si fuera una nodricita. ¡Pero no he leído Dostoievski ni a Stendhal, ni a Whitman! Mamá nos regalaba a mi hermana y a mí cada cumpleaños un pequeño libro verde (no no más eso) que pertenecía a una colección de educación verde. Era *La Ilíada*, *La*

Odisea, Don Quijote de la Mancha, pero en versiones para niños. Había más dibujos a colores que otra cosa, y el texto explicativo estaba reducido a su mínima expresión. Me acuerdo que las ilustraciones tenían unos subtítulos así concebidos: "A Ulises se le descompone la nave…" "Orfeo persigue a Eurídice…" (Quizá esto haya sido un prejuicio porque jamás he leído *El Quijote* sino en la edición infantil. Y lo mismo puede decirse de *La Ilíada* y de *La Odisea…*) Pero nuestra mente de niñas quedó poblada de sirenas, de liras, de estatuas más vivas que los vivos, de tritones y caballitos de mar, de Ulises y sus batallas, de un Júpiter que se convertía en cisne para enamorar a Leda y en toro blanco para raptar a Europa.

Con los autores mexicanos me sucede que no puedo desligar a la persona de la obra, y me encantan frases sueltas de sus libros. Como ésta de Andrés Henestrosa: "…y estoy seguro de que ella lloró todas las lágrimas que ante mí contuvo. Estoy seguro porque yo me siento anclado, igual que una pequeña embarcación a un río de llanto". ¿Pero por qué no me deja que yo le escriba todo esto? Ahora no me acuerdo de nada.

—No quiero que usted lo escriba porque entonces no tendría chiste. Me diría que sus autores favoritos son Dostoievski, Whitman, Simone de Beauvoir. A propósito: ¿Qué opina de los libros de Simone?

—Simone de Beauvoir me parece la mujer más talentosa de nuestros días, claro, una vez que ha desaparecido Simone Weil. Me refiero naturalmente a su gran libro sobre la mujer. Nadie como ella ha mirado tan hondo en la conciencia, en la biología y en la psique femenina. ¿No le parece que en México alguna mujer debería escribir un libro sincero y sencillo, por ejemplo la historia de una mujer frente a un hombre?

—No sé. Elena, yo no soy la entrevistada. Hábleme de sus entrevistas.

—El chiste de mis entrevistas está un poco en decir bembadas o en hacer que los pobres entrevistados las digan. Tal vez se me puede decir que abuso del procedimiento de las preguntas idiotas, pero yo puedo contestar que hacer preguntas tontas es el mejor medio de adquirir la sabiduría. ¿Usted no sabe lo que el sabio de Broglie me respondió cuando le pregunté por su flor predilecta? Me describió la nebulosa de Andrómeda que va como una rosa desmadejada por el espacio sideral, y me habló de los doce pétalos infinitesimales que rodean la rosa magnética que se abre en el centro de la materia. Creo que todas las mujeres tomamos el arte y la literatura y hasta la ciencia como una especie de maquillaje que nos hace más interesantes, pero que no pase de la epidermis. Hasta he oído decir que la espiritualidad es la mejor crema de belleza. Pero en todo caso, ella (la mujer) no tiene la culpa, ya que su verdadero drama es el de la mujer observada. La contemplan no porque sea bonita o fea, encantadora o repelente sino simplemente porque es una mujer. Mi problema real, en el fondo, es que me siento como una actriz a quien las gentes quieren seguir viendo en sus eternos papeles de ingenua y de muchacha mona, con tendencias exhibicionistas. Yo quisiera ser una escritora de verdad y no quedarme en el liluskikismo pensando por ejemplo en una jirafita que estaba muy triste porque no sabía hasta dónde tenía que subirse o bajarse el escote… Lo único malo es que luchar contra eso me cuesta muchísimo… A mí me llama mucho más la atención leer en el periódico del 13 de abril (por ejemplo en *Novedades*), que una niña africana embrujó a sus compañeros de escuela y que todos desaparecieron misteriosamente de la clase y los encontraron subidos en los árboles, sentados en las ramas más débiles colgados de ramitos que normalmente no podrían sostener el peso de un pájaro... Prefiero eso a cualquier otra cosa, a la constitución y al tratado Clayton-Bulver.

—Y por último, ¿qué le hubiera gustado hacer si no se hubiera dedicado a las letras y al periodismo?

—Una vez mi tía Carito me dijo: "Muchachita, te voy a dejar escribir novelas, pero no vivirlas". Y tiene razón. Por ejemplo, a esta pregunta, puedo contestarle miles de cosas: "Me hubiera gustado ser una de esas señoras que hacen tartaletitas de fresa para el espíritu, y suculentos asados para el hambre corporal. Me gustaría sembrar plantas y deshojar margaritas melancólicas a la luz de la luna. Me gustaría ir a la guerra aunque fuera de soldada rasa, bajo las órdenes del capitán Jean Poniatowski que tiene ocho medallas pensionadas, me gustaría, a fin de cuentas, pastorear esas nubes que parecen borregos. Me gustaría volver a hacer mi Primera Comunión y dormirme y ya no despertar nunca..." Pero en el fondo, no es cierto, menos lo de la Primera Comunión. Me gustaría mirar la vida a través de otros ojos, para ver las cosas, las calles, los barrios, los jardines, los rostros, no como yo los veo sino como son en realidad. Que los ojos me enseñaran una puerta y me dijeran: "Mira esa puerta. Es así, de madera, con clavos, pesada, pero además tiene esto y esto que tú no ves. Yo, claro, puedo imaginar miles de cosas acerca de la puerta. Que hay una bruja detrás convocando espíritus, o que allí está María Victoria probándose un vestido dificilísimo, que un niño rubio con ojos graves va a abrirla y a salir lentamente, que una mujer teje un suéter con una sola manga, larga, larga, larga... pero, vea usted, no puedo pensar más que en literaturitas de a tres por cinco, mientras que esos ojos podrían crear un mundo nuevo, todo mágico y cintilante; pero no necesariamente literario, sino real, con la poesía de la vida de veras.

¿Qué más quiere que le diga, Lya? Me gustaría no morirme nunca, y tengo envidia de los niños que todavía no nacen y que van a llegar en buen estado al año 2000, ir a la luna y casarse con marcianas y tener hijos que puedan vivir en el fondo del mar, que dicen que es muy sano para los niños chiquitos porque el agua de las grandes profundidades es un equivalente exacto del suero fisiológico. Y además allí tendrían tantas cosas para jugar. Conchas, estrellas sumergidas, hipocampos, ramitos de coral, caracoles, cangrejos inofensivos y tortugas domesticadas. En cambio, siento que tengo una inmensa ventaja sobre los que han vivido ya, y no comprendo a los que quisieran haber pasado su juventud en la corte empalagosa de los Luises, a la luz de enormes arañas de cristal y en compañía de falsas pastoras madamas, empelucadas y fodongonas. También quisiera que mis hijos no fueran literatos sino hombres de ciencia, astrónomos o biólogos, y que se pasaran horas mirando algo en un microscopio. Siempre me acordaré del rostro de Louis de Broglie (pobre y gran entrevistado que a cada rato saco a relucir) cuando le pregunté por sus autores favoritos: "¿La literatura? Pero, señorita, no tengo tiempo para esas cosas". Simone de Beauvoir dice (y si no lo dijo ella, lo digo yo), que como los escritores no viven la vida verdadera, se dedican a crear una de a mentiras. Eso me impresiona mucho. ¿Y que la literatura fuera siendo inútil? Los escritores tienen una gran tendencia a sentirse diferentes del resto del mundo. A las mujeres con pretensiones intelectuales también les gusta sentirse "incomprendidas". Pero yo soy, sinceramente, igual a los demás aunque cada persona sea en cierto modo, distinta, única, irremplazable. Quería decir que soy normal y por eso creo poder decir cosas que sean comprensibles para todos. ¡Lya! Qué difícil y que raro es definirse, hablar de uno mismo. La sinceridad puede volver insolente, y significa casi siempre una confesión más o menos de mal gusto. Estoy diciendo cosas muy personales y quizá no sea bueno decirlas. Creo que los libros que tienen valor son los libros verdaderos, sinceros, por eso no entiendo mucho (claro, porque no lo he estudiado) el surrealismo, y los demás ismos aunque sé que hay tanta verdad en la literatura fantástica como en la literatura realista. ¿Ha leído usted, por ejemplo, *Josefina la cantora o el pueblo de los ratones*? Pero hay otras cosas que me preocupan además de la literatura y quisiera que llegaran a importarme mucho más que la literatura.

Una vez le dije a mamá que quería ir a ayudarla con esas viejas todas torcidas (no de maldad sino de enfermedad), con esos hombres borrachos, esos niños que ni comen, ni viven, ni nada. Pero ella me dijo: "No, a ti no te toca todavía. Haz tus cosas, tu periodismo, tus tonterías. Haz lo que tienes enfrente, ahora". Y creo que es cierto. Podemos hacer lo que nos gusta; pero en algún tiempo de la vida nos tocará darnos cuenta que la miseria de los demás pesa sobre nuestros hombros, habrá que remediarlo, aunque sea en grado mínimo, para no sentir demasiados remordimientos. No creo que la miseria sea un problema de partidos políticos, de comunismo o de organizaciones mundiales. Creo que es un problema de conciencia personal que cada ser humano debe resolver. Los hombres dependen estrictamente el uno del otro, directamente el uno del otro, y en las inmensas organizaciones, que son totalmente

145

necesarias desde el punto de vista material, los que reciben se sienten ahogados porque no hay un contacto humano y personal entre el que recibe y el que da, entre esa abstracción que es la institución benefactora y los hombres necesitados. Yo no creo que haya que quitarle el dinero a los ricos, sino hacerle insoportable a cada uno su riqueza, hacer que le dé vergüenza atropellar con la pura insolencia de su Cadillac a los niños miserables que pasan por la calle. Pero, Lya, hablo demasiado. ¿Que le cuente otra cosa sobre de mí?

Mi hermana Kitzia y yo, siempre hemos tenido más imaginación que sentido común. Todas las noches nos tocaba asomarnos por turno debajo de la cama porque creíamos que había un ladrón. Nos inventábamos sustos, veíamos rostros detrás de las ventanas, enanitos brincando sobre nuestras caras en la noche y siempre iban a suceder hechos milagrosos que, claro, ya comprendí, no pueden suceder. Siempre he esperado que todo venga del exterior, que todos los dones de la vida me caigan en las manos, que de repente llegue un ángel, o una hada, o un arcángel o un hecho sobrenatural que solucione problemas y procure alegrías. En la mañana cuando me levanto pienso: "Hoy es un día especial porque van a suceder miles de cosas bonitas. Voy a ponerme mi falda de vicuña y mi blusa de los grandes días". Y salgo de mi casa, feliz, llena de curiosidad, y claro, no sucede nada fuera de lo común, pero yo voy, brinco y brinco por las calles, metiéndome en las librerías, viendo vestidos, platicando con las vendedoras porque hoy es día privilegiado. Ahora, Lya, no sé si deba yo contarle esto sin pudor, pero es la verdad. Eso del periodismo me viene quizá de un complejo. En mi casa todos son altos, menos mi bisabuela que murió antes de que yo naciera. A mis papás les preocupó que mi hermana menor empezara a crecer más que yo, y me pusieron inyecciones y me dieron píldoras, jarabes y emulsión de Scott hasta que una radiografía (de los tobillos y las muñecas) reveló que los huesos estaban soldados y que ya no crecería más. El doctor dijo algo así como: "De lo bueno poco", para consolarnos, pero aquel día decidí servir para algo. Esto lo hice exclusivamente para papá, sin duda porque es el más alto de la casa y es orgulloso. Sé que todavía no he hecho nada valioso, que sigo siendo chaparra en todos sentidos, pero por lo menos amo mi trabajo, me gusta escribir, quiero aprender, leer (sí, sí a Dostoievski, a Stendhal, a Whitman) y dar un buen palo de ciego, pero de veras, bueno como a veces lo dan algunas mujeres…

6. PERIODISTA DE HUESO COLORADO

A Elena no sólo le llamaron la atención las manifestaciones de la intelectualidad consagrada. Para entrar más de lleno en una de sus muchas facetas —la de narradora— se une al grupo de escritores de su generación, encabezado por Carlos Fuentes. Sobra decir que algunos de estos narradores pronto se convertirían en las estrellas literarias más brillantes del país, mientras que otros desaparecerán por completo del mapa literario. En una de sus primeras reseñas literarias, Elena presenta a los autores de su generación, muchos de ellos becarios del Centro Mexicano de Escritores. Según ella, de todos los becarios, Carlos Fuentes es el más extraordinario. De hecho, su reseña del último número de la *Revista Mexicana de Literatura* parece más un reportaje sobre Fuentes y su cuento "Chac Mool". Elena se detiene para describir al escritor con grandes e imaginativos símiles, que van más allá de una reseña académica o periodística, para transformarse en su propia ficción, llena de imágenes y conceptos que no sólo demuestran el poder creativo del joven escritor, sino el de la talentosa reseñista. Aunque un cuento de Elena forma parte de este número de la revista, ella no lo comenta en lo absoluto, tan sólo se menciona a sí misma en tercera persona con su ya conocida modestia. El reportaje titulado "Joven literatura mexicana" apareció en *Novedades* el 2 de septiembre de 1956 y constituye su primera zambullida en este género periodístico, hasta entonces terreno dominado por los hombres, con escasas excepciones:

Acaba de salir el número 6 de la *Revista Mexicana de Literatura* que tan acertadamente dirigen dos sólidos valores de nuestras letras nacionales, Emmanuel Carballo y Carlos Fuentes. Este número ha dedicado, o mejor dicho, gastado todas sus páginas en algunos miembros de la joven literatura mexicana, escritores que van desde los veintiún años hasta los treinta y cinco.

Sin duda alguna el cuento más importante de la *Revista Mexicana de Literatura* es el de Carlos Fuentes. Carlos hace novelas sanguinolentas. Pero le ocurre constantemente que confunde la sangre con la salsa de jitomate *catsup,* y los corazones de sus gentes laten con diástoles de hule, bombeados desde un laboratorio de alquimista-malévolo. ¡Cuidado con la pintura! Los personajes de Carlos Fuentes están siempre como acabados de pintar, y si los tocamos nos queda en las manos untado su esmalte visceral. A veces Carlos Fuentes va por el Paseo de la Reforma con un balde lleno de entrañas, de corazones, de hígados y de riñones que le ha quitado a la gente al pasar, y que luego se lleva a su casa, los conserva en el refrigerador y los va utilizando poco a poco, en ese picadillo morboso y cubista de sus novelas y de sus cuentos. Colecciona dientes postizos, labios de gelatina y mejillas como de esponja Dupont, y con ellos inventa y combina sonrisas y muecas, rasgos que él mismo se pone a veces para jugar a las más diabólicas imitaciones.

Carlos Fuentes es el único hombre que lleva en la cabeza una instalación completa de inteligencia, más grande que una destilería, más complicada que una fábrica de hilados y tejidos, más veloz y ruidosa que una rotativa de tres pisos, rodeada por un escuadrón de linotipos. Por eso, todo lo que haga Carlos Fuentes en la vida y en la literatura, siempre será importante y necesario, casi diríamos indispensable, aunque ahorita escriba textos cuya finalidad última sea la de *épater les bourgeois*, o sea deslumbrar a los burgueses.

El cuento de Emilio Carballido sigue de cerca al de Carlos, no porque se le parezca, sino porque los dos tienen una gran calidad literaria. Sin embargo, a Carballido —excelente novelista y mejor dramaturgo—, le faltó fuerza. Jorge López Páez es casi un paisajista y nos trae a Acapulco con sus gringuitas pasajeras que saben sonreír y se queman demasiado al sol. El cuento de Carmen Rosenzweig es impresionante. Es impresionante porque revela a una escritora, sin duda la mejor y la más hecha de las mujeres que publican textos en este número: María Amparo Dávila, Enriqueta Ochoa y Elena Poniatowska.

7. BELLEZA Y FILOSOFÍA

Obligada a cumplir con su otra mitad —la de columnista de sociales, consejera de belleza y cronista de las actividades de los popoffs—y muchas veces firmando con su nombre de pila Hélène, o con una especie de anagrama —Anel—, Elena siempre descubre la manera de entretejer en lo que parece superficial y cotidiano un aspecto más abstracto e intelectual del mundo y sus habitantes. Tal es el caso de un artículo aparecido en *Novedades* el 2 de diciembre de 1956 y titulado "La boca 1957 será clara y muy risueña". Aquí, al reseñar las nuevas tonalidades del bilé, Elena subraya los colores más apropiados para las damas existencialistas, aficionadas al grupo filosófico fundado por el pensador Jean-Paul Sartre, y todo un fenómeno metafísico para los jóvenes de los años cincuenta. Tampoco deja al lado la crítica política, al enfrentarse con una moda imperante e inminente: la de Estados Unidos, que, al menos en la interpretación de Elena, quiere convertir a la mujer en artículo de consumo. Después de sus arengas filosófico-político-estéticas, se convierte en una especie de naturista, ofreciéndoles a sus lectoras curaciones de frutas y tratamientos capilares, todo ello en nombre de la belleza femenina:

> La moda 1957 está lanzando una nueva boca clara, risueña y natural. Ya nada de colores oscuros, tales como "orquídea fatal", "púrpura encendida", ni tampoco podrán llevarse los labios pálidos, blancos y envaselinados que acostumbran las existencialistas. El año 1956 acentuó el maquillaje de los ojos, matando casi el color de la boca, con rojos de labio pastosos de un rosa viejo o del famoso color de las actrices italianas, el "rosa café". Ahora regresaremos a la naturalidad. Durante el día las mujeres usarán un rosa vivo, brillante pero nada escandaloso. Para la noche un rosa tierno o para aquellas mujeres que no puedan renunciar al rojo se ha creado un tono especial de matices anaranjados. Los Estados Unidos quieren lanzar la moda Renoir, que devuelve a

las mujeres su calidad de muñecas y los ojos adquieren casi una consistencia de ojos de porcelana.

Estos artículos están elaborados, como Elena diría, para la *leisure class*, es decir, la clase ociosa, la misma a la que ella irremediablemente pertenece, pero cuyas limitaciones reconoce y quiere superar. En otro artículo de esta índole, Elena proporciona las indicaciones exactas para tener la cabellera —el coronamiento de la belleza corporal— igual a la de María Félix, Ira Von Furstenberg, o Marina Vlady. El artículo, titulado "Cómo cuidar su cabellera: lo que hay que hacer para tenerla como María Félix", apareció en las páginas de *Novedades* el 4 de enero de 1957:

> Todas nosotras sabemos que nuestra María Félix era poseedora hasta hace poco de una de las cabelleras grandes más hermosas del mundo. Ella —que ahora luce un corte moderno, que en nada afecta su belleza— como la joven princesa, Ira Furstenberg, dueña de una cabellera oscura tan hermosa como ella misma, y la no menos bella Marina Vlady, que es también poseedora de una cabellera, que si bien es diferente a las otras dos, no deja de ser hermosa, a pesar de ser completamente lacia...

8. "ACTIVIDADES DE LOS POPOFFS"

Al seguir una tradición establecida en México por los muy leídos cronistas de sociales como Agustín Barrios Gómez, autor de la Ensalada Popoff, el Duque de Otranto, Enrique Castillo Pesado y Mario de la Reguera, Elena presenta a sus lectores las "Actividades de los Popoffs". Se trata de crónicas superficiales que documentan los ires y venires de la alta burguesía mexicana, cuyas bodas, cenas, obras de caridad y otras actividades sociales fueron debidamente transcritas por su pluma "helénica". Si bien estas asignaturas nunca le interesaron mucho por tratarse de un medio que ella conoce, se debe insistir que hasta su llegada al periodismo mexicano, este campo había sido dominado casi completamente por hombres, a excepción de la cubana Rosario Sansores en *Novedades*, y Bambi, cuyas entrevistas aparecían en *Excélsior*. En estas breves notas, nunca faltan las actividades de embajadas (sobre todo la francesa), comidas, desfiles de modas, bailes de caridad, y cenas para adular a la vaca sagrada del momento. La nota que aquí se incluye sirve de testimonio a esta faceta del desarrollo periodístico de Elena. Se publicó en *Novedades*, el 5 de junio de 1957, y ella, al esquivar de manera onomástica su participación en estos eventos, firma simplemente "La Comadre":

Viento en popa el romance de Quique Corcuera con Wanda Sevilla. Mel Ferrer ha comprado dos Covarrubias en la galería de Antonio Souza. Ambos fueron a visitar la galería y con ellos Audrey Hepburn; más encantadora aun que en la pantalla. Carlos Fuentes en Mazatlán tecleando su novela. La pareja de moda entre los intelectuales: Conchita y Juan García Ponce. Jaime García Terrés acaba de regresar de Acapulco… Patricia Romandia y Celia Chávez estudian, encantadas de la vida, en la brumosa y laberíntica ciudad de Londres. Muy bueno el cuento fantástico de Augusto Lunel que pronto se publicará. La marquesa de Mohernando, Lorenza Braniff, muy ocupada organizando una rifa de vajilla para Carmen y Nacho Amor. Los boletos cuestan cien pesos… Octavio Barreda se desayuna todos los domingos en Sanborns, pero dice que ya no va a escribir sus memorias… La condesa Elena Amor de Celani en viaje de negocios a Nueva York… Regresará a México el viernes… Escogemos a la dama más guapa y mejor vestida de la semana: doña Adriana Ochoa de Teresa, esposa de Marcos de Teresa. Y hasta aquí los chismes de la Comadre.

9. Mercados y tianguis

Un reportaje de diferente índole y más representativo de la Elena que todos conocemos, es el que hizo el 6 de abril de 1958, también para *Novedades*, sobre los mercados de la ciudad de México. Esta crónica de los omnipresentes tianguis que se arman y se desarman por toda la ciudad día tras día, refleja la naciente conciencia social de la joven reportera al obligarla a recorrer espacios antes desconocidos. Fiel testigo de este giro personal y profesional de Elena fue Carlos Fuentes, quien en aquel entonces lamentaba que la pobre "Poni" siempre anduviera en los mercados, cerciorándose del precio del jitomate y los chichicuilotes, o en el rastro, viendo cómo mataban a las reses. Son precisamente estas expediciones al mundo real mexicano, que ella subrayó en su conversación con Lya Kostakowsky, las que le darían material para su primera obra literaria de interés social: *Todo empezó el domingo*, donde Elena recrea las actividades dominicales de las clases populares de la capital mexicana:

"¡Mañana es día de mercado!" Nos han dado la tierra y la hemos socavado para que dé frutos buenos. Sembramos y todo retoña. Cada año, la tierra se despoja de su provisión de frutos, cada año se reviste y nos entrega los dones de la vida.

Porque los mexicanos consumen al año millones de toneladas de frijoles. Y una tal cantidad de maíz que podría cubrir la cima del Nevado de Toluca.

Y el azúcar que viene de nuestras cañas.

Y todo esto va a desembocar en los mercados.

"Órale marchantita. ¡pásele güerita…! Marchantita, pásele… Le doy baratito".

"¡Calabacitas tiernas, muy buenas! Venga usted… Elotes frescos. Mírelos. Pase… Ora… güerita, le doy barato… Si no compra no mayugue".

Pero hace todavía dos años, las mercancías que en el campo recibían el cuidado del sol, del agua, del aire, y de manos vigilantes, en el mercado se alineaban en sucio, en un desorden increíble…

Los compradores se abastecían sin pensar que llevaban a sus hogares la infección y la muerte.

Brillaban todas las piedras de mugre y de lodo, y pasaban unas ratas, tan gran abasto…

"¡Háganse, háganse… Ahí va el golpe!"

Las mamás perdían a sus hijos: "Te dije que no te quedaras atrás".

Y los policías no se daban abasto…

Al lado del puesto de pescado, el de listones de colores, y más lejos aún, las "yerberas", que curan por igual el corazón, la pulmonía y el mal carácter, la ignorancia y la suciedad chapoteaban felices, en plena libertad.

El mercado tenía una vida propia, ajena a la de la gran ciudad. Una vida descarnada. Dolía ver aquellos puestos y a aquellas gentes que llegaban en busca de calor humano. La gente más pobre alzaba las semillas abandonadas en el suelo y unas muchachas trenzudas gritaban con voz chillona: "¡Limones, limones!"

Una vez, bajo un puesto de jitomate, velaron a un niño muerto.

10. "Si Aristóteles hubiera guisado…"

Prueba de su versatilidad como reportera son los artículos sobre cultura e historia mexicana que publica al lado de los consejos de belleza, dimes y diretes y sus incipientes crónicas urbanas. Es mediante esas experiencias cotidianas que Elena se prepara para su futura profesión de ensayista y novelista. Gracias a ellas, Elena será instigadora de un nuevo género literario en México, el de la crónica-novela, una forma literaria híbrida, producto de estos años formativos en que fue, por así decirlo, ajonjolí de todos los moles, corriendo por calles y plazas, mercados y tianguis, como "pata de perro".

Hoy día, un poco más "vieja y sabia", Elena sigue en los mismos quehaceres, pues son precisamente estas experiencias cotidianas las que le dan de qué escribir; y sus encuentros con mecapaleros, periodiqueros y boleros siguen siendo la materia prima de su obra literaria. Se puede afirmar que si no fuera por estos inverosímiles encuentros, su trabajo sería más parecido al de muchas otras escritoras mexicanas.

A lo largo de la década de los cincuenta, Elena aprendió de algunos de los hombres más importantes e inteligentes de su época. No siempre tenía que ir al mercado para revisar el precio de los jitomates; en muchas ocasiones se dio el lujo de reunirse y hacerse amiga de gente de la estatura de Alfonso Reyes, Octavio Paz, Diego Rivera, David Alfaro Siqueiros, Ignacio Chávez, Rufino Tamayo, Rosario Castellanos, y otros pensadores mexicanos, quienes le proporcionaron la educación universitaria que nunca tuvo, debido a los altibajos de la economía mexicana, y a su obligado retorno a México después del internado en Estados Unidos. Ya en su madurez esta educación superior alternativa fue debidamente reconocida por instituciones académicas que le otorgaron el grado de doctora *honoris causa,* como la New School of

Social Research, la Universidad de Sinaloa, la del Estado de México, la Florida Atlantic University, Manhattanville College, su cuasi *alma mater*, la Universidad Autónoma de Puebla, la Universidad Autónoma Metropolitana, donde es profesor de física su hijo Mane, y en el otoño de 2001, la máxima casa de estudios de México, la UNAM.

¿Qué significa ser mexicano? Esta inquietud tiene que ver con su natural inclinación intelectual, por no decir filosófica, aunque muchas veces se encontrase metida en asuntos más bien callejeros. Recordemos, sin embargo, el *dictum* de Sor Juana: "Si Aristóteles hubiera guisado, mucho más hubiera escrito". Al seguir este consejo, Elena se alimenta de la realidad de todos los días para luego recrearla, analizarla y convertirla en artículos y libros. En uno publicado en *Novedades* el 19 de enero de 1958, se pregunta "¿Qué cosa es ser mexicano?" Enumera a todos los pensadores de la época cuyas obras filosóficas o históricas allanaron el terreno, para que el mexicano se conociera a sí mismo, y así descubrir su identidad como individuo y miembro de un colectivo cultural. A través de este artículo, Elena se une a una escuela filosófica mexicana, inaugurada en el siglo XIX por Justo Sierra y perpetuada por intelectuales modernos como Samuel Ramos y Octavio Paz, cuyo ensayo *El laberinto de la soledad* (1950) todavía constituye un clásico de los estudios dedicados a la llamada "psique mexicana". Además de documentar sus lecturas de aquella época, estos textos le sirvieron a Elena para profundizar más en un tema que le interesa mucho, el destino de México:

Hace mucho, me acuerdo haber asistido a una discusión entre Juan Soriano, Diego de Mesa, Justino Fernández, Octavio Paz, Jorge Portilla, el doctor Raoul Fournier, Jomi García Ascot y María Luisa Elio, Celia y Jaime García Terrés, Carlos Fuentes y Edmundo O'Gorman, acerca de México y lo mexicano. Juan Soriano concluyó la discusión, al decir que a él no le importaba ser mexicano y más aún, que tampoco le importaría si México desapareciera un día del mapa universal. Todos se indignaron, sobre todo Justino Fernández, pero lo cierto es que ningún otro pueblo de América ha dedicado tantos ensayos a sí mismo como México.

A un francés no le preocupa ser francés. Lo es, con toda naturalidad. Pero a un mexicano le preocupa mucho serlo. El filósofo Leopoldo Zea escribió: "Del mexicano se han dicho y dicen muchas cosas diversas, entre ellas se habla de un supuesto sentimiento de inferioridad, resentimiento, insuficiencia, hipocresía, cinismo, etcétera". Ahora bien, si analizamos con atención estas notas para ver qué tienen en común, pronto nos damos cuenta de que todas ellas hacen patente la falta de algo en el mexicano. El sentimiento de inferioridad surge frente a este algo que, pudiéndose tener, no se tiene, por razones que no se hacen o no se quieren hacer explícitas…

Capítulo IV

La "Princesa de tepalcate"

Con Guillermo Haro.

1. UNA TRAGICOMEDIA GRECOMEXICANA

Un primer ejemplo de la manera en que el trabajo periodístico de Elena Poniatowska se convirtió en la fuente de su producción literaria de los años siguientes, se encuentra en una obra de teatro, hoy olvidada, escrita en 1956 a instancias de Víctor Alba, exiliado español, director de la revista *Panoramas*, de *Excélsior*. La obra, dedicada a su padre, el príncipe Jean E. Poniatowski, y titulada *Melés y Teléo, (apuntes para una comedia)* ocupa más de ciento cincuenta páginas de la revista, en la que también publicaron Jaime Torres Bodet y Raúl Prieto. Al decir de la autora es "una sátira de los intelectuales, una obra soporífera... una cosa larguísima". El título se refiere a un acuerdo tácito entre los intelectuales de aquella época —y ésta también— según el cual, "si tú me lees yo te leo", que Elena convirtió en dos personajes griegos: Melés y Teléo. Los críticos de la época puntualizaron que esta obra fue, en realidad, la respuesta creativa de Elena a un encuentro con el escritor y crítico José Luis Martínez, autor de una monografía titulada *La técnica en literatura: introducción* (1943); y dos antologías literarias: *Las letras patrias. De la época de la independencia a nuestros días* (1946), y *Literatura mexicana. Siglo XX*, esta última publicada en dos tomos entre 1949 y 1950. El diálogo con Martínez se publicó en *Excélsior* el 31 de diciembre de 1953, y es de gran interés porque engendró el tema que Elena desarrolló tres años más tarde en la forma de una tragicomedia imposible; consta de cincuenta y ocho escenas, y como ella misma señala, tardaría dos o tres días en representarse; un verdadero *Mahabharata* mexicano. El escandaloso título de la entrevista "No sirve la literatura: mucho mejor es enseñar", causó descontento precisamente dentro de los cerrados círculos literarios a los que hace referencia Martínez:

—La literatura mexicana anda por los suelos. Los literatos escriben para pequeñas comunidades elogiosas y Castro Leal, crítico máximo de nuestra literatura, dejó de comprender la poesía cuando murió Enrique González Martínez...

—Pero si todo el mundo está leyendo su antología... Además él es único en hacer antologías, en recopilar con acierto las obras de nuestros mejores poetas.

—No, no es el único... Es el único en todo caso, en escribir cada dos páginas: "fino y sutil..." Para él todos los poetas son finos o sutiles, o finos y sutiles, o sutiles y finos...

—Bueno, ¿usted sería capaz de mejorar esos adjetivos?

—En primer lugar, no habría escogido los poemas que escogió Castro Leal, ni omitiría a los poetas que él dejó en la sombra. No hubiera mezclado a Margarita Michelena y Guadalupe Amor con las lavanderas de la versificación... El poema "Canto a primavera" de Xavier Villaurrutia es horrible. (Xavier lo escribió para ganarse cinco mil pesos de premio y no tiene por qué estar en la antología...) Además dice Castro Leal que don Alfonso Reyes podría haber sido un gran poeta (milagrosamente, don Alfonso escapa del "fino y sutil", o del exquisito...) ¿Cómo es posible decir eso? Don Alfonso Reyes es el pilar de toda nuestra literatura...

—Pero la literatura mexicana, ¿tiene realmente un público lector?

—Allí está el detalle... No lo tiene. La literatura mexicana es una literatura sin público. La culpa no es de los lectores sino de los escritores. Nadie lee las novelas de Revueltas o de Rubín, porque son mortalmente aburridas. Le voy a decir algo. Se lee más la literatura mona... sí, sí, sí, la literatura que hacen las señoras frustradas, versitos, etcétera, que la literatura profunda.

—¿Y por qué gusta más?

—Porque es sentimental, y hace llorar, soñar y reír...

—¡Ay! Según parece, es usted lector de Confidencias.

—No precisamente, pero me doy cuenta de lo que nos pasa.

—Pero los literatos, ¿qué pueden ser si no son literatos? ¿Empleados de banco?

—No. Que sean maestros rurales.

—¿Cómo?

—Sí, que enseñen a leer y a escribir. Le voy a contar algo... Yo era un intelectual hasta las cachas, poético y lleno de problemas. Por las noches me desvelaba filosofando. Quería que todo tuviera un sentido trascendental y para todo buscaba una respuesta. Daba conferencias y clases de filosofía y filología. En las noches me reunía con mis amigos, casi todos autores de lánguidos versitos que en el fondo no eran sino diversiones privadas para el regocijo del *petit comité*. Como usted sabe, yo acompañé a Yáñez en su campaña política, y un día, en el pequeño pueblo de Mascota, encontré dos maestras de escuela muy jóvenes... Eran maestras rurales. Además de enseñar, gastaban su sueldo en vestir y dar de comer a sus alumnos. Tenían una idea admirable de la condición humana, y su actitud frente a la vida era intachable, conmovedora... Un cierto modo de ser que ninguno de nosotros, literatos vanidosillos, podríamos alcanzar. Entonces me di cuenta de la inutilidad de la literatura mexicana actual. De la necesidad de todo lo que yo podría escribir.

—¿Pero no hay en México ningún literato que pueda escribir algo diferente?

—No lo creo. Hay escritores, claro (pero los buenos, ya son universales, pronto los integrará la *Nouvelle Revue Française*) hay poetas, como por ejemplo Octavio Paz, que es un viajero incansable, pero lo que escriben ellos, ni mejorará el país, ni lo cambiará, ni le dará nada.

—¿Entonces qué es lo que vale en México?

—Lo que vale son esas gentes que educan a los demás... Niñas humildes, que acaban su primaria y vuelven a la escuela para enseñar a los más pequeños... Lo que vale no es la espléndida Ciudad Universitaria (completamente ridícula cuando se piensa en la miseria o en la ausencia de escuelas en el Valle del Mezquital), sino aquellos hombres que, olvidándose de sus gustillos y placeres personales se dan a los demás, a la ignorancia y a la sociedad, para tratar de mejorarlas. Ellos sí hacen algo por México. Algo que es grande y valioso y noble... Como usted ve, esta entrevista adolece de un defecto fundamental. No soy ya un entusiasta de nuestra literatura. Para serlo, necesitaría retroceder cinco años de mi vida, y reunirme otra vez con mis amigos literatos, que se han quedado allí, creyendo que para un pueblo tan lleno de problemas como el nuestro, es muy importante seguir tañendo en soledad egoísta una pequeña lira oxidada...

Y recordando que ahora es ferrocarrilero, y que el tiempo es un tren en marcha, José Luis Martínez saca su reloj y se despide de nosotros a tiempo para alcanzar el último vagón...

La reseña que dedicó Henrique González Casanova a *Melés y Teléo*, aparecida en "México en la Cultura" el 15 de julio de 1956, fue la primera en establecer la relación entre las airadas sentencias de José Luis Martínez y su influencia sobre Elena. En "Autores", el crítico propone que todos los personajes de la obra estén basados en hombres y mujeres reales. Por la pluma "helénica" fueron retratados Juan Rulfo, Alfonso Reyes, Manuel Calvillo, Juan José Arreola, Rosario Castellanos, Olivia Zúñiga, Octavio Paz y el propio José Luis Martínez, entre otros. González Casanova también fue el primero en señalar la cualidad de duende que tiene Elena, comparándola con Puck, personaje shakespeareano y hada de la mitología islandesa, también conocido como el feliz caminante de la noche:

> Elena Poniatowska, autora de una infinidad de entrevistas que la han hecho famosa y de un gracioso relato que mereció, al publicarse, los elogios de la crítica y la aceptación inmediata de cuando menos, quinientos lectores, acaba de publicar una nueva obra, *Melés y Teléo, (apuntes para una comedia)*, según ella misma lo indica entre paréntesis.
>
> Este pequeño Puck de nuestras letras tuvo el cuidado de pedir a su editor que advirtiera que su obra no está en clave y que "los personajes de la misma no corresponden a figuras de nuestro mundo actual, sino que, más bien, son prototipos". La obra no es pequeña, se lleva sus buenas ciento cincuenta páginas del último número de la revista *Panoramas*, y muchas de ellas están escritas con letra menuda. No es propiamente una comedia, ni una novela dislocada, ni un *script* cinematográfico, y tiene algo de todo eso; parece más bien un *script* radiofónico.
>
> Elenita hace dos advertencias llenas de sentido: la

primera: "Al elaborar *Melés y Teléo*, hemos tenido la impresión de que, más que una obra personal, hacíamos un relato anónimo y colectivo, cuya propiedad literaria debía registrarse a nombre de todos los escritores de México". Y la segunda: "La acción se desarrolla en el México de nuestros días y entre literatos. De ahí algunos tintes excesivamente sombríos".

La obra está inspirada en un incidente de la vida literaria mexicana, en el cual la propia Elenita participó, y que fue comentado airadamente por esta columna y por muchas personas: la entrevista en que José Luis Martínez habló de los maestros rurales y de la literatura, del gobierno y de la lira oxidada. Los personajes parecen estar construidos con piezas de un rompecabezas perfectamente conocido que se acomodaran arbitrariamente, aun a sabiendas de que no están en su sitio; no obstante, es fácil advertir a qué sitio corresponden... Elenita Poniatowska, ha hecho usted una obra que nos ha dado mucha risa y nos ha dejado alguna amargura; ojalá esta amargura no la envuelva a usted, ojalá siga siendo comparada a Puck o a algún otro ser mítico, gracioso, pero sin arrugas ni jorobas.

A más de treinta años de la publicación de *Melés y Teléo*, Elena confesó a la investigadora norteamericana Cynthia Steele los motivos detrás de su redacción, y al mismo tiempo proporciona la clave para descubrir a los personajes reales que se esconden tras nombres ficticios. La entrevista apareció en 1989 en la revista *Hispamérica* (53/54):

—Se ha hablado poco de tu obra de teatro, *Melés y Teléo* (1956). Cuéntame de los personajes y el título.
—Uno se llama El Terrón de Tepetate y ese es Juan

Rulfo. Otro se llama Garabito y es Juan José Arreola, porque él mismo decía que era un garabato físico. Y luego está la poetisa Olivia Zúñiga, una conocida escritora de Jalisco. Creo que Octavio Paz es el Becerro de Oro. Otro, Alfonso Reyes. Y los demás ya no me acuerdo quiénes son. La obra se llama así porque si tú me lees, yo te leo; es una burla de los intelectuales, que convertí en dos personajes de tragedia griega, Melés y Teléo, que se golpean como hombres de las cavernas, con unos palos de antes del diluvio, y se dan en la cabeza para matarse.

—¿Por qué no se ha puesto en escena *Melés y Teléo*?

—Es malísima y parece guión de cine: tiene como ciento sesenta escenas, duraría dos días.

—¿Cuándo la escribiste?

—Fue casi lo primero que hice, después de *Lilus Kikus*, que se publicó en el 54. Y eso lo hice en el 55 ó 56, bajo pedido. Víctor Alba, un trotskista que estuvo en la guerra de España, me pidió una obra de teatro para *Panoramas*. Era un hombre encantador. Escribí diálogos y escenas, pero la obra no tiene ni un nudo dramático ni nada; es una mamarrachada. Pero a Víctor le divirtió… Los intelectuales, en cambio, dijeron que era una sátira y que yo era una irrespetuosa y una rencorosa.

2. "TROMPO CHILLADOR"

En 1959, tres años después de *Melés y Teléo*, a Elena se le ocurrió entrevistar al eminente astrofísico mexicano Guillermo Haro. Si bien lo ignoraba al principio, esta entrevista inició una relación personal y profesional con el doctor Haro que, pocos años después, culminaría en su matrimonio, y el nacimiento de Felipe en 1968, y de Paula en 1970. En aquel momento, la entrevista simplemente constituyó otra más en una larga serie de diálogos que Elena sostenía con figuras del mundo cultural mexicano y que —según ella confiesa— exacerbaron su constante estado de "trompo chillador", ya que trabajaba sin parar al mismo tiempo que atendía a su primogénito, Mane, con la ayuda de su querida nana de infancia, doña Magdalena Castillo. Su pequeño hijo siempre la acompañó en sus entrevistas con artistas y escritores, políticos y estrellas de cine. Cuarenta años después, Elena reflexiona sobre la enorme importancia que para ella representó el nacimiento de su primer hijo:

> Para mí fue absolutamente fundamental tener a Mane. Creo que marcó toda mi vida más que en otras madres, porque desde antes de que naciera fue mi interlocutor e inicié un diálogo con él que sigue hasta la fecha. Estaba dentro de mí. Hablaba con él en mi vientre en Montemario, en Italia. La relación con Mane ha sido muy profunda y muy definitiva desde que fue creciendo dentro de mí, es mi quilla, mi ancla sobre la tierra.

Al llegar a la Universidad Nacional Autónoma de México, supuestamente preparada para entrevistar al doctor Haro y después de esperar no pocos minutos, Elena se enfrentó a un señor seco, gruñón y nada contento de ser entrevistado:

> Él me dijo muy despectivo: "Mire, aquí hay unos artículos míos. Usted puede intercalar preguntas y allí encontrará las respuestas". Además dijo: "Apuesto que usted no trae ni papel ni lápiz. Todos los periodistas no traen ni papel ni lápiz". Tenía una opinión pésima de los periodistas aunque en algún momento él mismo hizo una entrevista para *Excélsior*. Entonces busqué y

rebusqué en mi bolsa y, en efecto, no traía nada, estaba en la luna. Además, yo ya empezaba a trabajar tanto que a veces giraba como trompo chillador. Trabajaba excesivamente. "Aquí están todos los materiales y usted de ahí saque la entrevista". Realmente me barrió fuera de su oficina. No me cayó mal, pero para mí entrevistarlo se convirtió en un reto. A él le sorprendió muchísimo que a los quince o veinte días fuera en autobús a Tonantzintla a entrevistarlo. Ya tenía preguntas preparadas, había leído todos los materiales, y llevaba papel y lápiz. Le hice la entrevista como Dios manda, con buenas preguntas. Ya me vio con cierta curiosidad, le caí mejor. Cuando yo me iba a regresar a México, él ofreció llevarme a la terminal de autobuses porque le sorprendió que hubiera llegado en camión. A partir de ese momento nos hicimos amigos.

La entrevista con uno de los científicos mexicanos más conocidos de la época salió en *Novedades* el 10 de enero de 1959, con un título provocador y poco nacionalista: "En México no existen genios: Guillermo Haro". Evidentemente, Elena quedó impresionada con la figura de Haro, ya que hacia el final de la entrevista insertó una nota, que más que conclusión, parece una loa a sus grandes talentos científicos:

Aunque a Guillermo Haro le disgustan los elogios, el doctor Manuel Sandoval Vallarta ha dicho que los grandes triunfos de Haro en el campo científico le han valido fama internacional. Haro es el más joven de los miembros del Colegio Nacional, y además de director del observatorio astrofísico de Tonantzintla, fue nombrado director del observatorio astronómico de la Universidad de México, en Tacubaya. Descubrió doce estrellas nuevas (Novas) en el cielo de Tonantzintla, y en un trabajo publicado en 1950 en el *Astronomical Journal*, Haro demostró que lo que Hubble y Baade, del observatorio de Monte Wilson en California, clasificaron como cúmulos estelares, en realidad son nebulosas brillantes del mismo tipo que la de Orión. Este trabajo inmediatamente fue reconocido en todo el mundo como una aportación de primer orden y dio a Haro un lugar entre los astrónomos contemporáneos. Más tarde, publicó en el *Astrophysical Journal* su gran trabajo sobre estrellas con emisión alfa y objetos peculiares en la región de la nebulosa de Orión en el que intenta demostrar, con múltiples hechos de observación, que hay estrellas que se han formado y continúan creciendo por captura directa de materia pulverulenta interestelar. Su comprobación final será uno de los descubrimientos capitales de la astronomía moderna.

3. En familia

Desde el momento en que regresó a México del internado del Sagrado Corazón en los Estados Unidos, Elena vivió en la casa de su abuela, Elena Yturbe, en la calle de La Morena 430, en la colonia Del Valle. Sus papás vivían al lado y los jardines de las dos casas se comunicaban. Así, Elena podía comer con ellos todos los días, y al mismo tiempo hacer compañía a su abuela materna que enviudó muy joven, pero que se volvió a casar hacia el final de su vida:

> Mi abuela fue la figura más importante de mi adolescencia y de mi juventud. Es la persona que más me ha ayudado en la vida. Se casó con Arthur de Lima en segundas nupcias, porque su primer marido, Pablo Amor,

murió en Francia cuando mi mamá tenía siete años. Mi abuela se quedó sola durante muchos años hasta que a los setenta se casó con Archie.

"Oye, Archie tiene como mil años cortejándote y tú jamás le das el sí. ¿Por qué no te casas?" le preguntó mamá.

La relación con mi abuela es esencial en mi vida. Era una abuela excéntrica para algunos porque tenía veintidós perros. La quise mucho y ella también a mí. Viví con ella hasta su muerte, en La Morena 430.

Los inquilinos más notables de la casa de La Morena fueron los editores de una nueva editorial mexicana, Siglo XXI, fundada en 1966 (año en que también participó Elena en la fundación de la Cineteca Nacional) por Arnaldo Orfila Reynal, quien un día amaneció sin trabajo, según Elena, por haber publicado el libro de Oscar Lewis *Los hijos de Sánchez:*

La Sociedad de Geografía y Estadística declaró que el libro denigraba a México. Orfila era argentino, y hay mucha xenofobia en México. Ese día recuerdo que lo llamé por teléfono para ofrecerle mi casa. Si él quería, podía instalarse allí para formar una nueva editorial.

4. "TRIPAS Y CORAZÓN"

En reconocimiento a la gran popularidad —y calidad— de su trabajo periodístico a lo largo de casi diez años, en 1961 la recientemente fundada Editorial ERA (Espresate, Rojo, Azorín) publicó una colección de sus entrevistas más logradas: *Palabras cruzadas*. Este sería el primero de más de diez títulos publicados por Elena en esta admirable —y aún muy productiva— casa editorial, ahora a cargo de Neus Espresate, hija de uno de sus fundadores, don Tomás Espresate. Elena señala que fue el pintor y artista gráfico Vicente Rojo quien eligió las entrevistas y se hizo cargo del diseño de la portada. La recopilación incluye entrevistas con Diego Rivera, David Alfaro Siqueiros, Alejo Carpentier, escritor cubano, inventor de lo real maravilloso latinoamericano, quien, como Elena, antes de ser novelista fue reseñista de modas y firmaba con el seudónimo de Jacqueline; José Gorostiza, el gran poeta tabasqueño quien, junto con Carlos Pellicer, era columna vertebral de la poesía mexicana moderna; Alfonso Reyes, Juan Rulfo; y el cineasta Luis Buñuel, quien llegó a México para hacer algunas de sus mejores películas, entre ellas *Los olvidados* y *Viridiana*; el general Lázaro Cárdenas y Alfonso Caso, Álvaro Mutis, amén de una conversación con el guionista italiano Cesare Zavattini, autor de *El ladrón de bicicletas*.

A raíz de la aparición de *Palabras cruzadas,* el *Diario de la Nación* publicó una entrevista con la reportera "número uno en el arte de hacer entrevistas":

—En México los periodistas no podemos decir la verdad nunca —dijo Elena Poniatowska—. Ni aun los mismos escritores se atreven a criticar o hablar de la situación de fondo en la cultura. ¿Y todo por qué? Pues sencillamente porque la mayoría tiene un pariente bien colocado, o ellos mismos una "chambita" en algún lado o un amigo bien puesto, en fin; como aquí todo se mueve por medio de influencias y de amigos, ahí tiene usted la mordaza siempre al acecho. Y lo que es más, en los mismos periódicos tienen la censura establecida para todo aquello que no convenga a los intereses de la empresa. Entonces, ¿qué libertad de prensa es ésa? ¿Libertad para adular? En tiempos de Lázaro Cárdenas era permitido hacer de él y su gobierno toda clase de críticas, desde la caricatura hasta el chiste. Lo que fuera, hoy todo es incienso para el señor presidente y demás miembros notables del gobierno. Son intocables o compran el silencio con las igualas. No sé, lo que sí puedo asegurar es que nuestra prensa está muy desacreditada. Su criterio está a la venta.

—¿Quién o quiénes son los principales culpables de que nuestra prensa esté desacreditada?

—Los directores de diarios tienen, más que nadie, la culpa de la corrupción que vive nuestra prensa nacional.

—¿Por qué?

—Los directores no tienen el valor suficiente, moralmente hablando, para correrlos y, en consecuencia, ellos automáticamente se convierten en cómplices de estos sujetos, culpables del descrédito que sufre nuestra prensa nacional.

—¿No cree usted que la mayoría de estos casos se deba a factores económicos originados, digamos, dentro del mismo periódico?

—Exacto. Los malos sueldos que se pagan al periodista, habiéndole así obligado a gestionarse por sí mismo lo que le haga falta para vivir; nace de esto la necesidad de convertirse en un adulador no sólo de las gentes del gobierno sino también de todos los valores establecidos.

—¿Por ejemplo...?

—Por ejemplo dígame usted cuándo ve una crítica a un Alfonso Reyes, Alfonso Caso o a un Torres Bidet. No niego que son valores, pero jamás afirmaría que se han situado en un pedestal de intocables. Ah, pero no, la casta de los "intocables" —del Presidente de la República para abajo—, está creada, fortalecida y sostenida por periodistas, escritores y críticos, que sólo saben colmarles de elogios, bien sea comentando o entrevistando.

—A propósito de entrevistas, ¿cuál cree que se ajustaría más a la prensa diaria?

—Bueno, ésta tiene varios aspectos, pero en todos priva una base: la plasmación del contacto personal entre el periodista y el entrevistado. Si es sobre política, se resumiría a una noticia importante. Si es literaria, un retrato escrito en el que se pinte la vida y obra de la persona. Si, en fin, la entrevista es de simples noticias, ésta es más bien un reportaje.

—¿Qué le interesa más: el personaje o la noticia?

—El personaje, tanto que, al hacer la entrevista, quede perfectamente retratado,

—¿Qué clase de personaje?

—Prefiero, eso sí, entrevistar a hombres, pues la mayoría no tienen "pose", exceptuando a los pintores. Para mí el personaje más sincero es el que se apasiona de su posición, bien sea político, científico o artista, porque entonces la entrevista tiene realmente interés humano…

—¿Cómo debe hacerse una entrevista periodística?

—De acuerdo con el periodismo moderno: rápida y concisa.

—¿Qué causa origina que una entrevista pierda su valor?

—El sistema, malísimo y anticuado de los "pases". Refiriéndome, claro está, a la entrevista diaria. Esto es común en Fernando Revuelta y Scherer García.

—Supongamos que usted dirige un diario, ¿qué giro le daría a su publicación?

—Sobre todo, principalmente, el de una absoluta y honrada independencia de criterio. Trazaría una pauta señera del deber y la ética periodísticas. Exigiría que mi periódico hiciera lo que hacen en Francia e Inglaterra los diarios *L'Observateur* y *Spectator*, y otros muchos que, abiertamente, señalan a los presidentes sus errores con una crítica saludable y constructiva. Igualmente, trataría de encauzar la información periodística hacia terrenos más concretos, menos vacíos y fatuos, impidiendo que se escribieran cuartillas y más cuartillas sobre boberías.

—¿Y su sección de sociales, la dejaría tal y como siempre la han hecho todos los diarios?

—De ninguna manera, trataría de que ésta tomara otro sesgo, no el estúpidamente vanidoso de quemar incienso, adular y halagar la nunca suficiente vanidad femenina. Creo que las organizaciones femeninas, tanto como los mismos periódicos, debieran ocuparse por encauzar la nota social hacia el fin menos superficial; y ya no digamos vanidoso y superficial sino, sencillamente, tonto como el que ahora tiene.

En enero de 1962, la conocida periodista María Luisa "China" Mendoza también publica en la revista *La mujer de hoy*, una semblanza con algo de entrevista que le hizo a su joven colega. Lo más interesante del artículo se encuentra en la manera como una reportera ya consagrada describe y analiza la obra y personalidad de su pequeña colega:

Sacando tripas y corazón de entrevistados, tan campante, como una niña cruel que siempre sonriera, puede recibir la más honda verdad y nadie deja de amarla, ya que lo hace con gracia, con la elegancia del sentido del humor, patrimonio de la inteligencia.

No fuma, no lleva joyas. Se viste generalmente en gris sin fallar nunca tres hilos de perlas al cuello. Chiquita como es Elena, usa trajes propios de su trabajo, de su labor, y siempre está perfecta. Una vez fuimos juntas a Aguascalientes, y sus vestidos eran blancos. Causó sensación, y no dejó de seguirnos en los cinco días un "reportero audaz" dando lata para captarnos; nos escondíamos hasta debajo de la mesa, y allí estaba aquel latoso invitándola a bailar.

Periodista de sensacional profesionalismo, Elena ha fincado un estilo que muchos por allí imitan mediocremente. Quién sabe de dónde saca esa manera tan particular de sembrar sus crónicas, entrevistas o reportajes, con nombres de personajes que las hacen únicas.

Echa mano de la memoria, de la casualidad, de las similitudes para dar la noticia. Conquista a los entrevistados hasta hacerlos caer redonditos en el meollo del asunto. Los interpela tan inocentemente que acaban por soltar lo importante…

Es una mujer que pertenece lúcidamente a esta época que nos tocó vivir a los jóvenes: de transición. Con títulos nobiliarios a granel —los hace a un lado—, va al campo, a la fábrica, a la escuela, para consagrarse como una de las mejores periodistas del momento. Sobre el periodismo dice "es el arte de decir cosas que sean importantes" pero sin actitudes de solemnidad, tonos funerales.

—El chiste sin pasarse la mano… sí, a mí se me pasa a veces y llego a lo grotesco… Creo que si alguien te pide, como amigo, que no publiques algo, no debes hacerlo, sin pecar en ello de poco profesional. He tenido en mi carrera sólo dos reclamaciones ¿te cuento una…? bueno era una niña alemana que se llamaba Cristina Von Tannstein, hija del embajador, me declaró que los alemanes eran "pesados, aburridos y grises", claro que lo publiqué… Creo que sus papás la mandaron a un campo de concentración…

—¿Seguirás en el periodismo?

—Quisiera estudiar, dejarlo. O hacerlo en plan más serio. Escribir ensayos. Quiero aprender a pensar, a sacar conclusiones, a deducir. Me gustaría irme de México, a Jalapa, a Morelia. Estudiar allá y encerrarme a leer, pero para eso se necesita valor y renunciar a muchas cosas...

—¿Heredas la vocación literaria?

—Mi abuelo escribió sus memorias *De un siglo a otro*, y lo dedicó así: "Para mis hijos y mis nietos, que no parecen saber muy bien a dónde van, para que siquiera sepan de dónde vienen..." Se llamaba André Poniatowski.

5. DESCANSO DOMINICAL

A partir del 24 de noviembre de 1957, Elena empezó a publicar el primero de una serie de artículos sobre las actividades del pueblo mexicano el día domingo, que seis años más tarde conformarán su tercer libro, *Todo empezó el domingo*, editado por el Fondo de Cultura Económica, con dibujos del grabador Alberto Beltrán, quien además de ser egresado del Taller de Gráfica Popular, tenía tendencias políticas de izquierda. Según Elena:

> Alberto Beltrán dijo que quería hacer los dibujos de los artículos que yo hacía. Luego me propuso que fuéramos a ver qué hace la gente pobre los domingos. Yo no conocía la ciudad y él me la descubrió, al igual que a Mane mi hijo, que nos acompañó en muchas ocasiones.

Elena recuerda que su conciencia social nació a finales de los años cincuenta, con la publicación de este libro, aunado a sus incipientes visitas al Palacio Negro de Lecumberri para entrevistar a los huelguistas ferrocarrileros: líderes de un movimiento social que diez años después fue la inspiración

177

del movimiento estudiantil de 1968. Ella iba al Palacio Negro acompañada de otro de sus entrevistados —el director de cine español Luis Buñuel— a quien le fascinó visitar la crujía "J" de la cárcel, pues ahí se encontraban los jotos (por eso el nombre), travestis y otros encarcelados por "perversión sexual". Al preguntarle a Elena cuándo descubrió el México profundo, como lo llamó Guillermo Bonfil, su respuesta fue reveladora:

Me escribió un muchacho para que viera yo una obra de teatro que había escrito. Tuve mucha simpatía por él, y fui y vi *El cochambres*. En la cárcel coincidí con los ferrocarrileros huelguistas. Obtuve muchos relatos de su vida, y eso para mí fue una maravilla, porque los presos siempre están dispuestos a hablar y buscan quién quiera escucharlos, un oído atento. Ya antes me habían interesado los problemas sociales, pero se agudizó con la ida a Lecumberri. Empecé a ir por lo menos dos o tres veces por semana. Me acompañó Mane, que tenía cinco años en 1959, a ver las actividades de la gente más pobre. Así surgió *Todo empezó el domingo*.

Yo era una muchacha que había visto casas bellísimas con *beautiful people* acomodados en *beautiful surroundings*, estaba familiarizada con los VIPS, los Trescientos y algunos más, las haciendas, la colonia francesa, pero gracias al periodismo conocí barrios bajos, pobreza, vi mucha satisfacción pero también mucha miseria. Me di cuenta que el lado oscuro de la fotografía era más representativo y más demandante que el satinado; *Vogue*, *House and Garden*, mi hábitat natural y hacia allá me incliné. Hasta qué punto eso despertaría hostilidad, nunca lo pude prever. En reuniones y cenas en embajadas le preguntaban a mamá qué tenía ella que ver con esa comunista que escribía en el periódico: "¿Qué es de usted la castrista?", y la hacían sufrir. Al regresar a la casa me miraba con ojos de reproche.

Más que en bailes de caridad, desfiles de moda también de caridad, Elena se hundió en las colonias pobres. Visitar la cárcel a los veinticinco años resultó una afrenta: "¿Qué, su hijita no es muy morbosa?" "¿No es muy depresiva?" "Habiendo tantas cosas bonitas, ¿por qué escribe de los niños de la calle?"

Su búsqueda empezó a los pocos años de su entrada al periódico *Excélsior* con una carta enviada desde la cárcel de Lecumberri por Jesús Sánchez García para invitarla a ver una obra de teatro, *El cochambres*. A esta búsqueda se unió Alberto Beltrán, hombre de izquierda de extracción popular, miembro destacado del Taller de Gráfica Popular, militante del Partido Popular, además de fundador del periódico *El Día* en el que Elena también habría de colaborar con entrevistas, crónicas y reportajes. Elena y Alberto produjeron un libro: *Todo empezó el domingo* que habría de inclinar a Elena hacia los problemas sociales, las minorías, los abandonados, los niños de la calle y, finalmente, a dar su total apoyo al Movimiento Estudiantil de 1968, postura política que Beltrán no compartió como puede verse en sus cartones de *El Día*.

Elena provenía de padres más bien tímidos quienes nunca buscaron salir al frente de la foto. Claro, hubo excepciones en el lado materno como el protagonismo de Guadalupe Amor, pero Guadalupe Amor estaba dispuesta a correr (consciente o inconscientemente) todos los riesgos.

Elena muy pronto se refugió en los márgenes de la vida, aquellos que quedaban al margen de la salud, al margen de la educación, al margen de las oportunidades. Poniatowska guardó lo que los norteamericanos llaman *a low profile* y su vida entera está marcada por el servicio a los demás. Jamás he conocido mujer más esforzada, más decidida a cumplir aun a costa de su salud, su tiempo, su vida misma. Antepone a los demás a cualquier necesidad propia. Ni secretaria, ni chofer, ninguno de los atributos del poder, nadie a su servicio. La triple jornada se hizo para ella. Los vecinos de Chimalistac se asombran al verla enfundada en sus *pants* caminando en la calle. La gente interrumpe su paso en el mercado, la reconocen en el metro y en los transportes públicos. Nadie más accesible. Su número está en el directorio telefónico para cuantos quieran abordarla. Acostumbrada a hacer antesala, Elena Poniatowska Amor, a diferencia de su célebre tía, Guadalupe Amor, no parece tener la más mínima idea de su importancia.

6. Estampas mexicanas

Uno de los primeros y más completos reportajes dedicado al recién publicado libro de Elena, *Todo empezó el domingo*, fue el que hizo la periodista María Elena Espinosa de Puga para el *Magazine* del periódico *Novedades*, a cargo de Raúl Puga; el mismo suplemento en el que a partir de 1957 habían aparecido los artículos que vendrían a conformar el libro de Elena y Alberto Beltrán:

> Aquí en este *Magazine* dominical, apareció por primera vez hace seis años (el 24 de noviembre de 1957), una nueva sección que animaban Elena Poniatowska y Alberto Beltrán. "Chapultepec" fue el primero de sesenta y tres reportajes que describirían con la gracia intencionada de Elenita y los dibujos de Alberto, prodigio de síntesis en que el humorismo adquiere a veces perfiles de diatriba social, las costumbres y las formas de diversión con que los mexicanos disfrutan del descanso del séptimo día.

Aquellos reportajes dominicales se enriquecieron con otros muchos que los autores hicieron en otras partes de la República y con los que, sin corresponder a la plácida celebración del domingo, descubren temas de interesante contenido social y tradicional: los balcones, las azoteas, la salida de la escuela, los cocheros de Mérida, los papeleros.

Todo empezó el domingo, editado en forma magnífica por el Fondo de Cultura, nos permite disfrutar otra vez de ese paseo por medio de las estampas (dibujo y texto) animadas, palpitantes, del México actual que se debate graciosamente entre su modernismo y sus tradiciones; conocemos esas imágenes y situaciones, sus conversaciones nos son familiares, porque todos los mexicanos hemos ido en domingo, y aunque sólo sea una vez, a esos lugares donde México se congrega desde hace años.

En su reseña, la periodista recrea el escenario de los múltiples viajes que emprendieron Elena, Alberto, y muchas veces Mane, a varias partes de la ciudad de México, todos abordo del viejo coche que en aquel entonces manejaba Elena:

Todos los domingos a las nueve de la mañana, llegaba Alberto Beltrán con sus zapatos de plan quinquenal, con su camisola abrochada hasta el cuello a recoger a Elena y a Mane. Se iban en un Hillman viejo que se descomponía en todas partes, y se le ponchaban las llantas, pero que los llevaba y los traía de todas sus expediciones.

Nuestro primer viaje fue a Chapultepec —dice Elena— y yo andaba como asustada detrás de Alberto. Hasta que él, con mucha amabilidad me insinuó que debía irme por mi lado, oír a la gente, observarla y dejarlo trabajar a él por su cuenta. Fue así como empecé a sentarme entre los grupos de la gente que descansa sobre el pasto, a jugar con los niños, a entablar conversaciones: "Señora, ¿qué leche le da a su niño…?" Por ahí empezaba todo, después se olvidaban de mí y yo los oía platicar, los vigilaba haciéndome la desentendida…

Entretanto Alberto, de pie como siempre dibujaba, hacía apuntes. Él, que en el fondo es tímido, no quiere que lo vean dibujar, como además la índole del reportaje exigía que la gente actuara con naturalidad de todos los días, trataba de pasar inadvertido…

Los dos artistas, cambiando sólo de lugar de observación trabajaban así todo el domingo. Comían en el mercado, reunían sus observaciones al fin de la jornada al regresar en el heroico Hillman, por carreteras atestadas y caminos polvosos. Por eso, acaso sin pretenderlo, cada uno dejó rasgos de su personalidad en la obra del otro…

Pero no sólo se encuentran en el libro estas costumbres de antigua tradición: también las nacidas más recientemente, como por ejemplo los mítines políticos en donde hay "rostros de señores gordos, de pelo envaselinado que enseñan sus dientes de oro y que nos brindan en cada esquina la mercancía de su diputación". Y los conscriptos, marchando con sus armas de palo…

Quizá para que entendamos que si hay gente pobre es porque hay gente rica, las zonas elegantes son descritas sólo como el marco sin el cual no se explicaría la existencia de los barrios populares. Y como para muestra sólo basta un botón, Elenita y Beltrán nos describen la calle de Niza, "la zona del arte del buen gusto", "¿serán arte los arreglos florales?", "de México, lo más exótico es esta rosa negra, cultivada en las calles de Niza", termina diciendo Elena Poniatowska y dibujando Alberto

Beltrán. "Se levanta solitaria, enervante, malévola, complicada, imperiosa. Flor de invernadero... Algún día se sabrá que es una rosa pintada. Porque aunque lo quiera o no la verdad es que las rosas negras no se dan en esta tierra".

Y así, la ciudad, de "balcones — que— tienen la vocación del vuelo", nos habla a través del lápiz de dos artistas, que si bien se sirven de él de manera distinta, ambos tienen un sólo lenguaje de verdad y poesía.

7. EMOCIÓN SIN ALHARACAS

Resulta sorprendente descubrir un artículo referente a *Todo empezó el domingo* en "Exposiciones", columna dedicada —como el título indica— a las exposiciones de arte más importantes de la capital mexicana, reseñadas por la destacada historiadora de arte Margarita Nelken. Sin embargo, al hojear el libro de Elena, resulta patente la razón por la cual la señora Nelken lo incluyó en su serie de reportajes sobre el mundo artístico mexicano, en aquel entonces tan *cargado* de un populismo estético, herencia ideológica de la Revolución Mexicana; y plasmado en las paredes de edificios públicos por toda la ciudad, en su mayoría obras de "Los tres" muralistas mexicanos: Rivera, Orozco y Siqueiros. Nelken admira la manera en que la obra de los dos artistas, Poniatowska y Beltrán, se une a tal grado que la de uno no se explica sin la del otro. El artículo apareció en *Excélsior*, el miércoles 24 de junio de 1963:

Muchas veces y ya desde muchos años hemos lamentado la falta entre nosotros de ese amor a la bibliografía que en otras partes ha permitido, con el fomento de la ilustración artística, un amplio campo de actividades a los artistas entregados total o parcialmente a este aspecto de la representación plástica...

De ahí que la aparición de un libro como este de *Todo empezó el domingo* se nos haga tan importante, y con derecho a nuestro comentario, lo mismo que una exposición. Que al cabo, esto constituye —una exposición— de las ilustraciones de Alberto Beltrán.

Pero también forma con el texto que ilustran, un todo invisible. Y no es posible comentar las unas sin hablar del otro, su fuente directa. Ya quedó apuntado; nos resulta imposible separar en *Todo empezó el domingo* las ilustraciones de Beltrán, del texto de Elena Poniatowska, con el que forman indisolublemente cuerpo.

¿Qué fue primero, este texto o esos dibujos? Nosotros al menos no sabríamos decirlo. Suponemos pues que nacieron al unísono; la visión impresionista del dibujante hermanándose con la penetración psicológica de la escritora para ofrecernos un caleidoscopio de estampas populares aprehendidas, sintetizadas y recreadas con singular finura de percepción de impacto emotivo.

Porque este es el signo bajo el cual ha sido visiblemente pergeñada esta obra: el de una emoción sin alharacas, tan honda como bien aquilatada, que calificaríamos de buena ley. Tan distante de la demagogia de los artificiales "populismos", del costumbrismo al uso (y por suerte ya en desuso), como del frío examen de un estudio con pretensiones objetivamente sociológicas. Algo así como el anverso, de persuasiva ternura, del reverso de aquella *Antropología de la pobreza*, de Oscar Lewis, en que algunos han creído reconocer una imagen fiel de un pueblo que fuera de tintes únicamente negativos. Aquí, la fraterna comunión del trazo y de la frase, con sus modelos, sin revestir de falsos colores rosados la realidad, sabe sacar a la luz lo que la lobreguez de ésta encierra, pese a todo de calidades humanas.

8. UNA MANCUERNA HUMANA

En lo que parece ser una respuesta directa a las provocaciones de Nelken, María Luisa "China" Mendoza publicó en su columna "La O por lo redondo" un párrafo que en vez de recriminar a Oscar Lewis y su polémico estudio sobre los mexicanos (*Antropología de la pobreza* y *Los hijos de Sánchez*), presenta a los tres (Poniatowska, Beltrán y Lewis) como una especie de mancuerna, cuya labor periodística, gráfica y antropológica constituye una invitación —algo a veces duro de aceptar— a los mexicanos para que reconozcan sus problemas socioeconómicos, retratados en la descripción, tanto visual como literaria, de la vida de sus ciudadanos más marginados. De hecho, Elena conoció a Lewis y su trabajo porque:

> Lewis me pidió que revisara el manuscrito de *Pedro Martínez* y lo editara. Al estar cerca de él, vi que él trabajaba con un equipo universitario de norteamericanos y mexicanos que hacían trabajo de campo. Su mujer, Ruth Lewis, también lo ayudaba. Contaban cuántas sillas había en las viviendas, cuántos baños, si es que había baño, cómo lo utilizaban, a qué horas se levantaban, a qué horas se acostaban, etcétera. Hacían levantamientos topográficos que le servían a Oscar Lewis, mientras Ruth Lewis interrogaba a las mujeres. En las vecindades creían que Oscar Lewis era médico y le confiaban sus secretos.

9. GRACIA E INGENUIDAD

Con esta repentina zambullida en aguas hasta entonces
para ella desconocidas, algunos críticos empezaron a cuestionar el hecho de que una princesita francesa se metiera
con las clases populares. Sin embargo, hay que recordar
que Elena fue criada por Magdalena, de modo que la güerita sí recibió una educación popular, en muchos sentidos
inconsciente, a cargo de quienes luego observaría con tanto
afán en los parques, plazas, mercados y calles de México.
Una de las primeras periodistas en reconocerlo fue Elvira
Vargas, quien en su columna "Multicosas" incluye una
referencia a *Todo empezó el domingo* titulada "Estampas
vivas: tres autores y dos libros", en la cual reseña las últimas obras de Abel Quezada y el dúo formado por Elena
y Alberto:

> Elena —y esto es bueno decirlo— aunque tenga su
> origen en abolengos azules es tan mexicana como quien
> más. Aquí olvidamos los princesitos y repudiamos la dis-
> criminación. Lo que vale es el talento y lo que, quienes lo
> integran, hagan por la cultura mexicana, por el bien del
> país y por el mejor nombre de éste. Y Elena acaba de reu-
> nir en un solo y precioso volumen recién editado por el
> Fondo de Cultura Económica, una serie de reportajes
> que si no intitulara *Todo empezó el domingo*, serían
> de todos modos estampas vivas del México actual…
> En todas esas estampas, la mayor parte tomadas de la
> capital, la ágil pluma de Elena (gracia e ingenuidad en
> la forma y estilo y premeditada intención en el fondo)
> deja testimonio indudable de este discurrir de la exis-
> tencia presente, de una comunidad que los domingos y
> los días festivos abre sus válvulas de escape, hacia una
> fácil y plácida felicidad que cada quien disfruta más,

en cuanto que sabe que también la inmensa mayoría se olvida de sus rutinarias responsabilidades...

10. Una biografía animada

Uno de los aspectos del libro de Elena hasta ahora ignorado por los demás críticos de la época es el lugar que ocupa *Todo empezó el domingo* en la historia de la literatura nacional. Como es bien sabido, los primeros escritos dedicados a la recién descubierta *cuarta pars orbis*, como la bautizó Juan O'Gorman, nacieron con las infinitas cartas de servicio, crónicas, historias y otros documentos historiográficos escritos a lo largo de la época colonial, y cuyo ejemplo primordial se encuentra en la historia novelesca de Bernal Díaz del Castillo, que lleva por título *Historia verdadera de la conquista de la Nueva España*. En su afán por cobrar servicios al rey Felipe II, Bernal le entrega un texto lleno de detalles que abarcan desde los nombres de todos los caballos de los conquistadores, hasta una lista asombrosa de las delicias preparadas para Moctezuma a fin de que el *tlatoani* mexicano eligiera tan sólo un platillo para su degustación personal. Esta tradición de la épica descriptiva nunca desaparece del todo a lo largo de la historia literaria mexicana, y vuelve a aparecer —con diferentes motivos y diversos matices— hasta el día de hoy. En su columna semanal publicada en *Excélsior* en junio de 1963, titulada "Fábulas de Abel, Elenita y Alberto", el periodista Luis Guillermo Plaza menciona —muy por encima— la relación del último libro de Elena y su parentesco con otros de épocas anteriores; como la celebrada *Vida en México* de Fanny Calderón de la Barca, obra compuesta en los albores del siglo XIX:

Todo empezó el domingo, Elena Poniatowska y Alberto Beltrán, "del brazo y por la calle", como decía aquella obra teatral, se han paseado por el Distrito Federal, por sus alrededores y algunos lugares de provincia. Mirándolo todo, oyéndolo, sintiéndolo, legitiman artísticamente la vida mexicana en sus textos y dibujos...

Y con esta misma placidez se van descubriendo costumbres, lugares, personas y personajes —algunos desaparecidos ya, pero que desde aquí perduran—, se va formando una biografía animada aunque no menos melancólica de las cosas mexicanas. Los dibujos son adecuadamente grises, tristones, desagradables. Un escritor francés interrogado hace poco por un corresponsal del *New Yorker* sobre el porqué de su vivir en México, respondía: "Porque si Cristo viviera ahora, viviría en este país": todo el libro de Poniatowska y Beltrán está impregnado de Edad Media.

Un amigo nuestro, español, durante su corta estadía aquí decía que México era un país al que se le tenía nostalgia antes de irse: *Todo empezó el domingo* está lleno de esta clase de nostalgia. En el mismo momento de leerlo, de verlo, desaparecen algunas de sus cosas, que quedan de todos modos recuperadas.

Así, con ese valor de recuperación (estamos seguros de que dentro de muchos años habrá que acudir a *Todo empezó el domingo* como ahora se acude a *Life in Mexico* de Mme. Calderón de la Barca), ¿cómo no perdonar las deliciosas expresiones de Elenita? "...Pasaron de año, y como se lo prometieron a la Virgen, llegan hincadas hasta ella. Nadie les ha explicado que se 'pasa de año' porque se estudia..."

11. Un libro de arte

Quizá el aspecto más extraordinario del libro de Elena lo descubrió el poeta y ensayista guatemalteco, Luis Cardoza y Aragón, en una charla efectuada en Radio Universidad el 6 de julio de 1963. Señala el locutor que es precisamente la armónica relación, tan pocas veces alcanzada en una obra de esta índole que lograron ambos artistas, lo que le presta al libro una singular originalidad; puesto que la música creada por la lectura híbrida de la obra, presenta al lector una experiencia totalizadora en que las imágenes hablan a través del texto y viceversa. En este sentido, el libro de Poniatowska-Beltrán, al mismo tiempo que se apega a una tradición narrativa muy establecida en México, abre un nuevo camino en el desarrollo del libro de arte a mediados del siglo XX. Tampoco es, como nos recuerda el autor, un libro caro e inaccesible, sino una edición económica cuyo resultado será el de brindar a los mexicanos una sensación hasta entonces poco usual: la de disfrutar tanto literaria como artísticamente de un libro. Fenómeno éste que nos remite hasta la época prehispánica cuando los glifos fueron acompañados por dibujos —muchas veces en la misma representación ideográfica— para facilitar y a la vez profundizar su lectura.

Cardoza y Aragón señala que la obra del dúo merece tratarse como un libro de arte pues así queda perfectamente descrito. En *Todo empezó el domingo*, el crítico descubrió:

> ...una relación perfecta, un equilibrio magnífico. Podríamos emplear el término, a veces tan gastado, de integración. Podríamos decir: letra de Elena Poniatowska y música de Alberto Beltrán. Los dibujos están viviendo en la atmósfera del texto de la brillante autora; son parte del texto y viven autónomamente,

porque son dibujos de un gran dibujante. Beltrán, con sus ilustraciones a las prosas de *Todo empezó el domingo* no crea rupturas, sino enlaces, vínculos. Y texto y dibujos, o dibujos y texto se sostienen recíprocamente y podrían vivir por sí solos, porque tienen sobradas cualidades para ello. Pero el punto de que hablamos no es ahora el de la estimación separada del texto y del dibujo, sino el de su relación funcional, como libro de arte…

Y creo que este libro ganará significación con el tiempo. Es un álbum de familia del pueblo mexicano, de la sociedad mexicana contemporánea. Algo así como *Los mexicanos pintados por sí mismos*. Pero, ¡qué lejos del libro de tal nombre! Lejos por su dinamismo, por la penetración de la visión que no se detiene en lo superficial, sino que ahonda en sus temas y nos da imágenes vivas, llenas de calor, actuantes, con realidad cuya presencia se impone con una alegría y una ligereza de danza de Elena Poniatowska y Alberto Beltrán; dibujado por ambos, escrito por ambos, es un gran libro…

12. MISTERIOS SIN RESOLVER

Treinta y cinco años después de su publicación original —en 1998— la editorial Océano reeditó *Todo empezó el domingo* en una edición menor y mucho menos bella. El libro suscitó un renovado interés por parte de los críticos, quienes alabaron la reaparición de un texto que llevaba décadas fuera de circulación y que pertenecía a la gran tradición mexicana de la crónica urbana; la misma *admiratio urbana* tan presente en textos de conquistadores y poetas como Hernán Cortés y Bernardo de Balbuena, y después Salvador Novo con su

Nueva grandeza mexicana. Sin embargo, los polémicos comentarios de Alberto Beltrán —alguna vez fiel acompañante y colaborador de Elena— respecto a la paternidad literaria del libro sorprendieron a muchos.

El 13 de marzo de 1998, el periodista Óscar Enrique Órnelas publicó en *El Financiero* un diálogo con Beltrán titulado: "Elena Poniatowska no sabía nada de México: Alberto Beltrán". A lo largo de la entrevista, Beltrán revela cierto complot por parte de los editores de Océano que resultó en la misteriosa desaparición de los originales del libro:

> Pocas veces se sabe lo que está detrás de los libros. Es el caso de *Todo empezó el domingo*, con textos de Elena Poniatowska y dibujos de Alberto Beltrán...
>
> Concluían los años cincuenta. Alberto Beltrán García (México, 1923), veterano de la historieta, miembro del Taller de la Gráfica Popular, realizaba ilustraciones en el diario *Novedades*. "Dado que el periódico tenía un suplemento dominical gráfico", cuenta Beltrán, "se me ocurrió hacer apuntes en la calle sobre escenas del día de descanso de todo mundo. Se las mostré al encargado del suplemento, Raúl Puga —hermano de un caricaturista de *Excélsior*, Jorge Puga—, y como se trataba de un hombre al que le gustaban las ideas nuevas, pues no era un periodista adocenado, le pareció bien mi idea de publicar dibujos sobre lo que hacía la gente los domingos".
>
> Sin embargo —continúa Beltrán—, Puga le sugirió que los dibujos llevaran textos. "Yo sólo había pensado en una especie de pies de foto —explica el artista—. Mi idea venía de suplementos que se publicaban en otros países y que eran de pura gráfica. Pero si Puga proponía otra cosa, pues a ver qué hacíamos".
>
> Como Beltrán ilustraba las entrevistas que la joven Elena Poniatowska solía publicar en "México en la

Cultura", el suplemento cultural de *Novedades* en esos años, la propuesta de Puga fue cambiar los papeles: ella escribiría los textos que dieran cuenta de los dibujos de Beltrán.

El ilustrador se resistió al principio. "Elena no sabe nada de México", le dijo a Puga. "Bueno —respondió éste en plan conciliador—, pero fíjate que ella tiene una manera muy accesible de describir las cosas. Hay tanta gente en el periodismo que no hace nada importante, ¿por qué no probamos a Elena?"

Poniatowska "no conocía el país", insiste Beltrán. "Era una francesita de nacimiento, pero educada en una escuela católica de Estados Unidos. Su madre se fue a casar a París con un aristócrata polaco venido a menos. Yo lo conocí. Elena sabía de México lo que hablaba su familia, que era de la alta sociedad. Dueños de haciendas pulqueras, de vecindades. Como mis dibujos trataban de la realidad, le pedí a Elena que relatara simplemente lo que veía, sin entrar en interpretaciones".

Poniatowska no siempre acompañaba a Beltrán. De acuerdo con el dibujante, varios de los textos que aparecen en el libro los escribió él, particularmente los referidos a sitios fuera de la ciudad de México. Es el caso del que habla acerca de la casa de Pancho Villa en Chihuahua (página 193), donde puede advertirse la impronta de Beltrán.

"Hoy se niega Elena a reconocerlo, pero si se revisa el *Novedades* podrán distinguirse los textos que yo escribí y los que son de ella", advierte el artista plástico.

—¿Usted podría precisarlos ahorita?

—No los guardo en la memoria. Pero cuando se iba a hacer esta edición, Rogelio Carvajal Dávila, de Océano, me prometió que iba a poner los créditos correspondientes. Además, me dijo que para el nuevo libro se iban a tomar en cuenta los textos originales sacados del *Novedades*, ya que el Fondo de Cultura Económica publicó una selección y no la serie completa. Pero no se cumplió con ninguna de las dos cosas: todos los textos los firma Elena Poniatowska y el libro sigue siendo sólo una muestra de aquel trabajo.

—¿A qué lo atribuye?

—Creo que fue Elena que no quiso.

Beltrán recuerda también que ya se había intentado hacer con Grijalbo otra edición de *Todo empezó el domingo*, pero se opusieron los editores de Poniatowska, porque —afirma— "eran rivales de esta empresa". Más aún, añade, los originales del Fondo se perdieron "misteriosamente".

Por las anteriores entrevistas, en particular las que datan de la publicación original de *Todo empezó el domingo*: la de María Elena de Puga y otras declaraciones de Elena misma, se ve que ella jamás le negó crédito a Beltrán. Al contrario, tanto en la primera edición del Fondo de Cultura Económica, como en la de Océano, ella quería que su nombre viniera después del de Beltrán, pues los dos habían colaborado en el libro de manera equitativa, y éste no estaría completo sin ambas cualidades: la literaria y la plástica.

Capítulo V

Un México desconocido

Con su "Virgilio mexicano": Josefina Bórquez.

1. El Palacio Negro

Después de su abuela materna, su madre y la nana Magdalena, la mujer que más impacto tuvo en el desarrollo personal, profesional y espiritual de Elena fue, sin lugar a dudas, Josefina Bórquez, a quien descubrió un día cuando la escuchó gritar a voz en cuello desde la azotea de un edificio donde trabajaba como lavandera. Apenas un año atrás, ya había publicado *Todo empezó el domingo*, una aventura etnográfica que, como ella afirma, la llevó por un camino muy distinto al acostumbrado. Sin embargo, a finales de la década de los cincuenta, conoció un lado oscuro de México: el Palacio Negro de Lecumberri, al que acudió para entrevistar a los presos políticos, especialmente a los líderes ferrocarrileros, encarcelados en 1959 por la huelga encabezada por Demetrio Vallejo que paralizó el país.

Puedo visualizar a Elena —menudita, bien vestida, con su libretita Steno bajo el brazo— pasando por las viejas calles de San Lázaro rumbo a la cárcel, emocionada al imaginar las historias que le contarían los presos, cuando por vez primera escuchó la voz altisonante de Josefina. En su libro *Luz y luna, las lunitas* (1994), una colección de ensayos con fotografías de Graciela Iturbide, Rosa Nissán, Paula Haro y Héctor García (su fotógrafo de muchos años), aparece una crónica justamente titulada "Vida y muerte de Jesusa", en la que Elena rinde homenaje a su Virgilio mexicano, quien le descubriera los misterios del inframundo urbano de la ciudad de México. Un inframundo producto de la Revolución que, según Jesusa, nunca le dio nada a nadie, salvo a los caciques que ahora ocupan el lugar de las familias aristocráticas mexicanas, fugadas a Francia en la época de don Porfirio.

Como mudo testimonio de su querencia, como Josefa la llamaba, aún quedan residuos de esta gran devoción personal esparcidos por la casa de la escritora en forma de imágenes populares del Santo Niño de Atocha, el santo de devoción de Jesusa —es decir, Josefina— y adoptado por su improbable discípula. En el *memento mori* originalmente elaborado por la periodista en 1978, año cuando falleció Josefina, Elena relata cómo, poquito a poço, se adentró en su mundo, y proporciona datos imprescindibles para comprender mejor la extraordinaria amistad que, cinco años después de haber conocido a Jesu-Jose, daría como fruto una novela prodigiosa: *Hasta no verte Jesús mío*, publicada originalmente en 1969:

> Conocí a Jesusa en 1964. Vivía cerca de las calles de Morazán y de Ferrocarril Cintura, un barrio pobre de la ciudad de México, cuya atracción principal era la penitenciaría, llamada por mal nombre Palacio Negro de Lecumberri… Jesusa vivía cerca de la Peni en una vecindad chaparrita con un pasillo central y cuartos a los dos lados. Continuamente se oía el zumbido de una máquina de coser. ¿O serían varias? Olía a húmedo, a fermentado. Cuando llegaba la portera gritaba desde la puerta: "Jose, salga usted a detener el perro". "Voy", y allí venía Jesu-Jose, "voy", con el ceño fruncido, la cabeza gacha, "voy, voy", las vecinas se asomaban… "Pase, pase, pero aprisita, camínele hasta mi cuarto". (59-60)

2. DE MIÉRCOLES A MIÉRCOLES

Las primeras veces que Elena empezó a ir a casa de Jesusa, su anfitriona no fue nada cordial; más bien trataba a su curiosa visitante con desdén:

—¿Qué se trae? ¿Qué trae conmigo?

—Quiero platicar con usted,

—¿Conmigo? Mire, yo trabajo. Si no trabajo, no como. No tengo campo de andar platicando". (38)

Pero Jesusa sí platicó con Elena —si bien a regañadientes— advirtiéndole que el único hueco que tenía desocupado en su vida eran los miércoles de cuatro a seis. De modo que Elena empezó a vivir de miércoles a miércoles, pero mientras iba creciendo su admiración y cariño por Jesusa, ésta no dejó de recibirla con una actitud hosca y cara de desprecio, sin ganas de encariñarse con esa catrina mexicana quien, para ella, era símbolo de absoluta inutilidad y un constante recuerdo de la injusticia social que evidenciaba su abyecta pobreza. Al asomarse Jesusa a la puerta de su lóbrego cuarto, su nueva amiga recibía el indiferente saludo de todos los miércoles: "Ah, es usted". Así, Elena entraba, semana tras semana, en un mundo de escusados tapados y sin agua, papeles sucios en el piso y un olor a orines que penetraba cada rincón del patio interior de la vecindad. Como un calabozo, el cuarto de Jesusa siempre se encontraba en tinieblas mientras el gas que se escapaba de la parrilla le hacía llorar los ojos. En el patio, aunque estrecho y sucio, nunca faltaba un rebaño de niños que jugaban futbol; sus hinchadas barrigas, hambrientos testigos de la miseria en que vivían, acompañados solamente por una lata que servía de pelota, y las omnipresentes ratas que, escondidas entre los montones de basura, se deslizaban por el patio a su antojo.

Después de pasar unas semanas con su querida Jesusa, Elena tuvo las agallas —porque con Jesusa se requerían

199

agallas— de preguntarle sobre su vida: su escuálido presente y aventurado pasado, sus sueños y sus desengaños que nacieron con el porfiriato y luego participaron en una revolución que no cumplió con sus admirables promesas. A Jesusa no le pareció nada interesante este semanal desperdicio de su tiempo, pero poco a poco empezó a ceder a las plegarias de su pequeña discípula, siempre bajo la condición de que Elena, quien no conocía el trabajo manual —mucho menos asolear gallinas— le ayudara con sus muchos quehaceres, que nunca cupieron en las dos horas que Jesusa tenía de asueto. De hecho, la primera vez que Elena le pidió a Jesusa que le contara su vida, y hablara de su absoluta indignación contra el resto de la humanidad, su respuesta fue un cortante "No tengo campo". Le señaló sus interminables quehaceres, ya que siempre tenía alguno pendiente: asolear a las cinco gallinas (su capital más valioso), darles de comer a su perro, a su gato y a dos pobres gorrioncitos y, para colmo, lavar los mugrientos overoles que Jesusa se llevaba a casa para ganar un poquito más de dinero:

—¿Ya vio? ¿O qué usted me va a ayudar?
—Sí —le respondí.
—Muy bien, pues meta los overoles en gasolina.

Entonces supe lo que era un overol. Agarré un objeto duro, acartonado, lleno de mugre, con grandes manchas de grasa, y lo remojé en una palangana. De tan tieso, el líquido no podía cubrirlo; el overol era un islote en medio del agua, una roca. Jesusa me ordenó: "Mientras se remoja, saque usted las gallinas a asolear en la banqueta". Así lo hice, pero las gallinas empezaron a picotear el cemento en busca de algo improbable, a cacarear, a bajarse de la acera y a desperdigarse en la calle. Me asusté y regresé volada:

—¡Las va a machucar un coche!

—Pues, ¿qué no sabe usted asolear gallinas? ¿Qué no vio el mecatito?

Había que amarrarlas de la pata. Metió a sus pollas en un segundo y me volvió a regañar:

—¿A quién se le ocurre sacar gallinas como así?

Compungida le pregunté:

—¿En qué más puedo ayudarla?

—Bueno, ¿y el overol qué?

Cuando pregunté dónde estaba el lavadero, la Jesusa me señaló una tablita acanalada de apenas veinte o veinticinco centímetros de ancho por cincuenta de largo:

—¡Qué lavadero ni qué ojo de hacha! ¡Sobre eso tállelo usted!

Sacó de abajo de su cama un lebrillo. Me miró con sorna: me era imposible tallar nada. El uniforme estaba tan tieso que hasta agarrarlo resultaba difícil. Jesusa entonces exclamó:

—¡Cómo se ve que usted es una rota, una catrina de esas que no sirven para nada! (38-39)

3. UNA NOVELA "REGALADA"

Elena empezó a visitar a Jesusa cada semana, muchas veces con una grabadora viejísima que le habían prestado para sus entrevistas en la cárcel —un féretro azul marino en palabras de Elena— que, según se quejaba Jesusa, le robaba la luz de su pequeño cuarto. Como Elena no sabía usar el aparato, a veces no grababa y tenía que repetir las mismas preguntas que le había hecho la vez pasada. La reacción de Jesusa siempre fue de un franco desdén que apenas empezaba a entretejerse con un cariño casi imperceptible:

—Pues ¿qué eso no se lo conté la semana pasada?

—Sí, pero no grabó.

—¿No sirve pues el animalote ése?

—Es que a veces no me doy cuenta si está grabando o no.

—Pues ya no lo traiga.

—Es que no escribo rápido y perderíamos mucho tiempo.

—Ahí está. Mejor ahí le paramos, a fin que no le estamos ganando nada ni usted ni yo. (40)

Después del fracaso con la grabadora, Elena volvió a su cuaderno de siempre mientras Jesusa, que no sabía leer ni escribir, se burlaba de la letra —puros garabatos, según decía— con que empezó a llenar sus hojas. Debido a la falta de grabación, Elena se vio obligada a reconstruir, noche tras noche, todo lo que Jesusa le había contado. Siempre temía que de repente Jesusa perdiera la paciencia con su atenta discípula, especialmente por ciertas transgresiones que Jesusa le censuraba. Por ejemplo, no le parecía correcto que Elena saludara a los demás vecinos y para ilustrar su desaprobación, una vez, al preguntarle sobre unas niñas que se asomaron a la puerta le espetó: "No les diga niñas, dígales putas, sí, putitas, eso es lo que son". (40)

A lo largo de las entrevistas que normalmente duraban unas dos o tres preciosas horas, Jesusa inició a su joven discípula en el México verdadero, ancestral, lleno de sufrimiento, hambre, fealdad y miseria. Hasta el día de hoy, Elena invoca a Jesu-Jose, al recordar las lecciones que le confirió a una niña bien francomexicana, que ni siquiera sabía qué era un overol y mucho menos cómo se lavaba. Poco a poco, entre regaños y burlas, Elena le sacó una odisea vital a Jesusa. En esta formidable mujer mexicana, Elena descubrió una fuerza interior propia, una actitud deslumbrada frente a la vida que coincidió con su propio asombro:

> De la mano de Jesusa entré en contacto con la pobreza, la de a deveras, la del agua que se recoge en cubetas y se lleva cuidando de no tirarla, la de la lavada sobre la tablita de lámina porque no hay lavadero, la de la luz que se roba por medio de "diablitos", la de las gallinas que ponen huevos sin cascarón, "nomás la pura tecata", porque la falta de sol no permite que se calcifiquen...
>
> En ese cuartito casi siempre en penumbra, en medio de los chillidos de los niños de las otras viviendas, los portazos, el vocerío y el radio a todo volumen, los miércoles en la tarde a la hora en que cae el sol y el cielo azul cambia a naranja, surgió otra vida, la de la Jesusa Palancares, la pasada y la que ahora revivía al contarla. Por la diminuta rendija acechábamos el cielo, sus colores, azul, luego naranja, al final negro. Una rendija de cielo. Nunca lo busqué tanto, enranuraba los ojos para que pasara la mirada por esa rendija. Por ella entraríamos a la otra vida, la que tenemos dentro. Por ella también subiríamos al reino de los cielos sin nuestra estorbosa envoltura humana. (42)

Poco a poco nació la confianza entre las dos mujeres, algo que Jesusa llamó la querencia: una conexión personal que nunca se mencionó en voz alta, pero que a veces se hacía palpable en el sombrío cuarto donde vivían Jesusa, sus pollitos y sus recuerdos. Según Elena, la deuda que tiene con Jesusa es inconmensurable porque:

> —Nunca, ningún ser humano hizo tanto por otro como Jesusa hizo por mí. Y se va a morir, como ella lo desea, por eso cada miércoles se me cierra el corazón de pensar

que podría no estar. "Algún día que venga, ya no me va a encontrar, se topará nomás con el puro aire". Y se me abre, al verla allí sentada, encogida en su sillita, o sobre su cama, sus dos piernas colgando enfundadas en medias de popotillo, oyendo su comedia; recibiéndome rezongona con las manos chuecas de tanta lavada, sus manchas amarillas y cafés en el rostro, sus trenzas flacas, sus suéteres cerrados por un seguro, y le pido a Dios que me deje cargarla hasta su sepulcro. (44)

4. "YO SÍ PERTENEZCO"

El impacto que tuvieron en Elena las entrevistas con su admirada Jesusa fue tan fuerte, tan profundo, que logró cambiar una condición personal, si no genética. A través de Jesusa, Elena sentía, por vez primera, que algo le pertenecía, que su vida mexicana cobraba, día tras día, un significado especial, al trazarle un difícil pero verdadero camino a seguir, señalado por las manos manchadas y chuecas de su compañera del alma. Conmovida y feliz, Elena llegaba por las noches a su casa para poner en orden los garabatos que conformaron sus entrevistas con Jesusa, pero al tratar de compartir con su familia lo esencial de estas extrañas experiencias, sus esfuerzos no causaron la impresión que ella hubiera deseado:

Llegaba a mi casa y les decía: "¿Saben?, algo está naciendo en mí, algo nuevo que antes no existía", pero no contestaban nada. Yo les quería decir: "Tengo cada vez más fuerza, estoy creciendo, ahora sí, voy a ser una mujer". Lo que crecía o a lo mejor estaba allí desde hace años era el ser mexicana, el hacerme mexicana; sentir que México estaba dentro de mí y que era el mismo que el de la Jesusa y que con sólo abrir la rendija saldría. Yo ya no era la niña de ocho años que vino en un barco de refugiados, el Marqués de Comillas, hija de eternos ausentes, de viajeros en barco, hija de trasatlánticos, hija de trenes, sino que México estaba dentro, era un animalote dentro (como Jesusa llamaba a la grabadora), un animal fuerte, lozano, que se engrandecía hasta ocupar todo el lugar. Descubrirlo fue como tener de pronto una verdad entre las manos, una lámpara que se enciende bien fuerte y echa su círculo de luz sobre el piso... Mis abuelos, mis tatarabuelos tenían una frase clave que creían poética: "*I don't belong*". A lo mejor era su forma de distinguirse de la chusma, no ser como los demás. Una noche, antes de que viniera el sueño, después de identificarme largamente con la Jesusa y repasar una a una todas sus imágenes, pude decirme en voz baja: "Yo sí pertenezco". (43)

5. "SACARLE RAJA"

Una de las observaciones críticas que giran alrededor de *Hasta no verte Jesús mío*, un extraordinario testimonio, producto de horas y horas de diálogo con la mujer que también fuera su protagonista, está encapsulada en la pregunta: ¿A quién pertenece la obra? ¿A Elena Poniatowska o a Josefina Bórquez? En una parte del largo ensayo-elegía dedicado a la Jesusa, Elena confiesa que, al igual que Oscar Lewis, autor de *Los hijos de Sánchez*, que tanta polémica causó al publicarse en México, ella tampoco mejoró la condición en que vivía Jesusa:

> Ni el doctor en antropología Oscar Lewis, ni yo asumimos la vida ajena... Para Oscar Lewis, los Sánchez se

convirtieron en espléndidos protagonistas de la llamada antropología de la pobreza. Para mí Jesusa fue un personaje, el mejor de todos, Jesusa tenía razón. Yo a ella le saqué raja, como Lewis se la sacó a los Sánchez. La vida de los Sánchez no cambió para nada; no les fue mejor ni peor. Lewis y yo ganamos dinero con nuestros libros sobre los mexicanos que viven en vecindades. Lewis siguió llevando su aséptica vida de antropólogo norteamericano envuelto en desinfectantes y agua purificada, y ni mi vida actual ni la pasada tienen que ver con la de Jesusa. Seguí siendo ante todo, una mujer frente a una máquina de escribir. (51)

En términos literarios, Elena subraya la calidad picaresca de su obra, que reinaugura un subgénero literario desaparecido en México desde la época del Pensador Mexicano, Joaquín Fernández de Lizardi, cuyo *Periquillo Sarniento* de 1814 narra las peripecias de su antihéroe del mismo nombre. Esta novela picaresca, elaborada a su vez como vehículo para criticar de manera discreta las más entrañables instituciones políticas y sociales novohispanas en los albores de la Independencia, también se considera la primera novela moderna mexicana. Un siglo y medio después, *Hasta no verte Jesús mío* llegó a constituir un verdadero hito de la narrativa mexicana del siglo XX, y como tal tiene muchas secuelas, entre las más extraordinarias *Adonis García, vampiro de la Colonia Roma*, novela neopicaresca de Luis Zapata. Esta novela fue publicada diez años después, en 1979, y narra las aventuras, sueños, y desengaños de un joven prostituto, o mayate, de la ciudad de México; quien como un nuevo *Lazarillo de Tormes* va de amo en amo, siempre tratando de mejorar su posición en la estricta jerarquía de su sociedad y época.

En su ya comentada "Vida y muerte de Jesusa", Elena reconstruye el proceso de escribir la novela y la manera en que fue escrita, al señalar que cada encuentro con Jesusa fue una larga entrevista que la autora transcribía día tras día, hasta lograr acumular casi mil cuartillas. No obstante la cantidad de información reunida, finalmente Elena confiesa no haber sido capaz de hacer visible lo esencial de Jesusa en su obra, por no saber recrear la naturaleza profunda de su protagonista. Al acumular aventuras, pasando de una anécdota a otra, Elena tan sólo se dejaba llevar por su fascinante vida de pícara, que abarcó una revolución política, amores, desamores, pleitos, desengaños, y un afán religioso que creció a través del milagroso Roque Rojas y su histriónico espiritualismo. Estas experiencias vitales y espirituales de Jesusa se resumen en la primera frase de la novela: "Esta es la tercera vez que regreso a la tierra, pero nunca había sufrido tanto como en esta reencarnación ya que en la anterior fui reina".

6. "ESCRIBIR ES ENDIABLADO"

Margarita García Flores, periodista mexicana, fue la primera en entrevistar a Elena después de la publicación de *Hasta no verte Jesús mío* y su diálogo arroja luz sobre el encuentro entre Elena y Jesusa. La primera parte de la entrevista se publicó en la *Revista de la* UNAM, en octubre de 1969:

—¿Cómo preparaste esta novela, con el método de Oscar Lewis?
—Un poco con el método de Oscar Lewis, si así lo quieres, aunque yo no podría ser como "el gringo de la grabadora…" Tomé muchas notas, muchos apuntes que reconstruía inmediatamente al llegar a la casa…
—¿Tú le tienes mucha simpatía a Jesusa?
—Sí, yo la quiero enormemente. Es una de las gentes

que más lecciones me han dado. La admiro, quisiera tener su fibra, su coraje, su capacidad de indignación, su orgullo.

—¿De qué manera se refleja esa simpatía en la novela? ¿La tratas con mucho cariño? ¿Muy objetivamente?

—Fíjate que el de la novela es un material muy manoseado. Tenía más de mil cuartillas porque como no podía armar la novela, escondía mi incapacidad en volverle a preguntar a Jesusa cosas que ya le había preguntado. ¡Y otra vez a preguntar! Después le leía sus repuestas —porque si quieres, esta novela es una inmensa, una exhaustiva entrevista— para ver si estaba correcto, y ella me decía que no era exacto, que yo no lo había puesto como ella lo decía. Yo creo que a todos nos pasa. Si nos piden que contemos tres veces algo que nos sucedió, nunca podremos repetirlo igual. Llegará un momento en que inventemos a pesar de nosotros mismos. Cada vez que me contaba algo, Jesusa hacía ligeras variantes, según el humor del momento. Por eso opté por ya no leerle nada… Hay ciertos temas que ella nunca quiso tratar, al menos, respondiendo a preguntas mías. Después fueron saliendo, pero jamás la forcé a que me dijera cosas que no quería. Nunca abordamos temas íntimos; siempre dijo lo que ella quería decir, nunca más de lo que quería decir… Al empezar la novela yo no tenía más intención que oírla, nunca dirigirla o empujarla… Ella habla mucho de la Obra Espiritual y tuve que cortar grandes párrafos, páginas y páginas. Hice muchos diálogos para aligerar el texto; puse imágenes y construí capítulos. Por eso se trata de una novela y no de una cosa antropológica.

—¿Le das más importancia al diálogo o al monólogo?

—No sé, nunca me he puesto a pensar si hay más diálogo que monólogo. Yo traté de hacerlo lo más legible posible, que no fuera una especie de ladrillo.

—¿El lenguaje que empleas es el que ella habla?

—Sí, aunque el lenguaje también fue un problema porque cuando la conocí hablaba muy correctamente, jamás decía una grosería… Cuando regresé de Europa ya había una relación de cariño grande. Entonces ella me empezó a hablar en su lenguaje propio que es muy crudo y que yo no sospechaba. Recuerdo que la primera vez que me dijo una grosería fue porque yo le estaba explicando que la gente era muy buena y que todos la querían a uno. Me dijo enojada: "¡No sea usted pendeja! Nadie es bueno. Nadie la quiere a uno. ¡Sólo usted de pen…!"

Este *Hasta no verte Jesús mío* realmente no sé si me gusta. Le tengo un poco de miedo.

—¿Por qué le tienes miedo?

—Porque nunca he hecho novela, porque sé que escribir es endiablado y porque ahora que he dejado el periodismo me doy cuenta que yo hacía las cosas a trompa talega, rápido, sin pensarlas, en una forma trepidante, y que así salían.

—¿Jesusa está llena de poesía? De tus libros siempre dicen que son poéticos, ¿tú qué opinas?

—Dice Guillermo que ahora van a decir que soy la mujer más pelada de América Latina. En realidad a mí me gusta que Jesusa sea un ser poético y espiritual y espiritualista, porque si no, tendría algo en común con *Los hijos de Sánchez*, que hablan de calzones y dan toda clase de datos ginecológicos medio gachos. Jesusa también habla en un lenguaje que podríamos llamar crudo, pero jamás es vulgar y cuando se refiere a ella misma, jamás pierde su pudor. No entrega su intimidad.

—Y tú que siempre andas de guante blanco y eres

princesa, ¿cómo le hiciste para entrarle a las groserías con tanto entusiasmo?

—Ando de guante blanco como los meseros, que se los ponen a la hora de servir la mesa. Fíjate que mi abuelita me traumó porque siempre que iba yo a salir de la casa me gritaba desde arriba de la escalera: "¿Te llevas tus guantecitos blancos?" Eran unos guantecitos como los que usa la esposa del ratón Mickey, de esos que se abrochan con un botoncito. Yo creo que las groserías ya las traía dentro. Por eso fue tan fácil asimilarlas. Fíjate que el lenguaje de Jesusa sin groserías era mucho menos vital. A mí, las groserías puestas a fuerza, que saltan fuera del contexto, no me gustan, me parecen postizas. Pero las de Jesusa están tan integradas, son tan auténticas, que casi ni resaltan. Al menos para mí ninguna de ellas está encajada a fuerza. Al contrario, eliminé algunos "chin" para no hacerle el caldo gordo a quienes siempre quieren escandalizar.

—¿Por qué dices tú que Jesusa es tan rebelde si cree que "Ni modo, aquí nos tocó", etcétera?

—Jesusa, como todos nosotros, sabe que nos tenemos que morir y contra esto no se puede rebelan. Ella cree en la reencarnación. Ahora mismo va en su tercera reencarnación, pero dice que no sabe qué diablos hizo en las otras, que debe haber sido muy mala, ya que en esta reencarnación Dios la mandó sola, a compurgar sus penas como lazarina…

—¿Tú crees en la reencarnación?

—En la de Jesusa totalmente. Ojalá y seres como ella reencarnaran a cada rato.

—¿Crees que algunas personas pensarán que Jesusa es un caso clínico?

—Allá ellas. Yo quisiera que hubiera muchos casos clínicos como ése, ¿no?

7. UNA PROSA QUE ASOMBRA

El 4 de febrero de 1970 Ermilo Abreu Gómez, pilar de la literatura mexicana, y el estudioso que hizo las gestiones biográficas y filológicas para que Sor Juana Inés de la Cruz recobrara su merecida fama en el panorama literario internacional, publicó una reseña de *Hasta no verte Jesús mío* que, por su desbordante elogio sirve para canonizar la primera novela de Elena Poniatowska y situarla como una de las novelas mexicanas más importantes de todos los tiempos. Profeta en su tierra, el tiempo le daría la razón a don Ermilo, puesto que según los críticos esta es su obra de ficción más trascendente. La reseña que lleva por título "Un libro mil veces admirable" apareció en la revista *Siempre!* (No. 116) durante su mejor época, siendo director de "La Cultura en México" Fernando Benítez, su jefe de redacción José Emilio Pacheco y el director artístico Vicente Rojo, quien poco después iniciaría su labor gráfica en la editorial ERA:

> De una vez lo diré todo, su último libro: *Hasta no verte Jesús mío* es, sencillamente, una obra maestra. No es cosa de leerla una vez, porque es tanta la materia espiritual de que está llena que se hace preciso volver a recomenzarla y a terminarla hasta el cabo de la última página. En cada lectura se quedan pegados sus brillos en los ojos y sus dulces sombras en los labios y también en los dedos. Al final nos damos cuenta de que todo el relato es pura poesía de la buena, de esa que distribuye la mano de Dios, con orden y medida y que se entrega sin enigmas ni oscuridades que gustan a los poetas que cultivan eso del arte de lo hermético, como Góngora, Valéry y Mallarmé. Aunque de eso tengan mala idea el mismísimo Juan Ramón Jiménez y el inolvidable León Felipe, que

siempre fueron hombres de gran juicio. El personaje de este relato (o de esta novela que tanto monta) nos lleva, como por caminos claros y misteriosos, a otras zonas donde la vida cobra otra dimensión, donde la realidad dispone de otra raíz para explicarse. Porque debe saberse de antemano que en el cosmos existen varias dimensiones y varias realidades que no podemos ni explicar ni gozar porque andamos empeñados en medirlas con varas que no sirven ni para lo largo ni lo ancho de las estrellas. Y es lo mismo que antes dijeron los profetas: miramos el cielo por el lado malo del tapiz y así nos engañamos ante su desorden. Nos olvidamos que el lado bueno está del otro lado donde Dios pone sus hilos y sus agujas. Pues Elena Poniatowska tiene el alma encandilada y lúcida para mirar este lado del tapiz del mundo. Y de su visión ha salido este libro mil veces admirable, mil veces asombroso. Los personajes de este libro —tan brutalmente real y tan brutalmente soñado— se andan paseando por los diferentes niveles de la creación, y así gozamos los aromas que se desprenden del jardín que nos regala...

Elena Poniatowska ha creado, jugando, sencillamente, una de las pocas obras maestras de la moderna literatura mexicana. Para mi exigentísimo gusto esta obra formará parte del repertorio de las mejores obras, de las más decantadas obras escritas en castellano de cualquier tiempo antiguo o moderno.

8. Una manita de gato

Siguiendo la pauta crítica establecida por don Ermilo, quien traza el linaje de *Hasta no verte Jesús mío* hasta el medieval

Conde Lucanor, Gerardo de la Torre señala el enorme valor literario de esta obra, emparentándola con la novela picaresca española y —más importante aún— la incipiente novela testimonial; dos vertientes formales y temáticas que constituyen los puntos de partida para cualquier acercamiento crítico a esta novela-testimonio. En su reseña, el crítico suscita también la inevitable duda que provoca una obra de esta naturaleza: ¿quién es la autora: Elena o Jesusa? Su reseña titulada "Hasta no leerte Jesús mío" apareció en *La revista mexicana de cultura*:

No bien terminé de leer *Hasta no verte Jesús mío*, recordé que alguien, muchos años atrás, acusó a Malraux de ser incapaz de meterse en la piel de un imbécil. La respuesta de Malraux: "Bastantes imbéciles hay en la vida para encima tener que meterlos en las novelas", no me interesó, pero pensé que si el acusador viviera no podría formular un reproche semejante contra Elena Poniatowska, porque en *Hasta no verte Jesús mío* la autora no sólo se metió en la piel de una mujer ignorante y supersticiosa, miserable y bravucona, sino que se identificó tan profundamente con ella que desapareció, se borró y en su lugar tomó la palabra Jesusa Palancares, fluente, sincera, para narrarnos una historia divertida y trágica, feroz y emotiva. Al mismo tiempo que, como en el espejo stendhaliano, reflejaba todos los paisajes y situaciones que cruzaba y que se le cruzaban, nos remitía a sus muy particulares opiniones —las suyas, no las de Elena Poniatowska—, sobre la sociedad, el cambio, el atraso y el progreso. En todo caso, podría pensarse, la autora simplemente tradujo, recogió el lenguaje de aquella mujer — personaje de hecho único y plurivalente— y después de darle una manita de gato lo escribió en máquina, lo encarpetó y lo entregó a la imprenta.

Hasta aquí todo parece muy sencillo. Pensé en Elena Poniatowska allegándose documentos, haciendo cuidadosas anotaciones, persiguiendo a personajes populares con una grabadora en la mano: Oscar Lewis y *Los hijos de Sánchez*, reportajes, entrevistas, paraperiodismo (término acuñado por Dwight MacDonald). Pero no, en *Hasta no verte Jesús mío* no hallé entrevista ni reportaje ni hijos de nadie, sino el trabajo minucioso y agobiante de la escritora, quehacer poético y re-visión, re-creación, re-elaboración de hechos, documentos, frases, datos psicológicos, paisajes, imágenes.

Elena Poniatowska pensando a Jesusa, creando un personaje con vida propia. Sí, con vida propia, pero al mismo tiempo un personaje moldeado con elementos tomados de esta Petronila y de aquella Evodia, de aquella Hermenegilda y de esta Refugio. De ninguna manera Petronila, Refugio, Hermenegilda o Evodia. Pero todas ellas y muchas más… Orgullo y generosidad en una mujer emparentada con el Lazarillo, el Periquillo, Estebanillo y otros illos y el Buscón y Guzmán de Alfarache. Una mujer que sola, como puede, se defiende en un mundo de pícaros y aprovechados y en su largo periplo novelístico, en los veintinueve capítulos de *Hasta no verte Jesús mío*, nos da una imagen del sufrimiento, la crueldad, la porquería, el hambre y el espanto que medran en las grandes urbes, que constituyen ese submundo en que puede uno sumergirse sin tocar fondo. Allí, en *Hasta no verte Jesús mío*, están dichas, o más que dichas puestas, reflejadas, prisiones, batallas, entierros, muertes, burdeles, hospitales para prostitutas, niños muertos de hambre, mujeres borrachas, entes codiciosos, maridos que medio matan a las esposas, esposas que engañan a los maridos, abortos, explotación, y flotando sobre todo, como un desafío, el olor penetrante de la miseria…

Y al final me quedé con una Jesusa Palancares triunfante, paseando con la memoria entre los recuerdos como entre un mundo de fantasmas, que no otra cosa son los personajes secundarios de *Hasta no verte Jesús mío*. Caricaturas, dibujos borrosos que le sirven de marco a la presencia atormentada, poderosa y vital de Jesusa Palancares, huérfana de padre y madre, viuda del capitán Pedro Aguilar, y madre de ninguno y de todos los que quieran.

9. EL JÚBILO DE LEER

El más asiduo de todos los críticos que se dedicaron a comentar la obra de Poniatowska, desde la aparición de *Lilus Kikus* en 1954, hasta el día de hoy es Emmanuel Carballo, quien publicó su reseña de la última novela de Elena en las páginas de *Excélsior*, el lunes 22 de diciembre de 1969 bajo el título "Testimonio o novela: revolucionaria defraudada". El breve artículo emparenta la novela con un subgénero literario, el de la novela antropológica, después bautizada novela testimonial; estando entre los primeros exponentes latinoamericanos el cubano Miguel Barnet con su *Biografía de un cimarrón*. Ésta, también producto de una exhaustiva entrevista, en dicho caso con un viejo afrocubano, cuya vida abarcó toda la historia moderna de Cuba: desde la abolición de la esclavitud y la posterior guerra de independencia, hasta la Revolución Cubana de 1959. En el mundo angloparlante, ya en la década de los cincuenta el escritor norteamericano Truman Capote había publicado *A sangre fría*, una brutal reconstrucción novelística de un crimen impensable pero fascinante, que él bautizó como novela de no-ficción *(non-fiction novel)*. Este subgénero novelístico tuvo muchas encarnaciones en la literatura latinoamericana del llamado post-boom de los setenta y ochenta, generando testimonios como *Mi nombre es Rigoberta Menchú y así me nació la conciencia*, de la antropóloga Elizabeth Burgos Debray y su informante, una mujer maya-quiché, víctima de la más brutal opresión tanto física como psicológica. Según Carballo, la característica esencial de los cuentos de Elena Poniatowska, en particular los provenientes de *Lilus Kikus*, se ve confirmada y enriquecida en *Hasta no verte Jesús mío*:

A unos este libro les puede parecer un testimonio antropológico, a otros una novela realista, de un realismo llevado hasta las exageraciones del naturalismo puntillista. Unos y otros lectores son depositarios de la verdad. Este libro, cuyo germen se encuentra en los cuentos [de *Lilus Kikus*] ya citados, por una parte incide, de acuerdo con la estructura y propósitos, en el terreno conquistado por obras como *Juan Pérez Jolote* de Ricardo Pozas, *Antropología de la pobreza*, *Los hijos de Sánchez* y *Pedro Martínez*, de Oscar Lewis; los estudios sobre un viejísimo esclavo y una artista de variedades del cubano Miguel Barnet y, sobre todo, aunque Elena Poniatowska probablemente no lo conozca, de *Manuela la mexicana*, de Aída García Alonso; por la otra, y con más o menos buena voluntad, se la puede considerar como una novela, que sin renegar de la imaginación, se propone escrupulosamente certificar la realidad (o por lo menos hacer que el lector así lo crea) en que se movió desde pequeña Jesusa, la heroína de este libro. Testimonio o novela, dilema que por ahora no me interesa dilucidar, *Hasta no verte Jesús mío* es la obra narrativa mexicana publicada en 1969 que más me ha interesado como lector y quizá como crítico.

El libro de Elena Poniatowska merece más que un artículo; solicita un ensayo que se refiera a sus no pocas ni menguadas excelencias. Prometo escribirlo, a la mayor brevedad que me sea posible. Ahora sólo quiero comunicar, muy por encima, el júbilo de leer un libro admirable y el dolor de aceptar totalmente una denuncia.

10. BOMBOS Y PLATILLOS

Tantos fueron los elogios generados por *Hasta no verte Jesús mío*, que en abril de 1970 la revista *La vida literaria*, dirigida por Wilberto Cantón, dedicó todo un número "a uno de los libros que más interés y atención han despertado últimamente: *Hasta no verte Jesús mío*". Cuenta con artículos de don Francisco Monterde, Carmen Galindo, Miguel Donoso Pareja y Miguel Capistrán, mientras Elena abre el número con un ensayo. Al final de este artículo-homenaje se encuentra un apéndice compuesto por una selección de "Alusiones críticas al libro *Hasta no verte Jesús mío*", imprescindible para el investigador o lector interesado que desea atestiguar la notable conmoción que provocó una novela escrita por una periodista de treinta y siete años. Dentro de la larga lista de alabanzas críticas del libro, se destacan las voces de Rosario Castellanos, María Elvira Bermúdez, Rubén Salazar Mallén, Julieta Campos, Emilio Uranga, María Luisa "China" Mendoza y Beatriz Espejo. Sin embargo, fue precisamente Castellanos, autora de *Poesía no eres tú*, la que mejor resume — en muy pocas palabras — el esfuerzo y talento de Elena:

A Elena Poniatowska no es necesario presentarla. El público la conoce porque ha leído sus entrevistas inteligentes, maliciosas, llenas de interés y revelaciones. Tampoco es necesario alabarla. Cuando asume la valentía como actividad, la lealtad como norma de conducta; cuando elige la causa noble y desdeña las ventajas del oportunismo, lo hace no como un acto heroico sino como una respuesta espontánea y como si no fuera posible otra. Cuando alcanza la plenitud como persona y como escritora, este cumplimiento nos parece, a todos los que la contemplamos, casi un hecho natural. Había puesto de su parte todo lo que era necesario, poseía todos los dones requeridos y los empleó con sabiduría. Entonces, ¿por qué no había de ser así? Simplemente porque la vida no es lógica, salvo en algunos casos. Como en éste y entonces no cabe más que regocijarse. No voy a hablar de mi amistad con Elena, que es asunto privado. Con usted lector, guardo una relación de complicidad, puesto que yo también soy lectora. Y en este caso de un libro extraordinario desde cualquier aspecto que se le juzgue: *Hasta no verte Jesús mío* que acaba de publicar Elena Poniatowska.

No sorprende que el artículo que resulta más interesante de todos los que aparecieron en esta edición especial de *La vida literaria* sea el que escribió la propia Elena a petición de Wilberto Cantón. Elena intenta decir lo inefable, y explicar, con ejemplos cotidianos, su peculiar relación con Jesusa:

Por lo que se refiere a *Hasta no verte Jesús mío*, en cierta forma es un libro que me fue dado; dado como la vida misma. Pero es también un libro muy trabajado. La realidad es un pretexto, un punto de arranque. Jesusa existe, es cierto. Es un ser de carne y hueso. Un personaje vivo. Pero no habla (salvo a ratos) como en el libro, ni es lo que es el libro. No se trata de una transcripción literal, de que Jesusa vertiera en mi oído como en un embudo su vida y milagros. Su vida es otra. Y al ser otra, es también mía. Para los demás, Jesusa es una pobre vieja que repite hasta la saciedad cosas extrañas, muchas veces tediosas, ve telecomedias, les da de comer a sus animalitos (un gato con la espina rota, palomas y canarios raquíticos) duerme en una vecindad y jamás apaga el radio. Quéjese y quéjese, Jesusa es igual a un montón de viejos; de esos que van caminando por la banqueta, pegados a la pared y de quienes uno se aparta instintivamente porque entorpecen nuestro paso, y siempre tenemos prisa. Allí donde México se hace chaparrito, allí donde las casas se van empequeñeciendo, disminuyen, de hasta quedar casi a ras del suelo vive Jesusa. Allí morirá sin duda. Lo único que quiere es que la dejen en paz, que no le quiten el radio, la televisión; que nadie se meta con ella.

Cuando le he llevado algún amigo —incluso mis hijos—, es amable, pero quiere que se vayan. A la vez siguiente rezonga: "¿Para qué me los trajo?"

Nosotros podemos darle a la realidad un valor y un sentido, le agregamos al mundo físico algo que directa o indirectamente no le pertenece, quizá como una respuesta a lo que el universo que nos rodea proporciona a nuestros sentidos. Pero, ¡cuántas veces también la realidad resulta superior a nuestra aprehensión, a nuestra valoración, a la invención que motiva! Jesusa, que tanto caminó por la vida se ha echado a andar sola en un libro. Su destino está ligado al mío, su muerte, en cierta forma, también.

Capítulo VI

1968: Año de Tlatelolco

En Tlatelolco.

1. Sombras funestas

En medio de las entrevistas con Josefina Bórquez, y como una pesadilla, una sombra funesta que fue encubriendo la felicidad que brinda el éxito editorial y el despertar político, el 2 de octubre de 1968 Elena enfrentó una desgracia humana cuyas dimensiones ni siquiera pudo imaginar y que, al principio, no pudo —ni quiso— aceptar. La trágica muerte y absurda detención de cientos de estudiantes mexicanos ocurrida a las seis de la tarde en la mítica Plaza de las Tres Culturas —donde cuatro siglos atrás el franciscano Pedro de Gante erigió el Imperial Colegio de Indios, con el cristiano afán de enseñar a sus neófitos los secretos de la perspectiva occidental y los misterios de la Santa Trinidad— vivirá siempre en el recuerdo colectivo de todos los mexicanos, especialmente los que experimentaron en carne propia lo que después fue bautizado como "La noche de Tlatelolco". Tal fue el caso de Elena, ya una mujer de treinta y seis años, casada con el astrofísico Guillermo Haro, y cuyo hijo, Felipe, había nacido el cuatro de junio de ese año. A más de treinta años de los eventos de aquella tarde, Elena contempla, aún asombrada, la inmediata negación mezclada con ultraje que le provocaron las noticias de este acto sin sentido:

> Me enteré de la masacre a las nueve de la noche cuando vinieron a mi casa María Alicia Martínez Medrano y su amiga Mercedes Olivera, María Alicia había trabajado conmigo y la quiero muchísimo. Pensé que estaban locas. Me contaron que había sangre en las paredes de los edificios, que estaban perforados los elevadores con

balas de ametralladora, que los vidrios de los comercios estaban destrozados, que los tanques estaban adentro, que había sangre en las escaleras de los edificios, que oían a la gente gritar, llamar, lloran.

Elena, quien en aquella época amamantaba a su pequeño hijo, decidió ir al lugar de los hechos. Así comenzó la recopilación para su libro testimonial más polémico y, a la vez, más conocido, *La noche de Tlatelolco: testimonios de historia oral*, publicado por vez primera en 1971 con seiscientos mil ejemplares vendidos hasta la fecha:

A las siete de la mañana fui a Tlatelolco. No había agua, las mujeres hacían cola en torno a un hidrante. No había luz y los soldados también hacían cola frente a los teléfonos. Entre las ruinas prehispánicas que están al lado del edificio de la Secretaría de Relaciones Exteriores, vi los zapatos de los que se habían ido escapando. Regresé a la casa y me indigné mucho, también Guillermo y mi hijo mayor, Mane.

Entonces empecé a recoger los testimonios. Todo lo que me dijo María Alicia, lo escribí a máquina, y lo que me contó Mercedes Olivera también. Entrevisté a Margarita Velasco, que esa noche había perdido a su hijo, pero lo encontró a la mañana siguiente. Fui a buscar al día siguiente a Oriana Fallaci, la periodista italiana, al Hospital Francés, porque a ella le dispararon también. La vi en una silla de ruedas, muy exaltada, no tenía mayores heridas porque salió a los dos días del hospital y voló a Acapulco. Llamaba por larga distancia al parlamento italiano para pedir que no viniera la delegación italiana a las Olimpiadas en rechazo al gobierno de México. Decía que había sido corresponsal de guerra en Vietnam y que por lo menos sonaba una sirena antes de que empezaran los bombardeos o los disparos, que la gente se podía guarecer en un refugio, y que el nuestro era el único país donde había visto que los soldados dispararan sobre una población. Además, estaban en una plaza cerrada, una trampa, no podían salir. Llevé mi entrevista a *Novedades* y la rechazaron porque había la orden de no publicar una sola nota.

A partir de ese momento fui al Campo Militar No. 1, muy preocupada, a ver qué había pasado con los estudiantes. No me dejaron entrar los soldados. Todos los días aparecía en el periódico un recuadro de los padres de Raúl Álvarez Garín que decía: "A los 21 días aún no sabemos dónde está nuestro hijo Raúl". Fui los domingos y a veces entre semana a la cárcel de Lecumberri para entrevistar a los líderes. A veces me acompañaba Guillermo que tenía a un amigo científico preso, Eli de Gortari, y otro amigo de muchos años, José Revueltas. Dejábamos a Felipe con mi concuña Yolanda Haro. Mane ya estaba grande. Los domingos él ya iba a marchar, a hacer su servicio militar.

2. ¿CÓMPLICE POR IMPOTENCIA?

La experiencia tlatelolca tuvo un fuerte impacto en la vida de Elena, quien después de haber descubierto los secretos —a veces folclóricos y encantadores, a veces escuálidos y tristes— de la vida de los mexicanos más humildes por medio de las aventuras de Jesusa Palancares y de los personajes de *Todo empezó el domingo*, se vio apachurrada por el enorme peso de los acontecimientos. Tanto así, que después ya nada era igual, ni ella era la misma que antes. En entrevista con Margarita García Flores, publicada en *La*

Revista de la UNAM en octubre de 1969, año en que Elena se naturalizó mexicana, la autora evoca sus experiencias y describe cómo se le ocurrió este irrevocable cambio espiritual, anímico:

—¿Ya estás pensando en otra novela?

—Sí, pero cada vez me cuesta más trabajo escribir.

—¿Por qué, por los hijos, por la casa?

—No. Porque soy más vieja. Creo que todos nos hicimos viejos, viejos después de lo de Tlatelolco. Sabes, cada vez que oigo esa canción que se llama *Those Were the Days*, siento ganas de llorar. Por cierto José Emilio Pacheco hizo un poema sobre la canción, en su libro *No me preguntes cómo pasa el tiempo* (¡Qué hermoso libro!) Creíamos que eran días de pura risa y creíamos que nunca iban a acabar, apostábamos y nunca perdíamos. Podríamos decir que esos días felices ya no me importan, pero sí importan, sobre todo porque no sabemos recuperarlos. ¿Quién resucita a los muertos?

—¿Te afectó mucho el resultado del movimiento estudiantil y que haya tanta gente detenida y otros exiliados?

—Sí, igual que a ti, igual que a Guillermo, igual que a Mane, igual que a mamá, igual que a todos. Siento que no hacemos nada, que nadie se mueve. Me siento cómplice por impotencia. Vivimos en 1968 un hecho de ignominia: Tlatelolco, y nos quedamos a un lado, parados en la tierra, inútiles, junto a nuestros muertos. Si en Estados Unidos hay tal capacidad de protesta y los propios participantes en la matanza de My Lai tienen el valor de condenarse y denunciarse, ¿en dónde está nuestra indignación, nuestra rebeldía?

3. LA NOCHE DE TLATELOLCO

Del devastador testimonio de tantos individuos: padres de muertos y desaparecidos, líderes de sindicatos universitarios y de preparatoria, intelectuales, poetas y otros cuya única relación fue la de estar —en menor o mayor grado— involucrados en los terribles eventos desencadenados aquella noche en Tlatelolco, Elena creó un coro de voces atónitas, que combinado con las noticias oficiales de la burocracia institucional, dio cuerpo a un libro decisivo.

Uno de los muertos de aquel año fue su único hermano, Jan, cuyo deceso fue provocado por otras circunstancias. Elena aclara que:

> *La noche de Tlatelolco* se publicó después de la muerte de Jan quien murió el 8 de diciembre de 1968 en un accidente automovilístico. Cuando escribí la dedicatoria: "A Jan y a todos los que murieron en 1968", se creó una confusión porque mucha gente creyó que yo había hecho el libro porque Jan había muerto en 1968. Jan sí fue parte del movimiento estudiantil y una vez me contó que había ido al Palacio Nacional a pintar graffiti y había participado en alguna marcha, pero no murió el 2 de octubre de 1968, sino después, el 8 de diciembre en Calpulalpan. Un camión con costales en vez de vidrios embistió el automóvil que estaba manejando.
>
> —Yo no estaba muy involucrada en el movimiento —dice Elena— porque mi hijo Felipe nació el 4 de junio del mismo año y lo amamantaba. Fui como a tres manifestaciones y como a dos asambleas en las que conocí a Luis González de Alba y a Marcelino Perelló, a la Tita (Roberta Avendaño), a la Nacha y a Gilberto Guevara Niebla. Yo seguía el movimiento

pero no podía ir diario a la Universidad. Mi esposo Guillermo sí, y acompañó a Javier Barros Sierra en la marcha llamada del Rector.

4. NINGUNEO POLÍTICO

La noche de Tlatelolco es un memorial de los sangrientos actos del gobierno mexicano. Dadas las circunstancias políticas y la relativa cercanía de los eventos, el libro no recibió publicidad y la única reseña la escribió José Emilio Pacheco. Pero el libro se dio a conocer oralmente entre profesores y estudiantes universitarios, ansiosos de hallar un testimonio y una explicación de los eventos ocurridos aquella tarde en Tlatelolco:

> Nunca salió nada salvo el artículo de José Emilio. Se vendió muchísimo porque se decía que lo iban a sacar de circulación, que lo iban a incautar, que agentes de la Federal de Seguridad habían entrado en las librerías para recoger ejemplares. Algunos lectores se llevaron diez o veinte ejemplares en una sola compra. Antes la editorial ERA recibió una carta diciendo que iban a poner una bomba en la imprenta si se publicaba ese libro. Don Tomás Espresate respondió que había estado en la Guerra Civil española y sabía muy bien lo que es una guerra. Salió el libro y se hicieron leyendas en torno a él, y todos esos rumores beneficiaron al libro.

Demostrando su absoluto cinismo, los altos mandos del gobierno mexicano decidieron que la manera más eficiente de reducir el impacto del libro era canonizarlo y conferirle a su autora el premio Xavier Villaurrutia:

Un día me habló Francisco Zendejas —dice Elena—
para comunicarme que yo había obtenido el Premio
Xavier Villaurrutia. Fausto Zapata, secretario particular
de Echeverría, me dijo que estaba encantado que yo lo
hubiera sacado. Lo rechacé mediante una carta a *Excélsior* preguntando "¿quién iba a premiar a los muertos?"
No es un libro para festejar. Es un libro de denuncia.

El gobierno ya tenía la costumbre de asumirlo todo,
para quitarle importancia a todo. Escribí una carta al
periódico *Excélsior* que se publicó censurada. Zendejas
me habló al día siguiente diciéndome que no me lo daban por *La noche de Tlatelolco*, sino por *Hasta no verte
Jesús mío*. Años más tarde vi a la crítica Alicia Zendejas,
la mujer de Francisco, y me dijo que me consideraban
Premio Villaurrutia. Es muy fácil decir que soy Premio
Villaurrutia, pero nunca lo recibí.

5. PREMIO MAZATLÁN

En ese mismo año de 1971, Elena aceptó el premio Mazatlán, otorgado a la escritora por *Hasta no verte Jesús mío*. Este
premio se añadió a la felicidad de Elena con el nacimiento de
su hija Paula, el 11 de abril de 1970. Un artículo jubiloso
de *Novedades*, el 17 de febrero de 1971 —el mismo diario
que se negó a publicar sus testimonios sobre la masacre
tlatelolca— anuncia a sus lectores que "nuestra colaborado-
ra" lo recibía por la "mejor obra mexicana de literatura en
1970 que otorga el estado de Sinaloa, consistente en 25 mil
pesos". Curiosamente, el artículo ni siquiera hace referencia
a *La noche de Tlatelolco*, se conforma con señalar que:

La otra obra mexicana presentada fue la novela *Cumpleaños*, del escritor Carlos Fuentes, pero *Hasta no*

verte Jesús mío, ganó por unanimidad... Al ser notificada, la propia Elena exclamó con alegría: "¡Esto es una maravillosa sorpresa! ¡No me esperaba este premio, nunca me he sacado ni un reintegro siquiera de la lotería! ¡Además no conozco Mazatlán y siempre tuve ganas de conocerlo! ¡Qué alegría tan grande y qué generosidad de parte del jurado, sobre todo de don Ermilo Abreu Gómez, que le ha dado tanto cariño a mi *Hasta no verte Jesús mío!*"

6. MEMORIA TLATELOLCA

El artículo de José Emilio Pacheco, quien conocía bien el manuscrito del libro porque ayudó a Elena a corregirlo, salió en "La Cultura en México", suplemento de la revista *Siempre!*, el 31 de marzo de 1971, con el título "Memorias del 68: Tlatelolco, 2 de octubre". Es preciso recordar que en ese entonces Pacheco era jefe de redacción de "La Cultura en México", de *Siempre!*, la revista dirigida por Fernando Benítez, y contaba con la colaboración de Carlos Monsiváis y Vicente Rojo, quien diseñaba el suplemento:

> Con gran poder de organización creadora, Elena Poniatowska presenta en una estructura fluida y dinámica cientos de testimonios plurales. Voces de protagonistas y espectadores, textos de volantes, mantas y pancartas; documentos, poemas y canciones se ensamblan dramáticamente en un volumen que trasciende la fijeza de la página y escenifica, reactualiza ante el lector, lo que ocurrió en el año más importante que ha vivido México después de Cárdenas.
>
> *La noche de Tlatelolco* sustenta su eficacia muralística o sinfónica en el montaje, la técnica de cine que más

ha enriquecido a la literatura. (No olvidemos que sus creadores entendieron el montaje como un medio de darnos mayor conciencia). Empleándolo y utilizando todas las posibilidades de la cinta grabada; su inmediatez, su capacidad para transmitir a la letra impresa la vibración única de cada voz humana, Elena Poniatowska ha anulado las distancias entre quien lee este libro y los hechos narrados. En sus páginas están, primero, el rumor y el sabor de aquellos días en que el término "política" dejó de ser una mala palabra y un reino ajeno para convertirse en lengua común y en parte de la vida de todos; y luego el estruendo, el horror de la matanza que lastra con su peso intolerable nuestra existencia personal y colectiva...

Ninguna otra narración había expresado en todas sus dimensiones la atroz enormidad del crimen como lo hace este relato múltiple de los sobrevivientes. La sangre llena el cuadro: "Había mucha sangre pisoteada, mucha sangre untada en la pared... Yo sentía en las manos lo viscoso". Y tan imborrables como las sensaciones visuales y táctiles son las auditivas: "Los gritos, los aullidos de dolor, los lloros, las plegarias y el continuo y ensordecedor ruido de las armas, hacían de la Plaza de las Tres Culturas un infierno de Dante..."

¿Quién o quiénes desencadenaron el infierno en Tlatelolco? El libro de Elena Poniatowska, que es también el libro de los encarcelados y de las madres que perdieron a sus hijos en una de las peores matanzas, en una historia tan triste y tan violenta como la nuestra, es una oportunidad de que se exija al gobierno la investigación pública sobre el crimen y el castigo, sean quienes fueren, de los responsables. Mientras esto no ocurra, mientras el Ministerio Público no acabe de "desistirse" y las cárceles no queden vacías de presos

políticos, será una ficción hablar de auténtica democracia en México.

7. INFELIZ ANIVERSARIO

El primero de octubre de 1971, a un día del tercer aniversario
de la masacre de Tlatelolco, la corresponsal Elsa Arana Freire
publicó una extensa entrevista con Elena para la revista *7
Días* titulada "Elena Poniatowska y la matanza de Tlatelolco", que ayuda a aclarar algunos aspectos de la participación
de Elena en el movimiento estudiantil, y la elaboración del
libro:

7 Días: ¿No estuvo presente en la Plaza de Tlatelolco en
aquella noche?
Elena: No, no. Yo estaba en casa, con mis hijos. Hacía entonces muy poco periodismo. Mis amigas vinieron
a contarme lo que supuestamente había ocurrido y a mí
me parecieron muy histéricas (hablo retrospectivamen-
te). Frente a sus llantos y sus testimonios pensaba: "No
es posible que esto que cuentan haya sucedido". En los
periódicos de los días posteriores poco o casi nada salía,
salvo noticias breves. Nada muy terrible. Yo me repetía:
"No es posible, me están contando cosas que sólo han
pasado por su imaginación, porque en México, esto no
sucede…"
7 Días: ¿Y cuándo reaccionó ante la duda?
Elena: Se me hizo como una obsesión. Me llenaron
el cuarto de palabras, de imágenes y de sangre. Sobre
todo de sangre, me dije: "¿Qué es esto? Voy a investigar". Los testimonios a que me refiero en el libro los
recogí en los meses siguientes de octubre, noviembre
y diciembre de 1968. Guardé todas las cuartillas. Eran

más de cien hojas… Al año siguiente, comencé a ir a Lecumberri, a ver a los estudiantes presos.

7 Días: ¿Tuvo facilidades para ingresar en la cárcel?

Elena: Sí, porque iba los domingos y en esos días las mujeres en particular pueden ingresar. Hablaba con los muchachos y es curioso: ellos no se referían a Tlatelolco, porque les resultaba muy difícil. Me hablaban más bien del Movimiento Estudiantil antes de la matanza. Con lo que ellos me contaron, al final cambié de idea. Yo había pensado hacer sólo un relato sobre la noche de Tlatelolco. Pero después me dije que esa noche no se explica si no se conoce la existencia del Movimiento Estudiantil que desembocó en la noche de Tlatelolco. Que nadie podría comprender su dimensión si no se habla del Movimiento. De por qué la gente iba a las manifestaciones, espontáneamente… El resultado fue un libro que se dividió en dos partes: la primera, "Ganar la calle", con testimonios de muchachos encarcelados y de otros fuera de la cárcel cuyos nombres cambié para que no los perjudicaran o fueran a dar a Lecumberri. Y la segunda parte, la noche misma de la masacre que es la más dramática, donde hay testimonios de periodistas y de gente que estuvo allá presente. Así se hizo el libro, como un *collage*…

7 Días: ¿Cuál fue el principal escollo al hacerlo así?

Elena: Casi toda la gente me respondía en idéntica forma: "Llegamos a las 5:30 de la tarde, salió una luz de bengala verde de un helicóptero, entonces entró el Ejército. Acorraló a toda la gente con un movimiento de pinzas para que nadie pudiera salir. Algunas personas pudieron escaparse por el edificio de atrás…" Todo el mundo exponía lo mismo y yo me dije: "Si repito cien veces: a las cinco y treinta de la tarde… etc., agoto el relato". Ahora, varios testimonios coincidían en decir que vieron a un soldado que de plano metió un bayonetazo a un muchacho por la espalda. Decidí escoger lo más emocionante o lo más significativo de cada testimonio. Por eso digo que mi libro es una especie de *collage*, de montaje, o lo que los norteamericanos llamarían *editing*. Son testimonios de historia oral. Gente que habla. Del relato de un periodista —José Antonio del Campo, del periódico *El Día*— que me habló durante dos horas equivalentes a veinte páginas de testimonio, solamente escogí una frase que decía: "Son cuerpos, señor…" Esto se lo expresó un cabo y me pareció más elocuente que cuarenta páginas diciendo horrores.

7 *Días*: ¿Es la primera vez que utiliza esa técnica?

Elena: Sí y salió del libro mismo, al ver la cantidad de hojas con repeticiones. La primera parte es muy importante para aquellos que no estuvieron metidos en el Movimiento, o que desconocían su existencia, o no se interesaban en él. Mi madre por ejemplo, me dice que no sabe el significado de las siglas que menciono, de las abreviaciones de escuelas y politécnicos… Tiene razón. Debí haberlo explicado. .. No me fijé en esto porque estaba tan metida en el asunto, así como los editores, que se deslizó el error. Pero ya en la segunda parte, en la noche misma de los hechos, el relato está construido en tal forma que hay una tensión que comienza y termina como tragedia. Es mucho más redondo lo de Tlatelolco que la primera parte. El Movimiento Estudiantil fue también disperso y confuso…

7 *Días*: ¿Ha tenido alguna dificultad con la publicación de su libro?

Elena: No. Ninguna. O en fin, sí, dificultades chicas, como por ejemplo, un premio que me otorgaron que me resultó imposible recibir o cobrar. No creo que sea represalia por lo del libro, o tal vez sí, indirectamente.

No son cosas graves. Lo que importa es que un libro (y éste es un fenómeno que no se da mucho en México ni en América Latina), que no recibe una línea de publicidad, que no se anuncia, en un mes vendió su tercera edición.

7 *Días*: ¿Por qué si empezó el libro en 1968 apareció en 1970?

Elena: Entró en prensa una semana antes de que saliera de la presidencia Gustavo Díaz Ordaz. Todo este tipo de libros como *Días de guardar* de Monsiváis, el de Luis González de Alba, *Los días y los años* y el mío, que tratan del tema, entraron en prensa siendo ya presidente Luis Echeverría.

7 *Días*: ¿Cuál cree que fue la responsabilidad del presidente actual, siendo en aquella época secretario de Gobernación o ministro del interior, para ponerlo más fácil?

Elena: Yo no hablaría de responsabilidad sino de culpabilidad. Expongo un sentimiento de indignación ante un hecho que es la muerte. Pero no puedo decir quién es responsable de qué porque no tengo los elementos suficientes para señalar al responsable. El presidente Díaz Ordaz se responsabilizó públicamente en 1969.

7 *Días*: ¿Alguna vez ha militado en política?

Elena: No. Nunca. No pertenezco a ningún partido.

7 *Días*: ¿Y su ideología?

Elena: Soy de origen polaco. ¿Cuál es la ideología de los polacos? Son gente que se lanzaban con caballos en contra de los tanques. Es una ideología un poco quijotesca, literaria, idealista, pero no es una ideología concreta ni activa…

7 *Días*: ¿Los testimonios que aparecen ahí han sido armados, modificados?

Elena: Muchos de ellos sí, porque eran largos y repetitivos. Algunos hasta insólitos. La gente, al contar los hechos, no calculaba el tiempo, ni la hora ni las distancias. Por ejemplo, algunos decían que esa noche se encontraban en el techo del edificio Chihuahua en el décimo piso, a las 5:45 y que luego estaban en la planta baja a las 5:48... Nadie puede bajar diez pisos en tres minutos a menos que se aviente por las ventanas. También relataron hechos que nunca se han comprobado, como que en Tlatelolco hubo cuerpos y cadáveres cremados, cuerpos en los basureros donde se arroja la basura. Eso sí no lo creo... La masacre de Tlatelolco fue completamente desproporcionada... Fue el absurdo. Es el absurdo. Además, todavía no se sabe qué pasó. La gente se sigue preguntando por qué y cómo... En un libro tampoco queda claro. Nunca quedará claro.

8. A CINCO AÑOS DE TLATELOLCO

En 1975, Helen Lane tradujo *La noche de Tlatelolco* al inglés para la editorial norteamericana Viking Press. A petición de los editores, Octavio Paz escribió el prólogo del libro. Como es bien sabido, el mismo Octavio Paz, que en aquel entonces era embajador de México en la India, renunció a su cargo inmediatamente después de enterarse de los violentos sucesos en la Plaza de las Tres Culturas, acto que lo alineó fugazmente con la izquierda mexicana. Su prólogo titulado "A cinco años de Tlatelolco: entre el entusiasmo y la cólera", apareció en forma de tres entregas al periódico *Excélsior*, a partir del primero de octubre de 1973, a un día del quinto aniversario de lo ocurrido en la Plaza de las Tres Culturas:

El libro de Elena Poniatowska, *La noche de Tlatelolco*, no es una interpretación de esos acontecimientos. Es algo mejor que una teoría o una hipótesis: un extraordinario reportaje o, como ella dice, un *collage* de "testimonios de historial oral". Crónica histórica pero antes de que la historia se enfríe y las palabras se vuelvan documento escrito.

Para el cronista de una época saber oír no es menos sino más importante que saber escribir. Mejor dicho: el arte de escribir implica dominar antes el arte de oír. Un arte sutil y difícil pues no sólo exige finura de oído sino sensibilidad moral: reconocer, aceptar la existencia de los otros. Dos razas de escritores: el poeta oye una voz interior, la suya; el novelista, el periodista y el historiador oyen muchas voces afuera, las de los otros.

Elena Poniatowska se dio a conocer como uno de los mejores periodistas de México y un poco después como autora de intensos cuentos y originales novelas, mundos regidos por un humor y una fantasía que vuelven indecisas las fronteras entre lo cotidiano y lo insólito. Lo mismo en sus reportajes que en sus obras de ficción, su lenguaje está más cerca de la tradición oral que de la escrita. En *La noche de Tlatelolco* pone al servicio de la historia su admirable capacidad para oír y reproducir el habla de los otros. Crónica histórica y, asimismo, obra de imaginación verbal.

El libro de Elena Poniatowska es un testimonio apasionado pero no partidista. Apasionado porque frente a la injusticia la frialdad es complicidad. La pasión que corre por sus páginas es pasión por la justicia, la misma que inspiró a los estudiantes en sus manifestaciones y protestas.

A imagen del movimiento juvenil, *La noche de Tlatelolco* no sostiene una tesis explícita ni revela una dirección ideológica precisa; en cambio, es un libro animado por un ritmo, ora luminoso y ora dramático, que es el de la vida misma.

Empieza en el entusiasmo y la alegría: los estudiantes, al lanzarse a la calle, descubren la acción en común, la democracia directa y la fraternidad. Armados de estas armas, se abren paso frente a la represión y conquistan en poquísimo tiempo la adhesión popular.

Hasta ese momento la crónica de Elena Poniatowska es la del despertar cívico de una juventud. La crónica del entusiasmo colectivo no tarda en ensombrecerse: la oleada juvenil se estrella contra el muro del poder y la violencia gubernamental se desata; todo acaba en un charco de sangre. Los estudiantes buscaban el diálogo público con el poder y el poder respondió con la violencia que acalla a todas las voces.

¿Por qué? ¿Por qué la matanza? Desde octubre de 1968 los mexicanos se hacen esta pregunta. Hasta que no sea contestada el país no recobrará la confianza en sus gobernantes y en sus instituciones. No recobrará la confianza en sí mismo.

9. DOS CAMINOS A SEGUIR

A lo largo de la década que siguió a los trágicos eventos de Tlatelolco, Elena tiende hacia dos caminos literarios e ideológicos que culminaron en los años ochenta con la publicación de *Fuerte es el silencio* (1980) y *Nada, nadie, las voces del temblor* (1988); una crónica colectiva de la catástrofe humana, producida por el terremoto que sacudió la capital mexicana la madrugada del 19 de septiembre de 1985. *Tinísima*, publicada en 1992, una monumental novela biográfica dedicada a la fotógrafa y militante comunista italiana, Tina Modotti, constituye su *magnum opus* en esta rama de creación e investigación, y una que le hará ganar el Premio Mazatlán por segunda ocasión.

Estas dos vertientes, una que documenta y denuncia los desastres humanos y naturales, y la indiferencia oficial que casi siempre los acompaña; y otra que exalta a mujeres como Tina, están claramente representadas en su producción literaria de los años setenta.

Al mismo tiempo que desarrolla sus talentos literarios, Elena nunca abandona el periodismo, y en solidaridad con sus compañeros periodistas, participa en la fundación de *La Jornada*, que nació como desafío a la censura gubernamental sufrida por otros diarios, especialmente *Excélsior*, su primera casa editorial. Cercana también al semanario *Proceso*, fundado en 1976 por Julio Scherer García, Elena gana el Premio Manuel Buendía que otorgan los periodistas democráticos, en 1987, junto con otro columnista de izquierda, Miguel Ángel Granados Chapa.

Un bello ejemplo de su innegable solidaridad femenina se halla en *Querido Diego, te abraza Quiela*, publicado en 1976. Consta de una serie de cartas a la vez tristes y amorosas cuyo destinatario, el mítico pintor Diego Rivera, jamás contesta a la pintora rusa Angelina Beloff. Al mismo tiempo, esta pequeña obra refleja el desconsuelo personal de Elena, pues su matrimonio con el astrofísico mexicano Guillermo Haro no le brindaba el apoyo que ella buscaba:

> Carmen Gaitán de la editorial Océano me pidió que hiciera un prólogo para las dos novelas de Lupe Marín: *La única* y *Un día patrio*. Para saber más de Lupe Marín leí la biografía en inglés de Bertram Wolfe: *The Fabulous Life of Diego Rivera*. Ahí encontré a Angelina Beloff, su primera mujer y madre de su único hijo que murió de meningitis en París. En vez de hacer el prólogo me puse a escribir las cartas que pensé que Angelina Beloff hubiera podido escribirle a Diego Rivera. Me llamó

mucho la atención que ella viniera a México siguiendo a Rivera. Lo fue a buscar a Bellas Artes y él pasó a su lado sin siquiera reconocerla. En realidad siento que estaba escribiéndole a Guillermo disfrazándome de Angelina Beloff, porque él estaba metido en su astronomía, y me sentía muy sola.

10. LA CONDICIÓN FEMENINA

El 12 de julio de 1978, Carlos Monsiváis, fiel amigo y ángel de la guarda de Elena desde 1968 y pieza fundamental de la cultura mexicana del siglo XX, publicó una reseña del último libro de su colega, aparecida en las páginas de la revista *Siempre!*, donde en aquel momento "Monsi" —como lo llama Elena cariñosamente— era editor del suplemento "La Cultura en México". El artículo, titulado "En el estudio todo ha quedado igual", recuerda la primera frase de la obra comentada, y es, en realidad, mucho más que una reseña de *Querido Diego, te abraza Quiela*. Ofrece un recuento crítico de la totalidad de la obra literaria y trayectoria de Elena, desde la publicación de *Lilus Kikus* en 1954 hasta el presente:

En *Los cuentos de Lilus Kikus* (1954), libro primerizo, Elena Poniatowska presenta a un personaje del que luego se desasirá radicalmente: la niña joven vuelta metáfora de candor y de contemplación divertida y alegre de una realidad como columpio, aparador o viaje al centro del espejo. El continuo y excelente trabajo de entrevistadora (del que sólo conocemos una recopilación: *Palabras cruzadas*, de 1961) le va desgastando esa "inocencia profesional", y la va convirtiendo en un excelente vehículo transmisor y recreador de experiencias y actitudes. La travesura alegórica da paso a una profunda necesidad testimonial y literaria que origina *Hasta no verte Jesús mío* (1969) y *La noche de Tlatelolco* (1971). Este último, sin duda, uno de los grandes libros políticos de este siglo mexicano, es un montaje coral que registra con estricto partidarismo la hazaña del Movimiento Estudiantil y la matanza del 2 de octubre: la épica que desemboca y se acrecienta en la tragedia...

Desde su brevedad, *Querido Diego* traza un doble proceso: la legendaria condición femenina en su momento de entrega absoluta y la artista enamorada del genio. Lo excepcional de Diego justifica lo excepcional del abandono desgarrador de Quiela, figura trágica porque el frenesí de su monólogo carece de interlocutor, criatura patética porque cede incluso su vocación al afán de ocultar su verdadero alegato: el chantaje sentimental: "Quédate conmigo porque no te pido nada ni siquiera que permanezcas conmigo", es el mensaje genuino. Quiela febril, usa su epistolario para exorcizar la soledad y convocar al amado, recreando la experiencia compartida, informándonos del París, de los emigrados y los artistas pobres y desconocidos, detallando una atroz vida al margen del afecto, de la amistad, del reconocimiento.

La voz de los vencidos ostensibles: las madres de los estudiantes desaparecidos, la bestia de carga conocida como Jesusa Palancares en *Hasta no verte Jesús mío*, la criatura anacrónica que al escribirle a Diego expresa la feminidad como suma de derrotas. Pero en estos relatos de empeños y sufrimientos, Elena Poniatowska halla una vía óptima para ampliar el espacio de comprensión de vidas o vivencias dramáticas. Al iluminar la identidad y las mentalidades de las víctimas, las acerca y las despoja de su inefable carácter remoto

241

y vagaroso. No nos ofrece el viejo espectáculo de la abstracción a cargo de las inefables víctimas, sino seres concretos bajo presiones ideológicas y aplastamientos políticos muy específicos. Quiela no es la compulsión inexplicable, sino la estudiante de arte que conoció las alturas de su profesión a través de Diego, y el mayor desgarramiento con la muerte de su hijo. En la terquedad amorosa de sus cartas se trasluce su urgencia de recompensas vitales por lo demás, ¿cuántas mujeres desconfiaban en la década de los veintes del *dictum* inapelable: la mayor recompensa para el sufrimiento es el amor apasionado?

11. GABY BRIMMER

En 1979 Elena publicó un libro sobre la vida de una muchacha con parálisis cerebral, a quien descubrió por medio de una alumna del taller literario que dirigía:

> Ese taller —recuerda Elena—, que primero se reunió en Kairós, fue de un sacerdote que colgó los hábitos, Felipe Pardiñas. Él daba conferencias que en su tiempo hicieron época. Ese taller lo daba Rosario Castellanos y cuando Echeverría la nombró embajadora en Israel, me llamaron para que yo lo diera. Creí que era una escuela primaria porque veía autobuses anaranjados con ese nombre. Resultó ser para señoras y después de la primera sesión pensé: No voy a regresar. ¿Qué hago yo aquí? Pero me quedé veinticinco años. De este taller salieron Silvia Molina, Rosa Nissán, Adriana Navarro, Marie Pierre Colle, Sandy Ramos, Guadalupe Loaeza, Fidela Cabrera, Beatriz Graf y Adela Salinas; y todas han publicado libros. Era un taller muy productivo.

Alicia Trueba sacó el primer lugar en el concurso Jorge Luis Borges en Argentina y viajó hasta Buenos Aires para recibirlo. Los maestros también eran muy buenos: Hugo Hiriart, Edmundo Valadés, Juan Villoro, Álvaro Mutis, Daniel Sada, Raúl Ortiz, Tatiana Espinasa, José Agustín, Gonzalo Celorio, Rosa Beltrán, Vicente Quirarte, y muchos más.

Una de las alumnas me dijo que Gabriela Brimmer quería conocerme. Fui a verla y me encontré con una muchacha con parálisis cerebral. No se podía comunicar verbalmente, y tenía espasmos que casi la levantaban de su silla de ruedas. Tenía un alfabeto a los pies de su silla y con el pie izquierdo iba señalando lo que quería decir. Era admirable porque había ido a la Universidad. Tenía una nana extraordinaria, Florencia, de veras fuera de serie. La sacaba de la cama, la vestía, etcétera. La mamá se llamaba Sari y cuando me acompañó a la puerta me dijo: "A ver si regresa, porque todos vienen una vez y no regresan". Dicho y hecho, no regresé. En diciembre Sari me llamó. La fui a ver, la entrevisté a ella, entrevisté a Florencia, la nana, entrevisté a Sari y escribí el libro. También puse poesía de Gaby que corregí. Incluí a Gaby como autora porque pensé que me tocaba hacer resaltar su enorme mérito y hacerme a un lado, pero el libro lo escribí yo. Le llevé todos los borradores del libro, le entregué todo, fue una entrega. El libro salió y tuvo un gran éxito. Ocho mil ejemplares se vendieron en veinte días.

A raíz del libro Luis Mandoki quiso hacer una película y lo puse en contacto con Gaby, pero Mandoki me eliminó por completo, Gaby ya no quería madrina. A veces se rebelaba contra su mamá, se rebelaba contra Florencia, y empezó a rebelarse contra mí, pero yo creía que esto era muy sano. En la película jamás me dieron crédito, Mandoki la llamó *Gaby Brimmer, A True Story as Told to Luis Mandoki.* Mandoki se enteró de Gaby por mí. Cuando salió la película, Gaby vino una vez a verme en una camioneta especialmente equipada para ella. Entró en la casa y Felipe salió de su recámara y cuando la vio le dijo: "Gaby, ¿qué más vienes a sacarle a mi mamá?" Entonces Gaby escribió con su pie: "Felipe eres injusto". Él dijo: "No, no soy injusto, tú eres una ingrata y sólo quiero defender a mi mamá y ahora te devuelvo a tu automóvil". Le dio la media vuelta a su silla de ruedas, se la llevó, y mediante una pequeña grúa, Gaby subió con todo y silla a su camioneta. No la he vuelto a ver desde entonces. Tuve una gran devoción y admiración por ella, pero me dio una patada y Luis Mandoki es el hombre más deshonesto y tramposo que he encontrado en la vida. No considero que *Gaby Brimmer* sea un libro de literatura, es como del *Reader's Digest.* A mí me dolió mucho su situación y me afectó profundamente porque mi sobrino Alejandro, hijo de Kitzia mi hermana, había tenido un accidente terrible en Eldorado, en el norte de México, y quedó paralítico, y esta fue una de las razones que me condujo a escribir el libro. Si hago un examen, en realidad el libro lo hice por Alejandro.

12. "ESPACIOS DE CONCIENCIA"

A pesar de haber proporcionado lo que fue el guión para la película *Gaby Brimmer, A True Story*, Elena tendría que esperar dos décadas para ver un texto suyo llevado a la pantalla grande: *De noche vienes Esmeralda*, basado en un cuento publicado originalmente en 1979. El colofón del libro es significativo:

A lo largo de sus páginas la autora, sin esconder sus limitaciones, pretende rendirle homenaje al amor, a la soledad, a los niños, a los árboles, a los que se han ido, a las piedras del camino y sobre todo a la paciencia y a la buena voluntad de los señores tipografistas, formadores, correctores, impresores y encuadernadores que hicieron posible este libro...

Para Tununa Mercado, cuya reseña apareció en la revista *Claudia* en abril de 1980, esta pequeña dedicatoria constituye:

Una síntesis muy modesta pero cabal del universo imaginario de Elena Poniatowska o, en términos más amplios, del modelo de intelectual que su obra ha terminado por forjar en la escena cultural mexicana.

¿En qué consiste este modelo? En primer lugar, en una propuesta no formulada pero que emerge de la obra misma: tocar, con la palabra, diferentes espacios de conciencia, es decir, sensibilizar a los lectores en algunas cuestiones que tal vez sólo puedan ser nombradas con "grandes nombres", pero que en los libros de Elena Poniatowska no admiten ninguna vociferación ni solemnidad: la justicia, el respeto por la dignidad humana, el reconocimiento del otro en su extrema soledad, la revelación de la belleza en lo pequeño, el descubrimiento del mediocre tránsito humano, el sutil desmenuzamiento de las mezquindades, sueños, locuras y aburrimiento de la burguesía, y así hasta el infinito. En segundo lugar, hacerlo con todos los medios e instrumentos que un escritor tiene a su alcance para hacer valer la palabra, en varios registros y en varios géneros: el periodismo, la narrativa, el testimonio, la poesía, la denuncia, etcétera.

De noche vienes —insiste Mercado—, una selección antológica de cuentos de la autora, recoge toda esta diversidad que señalamos para su obra total en múltiples expresiones, desde brevísimos relatos que por su nitidez y perfección casi parecen estampas, grabados —"La identidad" o "Las lavanderas", por ejemplo— a narraciones más complejas como "De Gaulle en Minería" u otras donde apunta la novela corta, como "Métase mi prieta entre el durmiente y el silbatazo".

De noche vienes, cuya portada ostenta un grabado de Gustave Doré de Caperucita y el lobo, en el momento en que ésta destapa la cara de su abuela y duda sobre su identidad, está compuesto por una selección de cuentos nuevos, amén de algunos provenientes de *Lilus Kikus*. En su reseña aparecida el 8 de diciembre de 1981 en "Sábado", suplemento cultural del ya desaparecido periódico *Unomásuno*, Gonzalo Celorio advierte que si bien es verdad que:

En este libro se recogen algunos de los textos de *Lilus Kikus*, en él no predomina, ciertamente, el espíritu infantil que animó, por su lenguaje y por su temática, aquellos sonrientes cuentos con los que Elenita estrenó su talento narrativo. Persiste, sin embargo, la misma curiosidad, la misma mirada sorprendida de la Caperucita que descubre, bajo el gorro de dormir de la abuela, las fauces abiertas de la bestia.

Esta curiosidad signa la obra entera de Elena Poniatowska. Por razones de oficio y vocación, todo narrador es un curioso —digamos un curioso profesional. Pero la curiosidad de Elena va más allá del texto: no sólo desemboca en la literatura sino en el compromiso. Como niña precoz que todo lo quiere saber y no tiene pelos en la lengua para preguntarlo, Elenita interroga, averigua, se entromete —metiche— en la intimidad de la gente y acaba por involucrarse —solidaria— con quienes, por la fuerza de su propia voz, siguen siendo en sus textos personas de carne y hueso más que personajes literarios: la sirvienta vejada y agredida cotidianamente, la niña popis que quiere y no puede, la secretaria de torta en escritorio y tinte platinado, el ama de casa carcomida por la vida doméstica, el campesino que no puede regalar sino su nombre...

Celorio termina la evaluación de la escritora y su obra con algunos fragmentos de su siguiente libro, una colección de ensayos que ella llama crónicas y que lleva por título *Fuerte es el silencio*, obra con que Elena estrenará la década de los ochenta, asunto del siguiente capítulo.

Capítulo VII

Viuda de desastre

"Viuda de desastre", caricatura de Magú.

1. Piedra de toque

Después de 1968 México cambio para siempre. La experiencia vital de Elena durante la década de los setenta —época de la guerra en Vietnam, la lucha internacional por los derechos de la mujer y un malestar político internacional— se refleja en su obra literaria de los siguientes diez años, que trataría de documentar, interpretar y denunciar por medio de dos obras clave: *Fuerte es el silencio*, de 1980, una colección de ensayos sobre los más olvidados de la República Mexicana, amén de un final acercamiento a *La noche de Tlatelolco* y sus consecuencias sociales. *Nada, nadie, las voces del temblor*, de 1988, también fue producto de su creciente indignación con el sistema político mexicano, en este caso provocado por un desastre natural de proporciones épicas. Según la autora, *Fuerte es el silencio* fue el desenlace lógico de *La noche de Tlatelolco*, ya que en esta obra se vuelve a dar voz a un grupo creciente de mexicanos que por falta de servicios básicos —luz, agua, drenaje— quedó atónito ante su propia desesperación:

> *Fuerte es el silencio* —dice Elena— es una crónica de la gente de la calle. Ocuparme de los que venden chicles en la calle, esos ángeles de la ciudad, y luego también de la colonia Rubén Jaramillo, una colonia de paracaidistas, hizo que me acercara a los líderes presos, compañeros de Florencio Medrano en la toma de tierras en Morelos. La colonia Villa de las Flores pertenecía al hijo de Rivera Crespo, el ex gobernador de Morelos, que la había fraccionado para hacer una colonia habitacional

de lujo. Ahí se fueron a meter todos los pobres como en una película del mejor neorrealismo italiano. Es la historia de esta toma de tierra y, claro, eso me valió que me odiaran todos los dueños de casas en Cuernavaca. Carlos Monsiváis dijo que esta era una de las mejores crónicas escritas en México y esto me dio un gusto enorme. La otra crónica se centra en los desaparecidos políticos y la guerrilla urbana.

Es alarmante descubrir que hasta hace poco Elena recibía llamadas telefónicas amenazadoras, seguramente de algún funcionario de un gobierno corrupto que ella se ha encargado —a lo largo de más de treinta años— de desenmascarar. Me di cuenta de esta situación un día que pasé a saludarla y la encontré en un cuartito ubicado al fondo de la casa. Al preguntarle por el súbito cambio de habitación, me explicó que las llamadas de insultos nocturnos le impedían dormir. Para Elena, estas situaciones no son nuevas. Después de *La noche de Tlatelolco* no sólo recibía aquellas llamadas telefónicas, sino que fue vigilada por unos tipos que se estacionaron día y noche frente a su casa de Cerrada de Pedregal:

Me amenazaban, ponían autos afuera de mi casa con guaruras adentro para ver quién entraba y salía. Tengo una inconsciencia muy grande y les ofrecía café. Una vez, viajé con Rosario Ibarra de Piedra a la ONU en Nueva York, donde ella iba a denunciar a los desaparecidos políticos en México. Recuerdo que en el largo pasillo del aeropuerto pusieron a muchos fotógrafos, nos tomaban fotografía tras fotografía a Rosario y a mí. Yo sonreía cual pavorreal y le dije: "Ay Rosario, ¡qué populares somos! Todo el mundo nos retrata". "Ay, Elenita —respondió—, no sea ingenua, son de la Federal de Seguridad y nos están fichando".

No sólo conoció el fichazo, sino también la cárcel. Esto sucedió una vez con el fotógrafo Héctor García y otra vez durante las investigaciones para su crónica "La colonia Rubén Jaramillo", capítulo clave de *Fuerte es el silencio*. A Elena la encarcelaron en una celda improvisada durante doce horas:

> En la colonia Rubén Jaramillo me encerraron en una celda de lámina frente a un campo donde unos muchachos jugaban futbol. Por primera vez en mi vida pude verlo a través de los barrotes y me enteré de lo que era el futbol. En la noche me sacaron libre.
>
> También en la ciudad de México me subieron a una "Julia" cuando Héctor García me lanzó su cámara (porque uno de los agentes de la Federal de Seguridad quería sacarle la película), y otro agente me arañó el pecho y las manos con tanta fuerza que rompió un anillo con una perla que traía. Salimos libres por falta de mérito. A los dos días habló el jefe de la policía para pedir una atenta disculpa.

2. FRUTO DEL OFICIO

El viernes 9 de enero de 1981, Isabel Fraire, poeta mexicana galardonada con el Premio Xavier Villaurrutia y traductora del poeta ruso Mayakowski, publicó una reseña de *Fuerte es el silencio* en su columna "Al margen", dentro de las páginas del periódico *Unomásuno*. Opina —desde la perspectiva de poeta y mujer— sobre el desarrollo literario de Elena al señalar una gradual depuración en su expresión creativa, claramente revelada en *Fuerte es el silencio*:

Elena Poniatowska se hizo famosa por primera vez allá por los sesenta con sus entrevistas en que, tras una máscara de ingenua niña tonta, hacía preguntas tan brutalmente inoportunas que arrancaba de un tirón la máscara de importancia y dignidad de los grandes personajes entrevistados, que se reducían instantáneamente a gusanos retorciéndose bajo una lupa...

Ahora, con *Fuerte es el silencio*, Elena Poniatowska ha vuelto a lograr una obra que tiene esa misma inmediatez y vitalidad, esa misma pertinencia histórica y excepcional calidad literaria (aunque ésta no sea obvia más que para quien comparte el oficio de escritor). Están de por medio varios libros y algunos ensayos. *Hasta no verte Jesús mío*, biografía basada en entrevistas grabadas, pero armada como novela. *Querido Diego, te abraza Quiela*, breve respuesta feminista por una víctima del machismo y de la pasiva aceptación de un ideal romántico, que encontré un tanto repugnante porque me repugnaban tanto la víctima como el verdugo. *Gaby Brimmer*, que tuvo también un gran éxito de ventas y que es una oda al esfuerzo individual ante obstáculos casi insuperables.

Fuerte es el silencio, que reúne lo que la autora llama "crónicas" (del DF, del 68, de los desaparecidos y de la colonia de paracaidistas Rubén Jaramillo), es fruto del oficio adquirido con todos estos libros. Ya no sabemos francamente si es novela o entrevista o reportaje. Si los personajes, cuyas fotografías vemos, son reales o entes de la imaginación, y si esta imaginación es nuestra o la de Elena Poniatowska o la de sus entrevistados. Sólo sabemos, eso sí, que Elena Poniatowska nos está entregando una verdad que no se queda en la superficie, que cala una capa tras otra, hasta darnos un complejo panorama multidimensional, real, vivo, y al mismo tiempo imaginario, porque no hay vida sino en la imaginación, porque no hay verdad sino en la imaginación, porque las estadísticas no son la verdad, sólo confirman la verdad, porque la verdad se da en un campo distinto de la mera acumulación de datos.

Y el arrastre que tiene la prosa de Elena Poniatowska, los diálogos de Elena Poniatowska, merecen su comentario aparte. La prosa de Elena Poniatowska se acerca continuamente a la de García Márquez o a la primera poesía de Montes de Oca. Es una corriente que lleva hacia adelante irresistible, torrencialmente, sin pausa alguna... aunque a veces sus diálogos tienen ese detenimiento detallista, esa interrupción del tiempo que seduce en las estampas japonesas, como en el que abre la última sección del libro en que se relata la historia de la colonia Rubén Jaramillo.

Y el trazo de los personajes sería envidiable para cualquier novelista. No sólo Rosario Ibarra de Piedra, el "Güero" Medrano, cobran perfiles al mismo tiempo épicos e intimistas, sino que una innumerable galería de rostros y nombres, todos claramente delineados, conforman un mural imponente, en perpetuo movimiento, digno rival del muralismo posrevolucionario de los veinte. Si sentimos en la mirada cierta incertidumbre, cierta vacilación, ausentes de los ojos de sus personajes, es porque Elena Poniatowska conserva su papel de observadora de un proceso inconcluso. Y como tal, confuso e incompleto. Ella no tiene ni pretende tener la fe ciega de quien cambia el curso de la historia, mucho menos la tranquila seguridad de quien describe, desde un punto de vista cerrado, un proceso concluido. La suya es una mirada abierta, decidida a abarcar lo más posible y a traducirlo, cada vez más magistral, más hipnóticamente, en palabra.

3. KLINEXEROS, MECAPALEROS Y CHICLEROS

Es, sin embargo, su entrañable amigo y colega Carlos Monsiváis quien hace el mejor elogio de Elena, al afirmar que trazar la historia política y social de México —y de los mexicanos— después de Tlatelolco es una tarea maestra. En su ensayo, Monsiváis subraya de manera categórica la enorme importancia del trabajo periodístico y literario de Elena, hasta entonces un tanto susceptible a críticas, por el contexto de privilegio y abolengo que definió su vida de niña y adolescente. Como Monsiváis fue bautizado el "Paz de los pobres" por las circunstancias de su propia vida y los temas que escoge, su juicio respecto a la obra literaria de Elena resulta decisivo. Su ensayo "El silencio de los marginados es la sordera de los marginadores" apareció en la revista *Proceso*.

Diez años después [de Tlatelolco], las crónicas de *Fuerte es el silencio* dan cuenta del desarrollo literario y político de Elena Poniatowska y de varios fenómenos primordiales y "ocultos". De nuevo, el tema es la otra historia: la fermentación del "espíritu del 68", el destino de la disidencia extrema, las coincidencias y las disparidades entre quienes nunca han tenido voz y quienes se arriesgan con tal de romper el mutismo de siglos. Hay una idea reiterada: el silencio de los marginados es la sordera de los marginadores; y tres relatos centrales: los jóvenes a quienes 1968 radicalizó, los parias que se organizan para sobrevivir, los inconformes ante la represión. Es una denuncia política y un alegato por los derechos humanos que precisa los avances y los retrocesos de una década, sitúa un momento de madurez de un género narrativo y de una escritora, y señala límites y causas de la sociedad civil... Si algo intensifica ahora a la crónica y al reportaje es su posibilidad de captar una gesta popular travestida, negada, difamada, la estimulante serie de hazañas marginales cuyo común denominador es la voluntad de no dejarse. ¿Cómo no llamar épico al esfuerzo que, desde la total miseria, construye una colonia? Algo de la voluntad demoledora consignada por Bret Harte o Jack London en sus evocaciones de la Norteamérica del XIX, recoge Elena Poniatowska en su crónica sobre la colonia Rubén Jaramillo; uno de los mejores textos de la literatura mexicana contemporánea, una admirable recreación de la "fiebre del oro" de los carpinteros, albañiles, obreros, desempleados, vendedores ambulantes, raterillos, que deciden —tihui, tihui— adquirir un terrenito donde aquerenciarse, afirmarse, habitando un melancólico ensamblado de hojas de lámina y cartón y palo y pedazos de plástico, recuperarse individual y comunitariamente en sus señoríos de doscientos metros...

Un estilo desbordado, lírico, poblado de analogías, vivificador del detalle, captura esta nueva fundación de Aztlán, el entreveramiento de la desposesión y el sentimiento de propiedad, de utopía y *realpolitik*; que pasa por la adhesión de los estudiantes, el recelo de los colonos, la intensidad de las reuniones, las sospechas y las calumnias, el idioma a horcajadas entre Rulfo ("A mí esto me cabe a desdicha") y el naturalismo tradicional ("Tú nunca nos vas a dejar volando Güero, porque estás igual de jodido que nosotros los jodidos...") En tres crónicas, Elena Poniatowska examina a una parte de la izquierda en los setenta, su lento y ácido aprendizaje de la democracia, la lucha por los derechos humanos, la renovación que se intensifica en 1968 y que, de modo insólito, no reduce una derrota únicamente al idioma de las asimilaciones y las dispersiones. También fomenta un clima crítico y enriquece y modifica a las organizaciones y los grupos: Partido Comunista, Partido Revolucionario de los Trabajadores, Partido Mexicano de los Trabajadores, Punto Crítico, el sindicalismo universitario…

¿Y por qué la conocida escritora Elena Poniatowska narra los esfuerzos y se solidariza con las reclamaciones de una sucesión de madres gorkianas? En ambos casos interviene el impulso de revelar lo mutilado y proscrito y acallado. Mas para ir a fondo, la cronista no puede exceptuarse, será también su propio personaje, la periodista afamada que vive sentimientos contradictorios, la dueña de la casotota que confiesa, para trascenderla, su óptica de clase. "¿Vamos a ser amigos?" le pregunta el joven exguerrillero, y Elena Poniatowska, la entrevistadora, responde: "No puedo, Benjamín, soy burguesa". Tan sólo esa aceptación destruye cualquier posible costumbrismo y señala el tono de una nueva crónica, que combina creación literaria, antropología, historia, sociología, política, y que a través de un haz de sensaciones e informaciones ofrece un panorama que nos sorprende y desconcierta; todo esto en verdad lo ignorábamos, saber de poco en poco es atrasar el conocimiento…

Fuerte es el silencio de Elena Poniatowska es, por lo mismo, un logro literario y un hecho político. También somos lo que dejamos de oír, lo que nos negamos a ver, lo que sólo nos merece un sobresalto de buena conciencia. Aún somos mexicanos, como en el poema prehispánico, y queda por ver si a este gentilicio lo normará el ejercicio o la inexistencia de los derechos elementales.

4. ESPERANZAS Y NOSTALGIAS

Si en 1961, con *Palabras cruzadas*, Elena reunió una colección de entrevistas con los más destacados escritores, políticos y artistas de la época, más de veinte años después, en 1982, publicó *Domingo siete*, entrevistas con los candidatos a la presidencia de México. El libro refleja su actividad en la arena política, afán que culminará en 1994 con su adhesión al movimiento zapatista. El libro es también una denuncia de la falta de democracia en México, pues *Domingo siete* no es sólo la esperanza de una pluralidad política mexicana, sino la creación de un espacio literario en el que los lectores pueden escuchar una polifonía de voces y actitudes respecto a las metas más importantes de cada candidato. A través de *Domingo siete* y *Novedades*, que publicó primero las entrevistas, esperaba eliminar del país el dedazo y la costumbre del tapado. A pesar de esta tentativa democrática, México habría de esperar dos décadas hasta que el PRI (Partido Revolucionario Institucional) cediera su poder en favor del PAN (Partido Acción Nacional).

Otra publicación del mismo año —y más a tono con la propia Elena— fue *El último guajolote*, también de 1982, ensayo editado por la Secretaría de Educación Pública, con el título de "Memoria y olvido: imágenes de México". Al retomar sus aventuras de los años sesenta, Elena recuerda una ciudad rodeada de lagos salados y dulces y sus ya desaparecidos habitantes. Los chichicuilotes, patos, axólotls y peces blancos, amén de sus respectivos vendedores, crean un coro de gritos lanzados a un pasado irrecuperable, aplastado por el progreso, pero aún visible por medio de las fotos de Waite que ilustran el texto.

5. FUERZAS DE LA NATURALEZA

Cinco años después de la publicación de *Fuerte es el silencio*, el 19 de septiembre de 1985, un fuerte terremoto devastó la capital de México, dejando un saldo de muertos, desaparecidos y damnificados ignorado hasta el día de hoy. La respuesta por parte del gobierno fue lenta y desorganizada; durante los días posteriores al siniestro el caos reinó sobre la ciudad de México. Casi veinte años atrás México había padecido la masacre de Tlatelolco, y ahora un desastre natural de proporciones incalculables, ponía en evidencia la irresponsabilidad de constructoras —muchas contratadas por el gobierno para levantar edificios públicos como el Hospital General— que utilizaron materiales baratos y métodos poco seguros en la construcción de sus edificios.

No fue sino hasta mediodía que Elena descubrió las enormes dimensiones de la catástrofe. En entrevista, ella reflexiona sobre los acontecimientos de aquellos meses y al mismo tiempo revela que, al menos al principio, nunca se le ocurrió dedicar un libro al temblor; su reacción inmediata fue mucho más epidérmica: "Lo primero que empecé a hacer fue lo que hacían todos los ciudadanos: hervir agua y llevar ropa y medicinas a la delegación".

El acontecimiento telúrico la alcanzó desde el primer día cuando su amigo, el escritor Miguel Capistrán, la llamó porque había perdido a parte de su familia entre los escombros. Elena llevó a su hija Paula a la funeraria donde se encontraba Miguel. Al llegar a la colonia Roma, madre e hija se dieron cuenta de la magnitud devastadora del sismo:

> Tenía una cita con Miguel Capistrán para irnos a Veracruz el 19 de septiembre porque yo iba a dar una conferencia y me había dicho que podían ir Felipe y Paula. Todo quedó cancelado porque me dio una noticia

espantosa: que el edificio donde vivía su familia se había colapsado y ya los estaban velando en una funeraria sobre la calle de Álvaro Obregón. Corrimos Paula y yo a Álvaro Obregón y el espectáculo resultó terrible. Paula me decía "ya no mamá, ya no, ya no quiero caminar, ya me quiero ir a mi casa". A raíz de la tragedia empezamos a juntar ropa y medicinas, a hervir agua, a buscar botellas para meter toda el agua y llevarla a los sitios de desastre. Luego tratamos de conseguir un pico y una pala y todas las tlapalerías estaban vacías.

Vinculado directamente a sus anteriores crónicas urbanas, *La noche de Tlatelolco* y *Fuerte es el silencio*, *Nada, nadie, las voces del temblor* es producto de sus experiencias y las de muchos mexicanos, y ocupa un lugar destacado en su producción literaria testimonial, género que en muchos sentidos ella inventó. *Nada, nadie, las voces del temblor* es una crónica del desastre, una denuncia al gobierno mexicano y su incapacidad de crear un sistema político capaz de atender a los pobres, quienes fueron las víctimas más afectadas en las colonias más humildes: Roma, Juárez, Centro Histórico, Doctores.

6. HÉROES ANÓNIMOS

Para ir a las brigadas de noche —explica Elena— te inyectaban en la UNAM contra el tétano y recuerdo a Sara Sefchovich gritándole a los brigadistas: "¡Cuídenla mucho!" Antonio Lazcano fue al Estadio con Claudia Ovando y a mí me tocó un edificio en la colonia Juárez. En la calle de Orizaba vi a una pareja de pie que había perdido a su familia: parecían dos lágrimas congeladas, dos estatuas de sal, algo horrible. Estaban paralizados a media calle. Hacíamos una cadena de pura gente voluntaria y pasábamos una cubeta llena de escombros y la sacábamos. No había maquinaria. Unos chavos *punk* con los pelos parados, correas en las muñecas y aretes en las orejas se integraron a la cadena. Uno de ellos me ayudaba todo el tiempo. Cuando me tocaba la cubeta copeteada de piedras, me decía: "A ver abuelita, pásamela".

Recuerdo las dificultades para encontrar un sitio donde no me vieran hacer pipí a lo largo de doce horas. Los chavos banda me conmovieron mucho porque yo les preguntaba "¿Cómo te llamas?", "Ay, no importa", me respondían. Eran héroes anónimos. Por eso voy con toda tranquilidad a las colonias populares, porque los chavos banda tienen una gran nobleza que comprobé en el 85.

7. DEBER PROFESIONAL

Un día Julio Scherer García me llamó por teléfono: "No entiendo qué estás haciendo entre los escombros si lo que debes de hacer es reportear". Monsiváis también insistió: "Tú escribe, no vayas por las cobijas". "Es que soy mujer", respondí. "Eso pueden hacerlo otros, tú lo que debes hacer es escribir." Siempre he tenido facilidad para acercarme a la gente y empecé a entrevistarla. Creo que el hecho de ser muy pequeña hace muy fácil que yo entre en todas partes. Hablé con la gente y la gente me contó sus desgracias. Salí a la calle todos los días durante tres meses, Daniel Molina, Raúl Álvarez Garín y Javier González, que andaban con pico y pala, crearon un centro de información para los efectos del sismo en la colonia Condesa, y Monsiváis y yo fuimos varias veces a recoger los testimonios. Marta Lamas me pidió que fuera tesorera del sindicato de costureras, y Neus Espresate, Cocó Cea y otras le entramos. Con Evangelina Corona nació una amistad grande y fuerte que dura hasta la fecha.

Iba a los sitios del siniestro hasta las tres o cuatro de la tarde y escribía a las cinco en mi casa. Entregaba el artículo a las 8:30 o 9:00 p.m. Muchas veces se me hacía tarde, y me hablaban de *La Jornada*: "Elenita, ya le guardamos una página". Así hice una enorme cantidad de artículos que después sirvieron para *Nada, nadie, las voces del temblor*. Después otros participaron porque los jueves en el taller de literatura les dije a los alumnos: "No vamos a hablar de literatura ahora. Si ustedes quieren salir a la calle conmigo y hacer reportajes, y ver cómo viven los mexicanos, sigue el taller, si no, se cierra". Había señoras que ni conocían los barrios pobres.

A raíz de sus reportajes, Elena enfrentó un sinfín de urgencias:

Me encontré con muchas necesidades físicas y espirituales. Llamé a Manuel Camacho Solís porque necesitaba una silla de ruedas para una mujer a quien le cayó un muro encima. "Mañana tiene su silla de ruedas", respondió Camacho Solís. En efecto, el día siguiente llegó la silla. También iba yo a comprar colchones, frazadas, lo que se necesitaba. Creo que con todo eso, empecé a perder la brújula porque duró demasiado tiempo. En diciembre, tenía yo una depresión marca diablo. Carlos Payán me ofreció la última página de *La Jornada* los domingos para escribir cualquier otra cosa, lo que yo quisiera, pero me sentía tan mal que no quería volver a escribir en mi vida. ¿Para qué? ¡Todos íbamos a morir aplastados!

No considero que el libro sea bueno porque se me cayó de las manos. El de Monsiváis es infinitamente superior. Salí fuera de México a la Universidad de California en Irvine a dar un curso de tres meses y allá seguí volando bajo, pero bajísimo. Sólo me levantaba la bicicleta.

8. CAMBIO DE PIEL

En un artículo publicado en *La Jornada* el primero de octubre de 1988, titulado "La odisea de *Nada, nadie*", Alicia Trueba, dueña del taller literario "El grupo", que ahora lleva el nombre de Elena Poniatowska, reflexiona sobre las experiencias compartidas por ella y sus compañeros durante un momento de gran dificultad para todos los mexicanos:

Formo parte de un grupo que Elena carga hace muchos años. Cuando fue el terremoto, nos pidió ayuda, ayuda que sabíamos que ella no necesitaba. Su intención, como buena maestra, era despertar inquietudes en sus alumnos. La respuesta del grupo fue inmediata y unánime, como la de todos nosotros frente al desastre.

Nos organizamos para obtener cualquier posible información. Se leían cuidadosamente todas las publicaciones, se marcaban, se sintetizaban, se ordenaban, se archivaban. Se hicieron cientos de fichas, las carpetas crecían hinchadas de datos, las noticias invadieron nuestro espacio, nuestros días, nuestra vida.

El grupo vivió hundido en el terremoto, y menciono únicamente como ejemplo a Marisol Martín del Campo, inteligente, capaz, que cambió su vida diaria para entregarse de lleno a entrevistar, a obtener la información más veraz y exacta, sin detenerse frente a desplantes y mucho menos a horarios, y así con el mismo empuje de ella, todos, Sandy Ramos, interrumpiendo su viaje, regresó con la angustia de las noticias en los periódicos europeos, en donde México ocupó los titulares por más de tres días consecutivos, y se unió a nuestro trabajo de doce y dieciséis horas. Ayudábamos a damnificados, visitamos albergues, hospitales, seguimos posibles pistas de desaparecidos, y llegamos hasta a anotar las inexactitudes en la información de los distintos diarios.

Fueron días de acción sin límite, en donde poco a poco y sin que nosotros mismos nos diéramos cuenta, cambiamos de piel. El terremoto modificó nuestra forma de actuar, de pensar, de evaluar hechos y gente, porque entre muchas cosas descubrimos que las miserias del hombre, también eran las nuestras...

Día tras día Elena llegaba a enterarse de nuestro trabajo, sus ojeras eran cada vez más grandes, más oscuras, y al verla tan pequeña, tan frágil, pensábamos "¡Cómo! ¡Cómo puede resistir!" Todos tocaban a su puerta para contarle dolores, injusticias, muertes; y ella enfrentó ese huracán, lo conformó hasta convertirlo en crónicas día tras día, en un libro que ahora conocemos, sin permitir que *nada* se olvide, que *nadie* se mantenga ajeno, logrando que llegue a todos, en medio de tanta miseria, lo que es ella misma, una bocanada de aire limpio.

9. HILANDERA DE RECUERDOS

A raíz de la aparición de *Nada, nadie*, Antonio Lazcano Araujo publicó en *La Jornada* una emotiva crítica del libro, que le dedica a "la memoria de Rosita Capistrán quien murió en el terremoto". El artículo apareció en la sección *"La Jornada de los libros"* el primero de octubre de 1988:

Con la singular maestría que le permite consignar las voces más disímbolas, Elena fue uniendo con un respeto infinito las palabras y la memoria colectiva para convertirse en la hilandera de nuestros recuerdos, y dar cuerpo, primero a una serie de extraordinarios artículos publicados en *Proceso* y en el periódico *La Jornada*, y luego a *Nada, nadie*, el libro en donde ha convocado a las voces del terremoto.

El recuento de los días trágicos que siguieron al 19 de septiembre de 1985 hacen de este libro una obra terrible. Obra maestra de la crónica, el rigor de su tono profundamente doloroso no hace sino reflejar la magnitud de la peor tragedia que ha sufrido la ciudad de México, nuestro ombligo lunar, nuestra pobre tuna resplandeciente acunada tantas veces en la catástrofe. Pero a pesar del dolor que encierra cada una de sus páginas, la pena y la desesperanza han sido decantadas cuidadosamente, para transformar sus testimonios en una epopeya con una pluralidad asombrosa de voces, un monumento a la solidaridad del hombre ordinario, de la mujer de todos los días, que nunca se supieron héroes, que tuvieron que consumir su duelo al lado de los escombros, pero que encontraron en sí mismos una fuerza nunca sospechada y realizaron hazañas de enorme generosidad que ahora sabemos heroicas, pero que en su momento fueron actos de supervivencia individual y colectiva.

Nada, nadie no es sólo un recuento dolido de una tragedia colectiva de enormes proporciones; es también el registro fiel de la más grande interpelación que una colectividad le haya hecho a sus gobernantes en la historia de México. En los días que siguieron al temblor el espectáculo bochornoso de la corrupción administrativa, del vacío de autoridad, de la certeza de que los efectos destructores de las fuerzas de la Naturaleza habían sido multiplicados por la irresponsabilidad oficial (como en Tlatelolco), por la indiferencia de todos ante la explotación (como en el caso de las costureras), por la constancia de la negligencia (como en los hospitales y las escuelas que se derrumbaron), transformaron rápidamente lo que no eran sino reclamos mínimos de supervivencia individual y colectiva en denuncias políticas y en acciones que rebasaron el orden oficial. Fue allí cuando se empezaron a hacer audibles las interpelaciones que apuntaban no tanto hacia el presidente o el Regente, sino en contra de un sistema paternalista cuya inoperancia se evidenciaba a cada momento en las pretensiones de autosuficiencia, en la incomprensión de policías y soldados, en la ridícula solemnidad de las comisiones burocráticas desde el momento mismo de su concepción, en la constancia con la que toda suerte de autoridades, funcionarios y jerarquías demostraron su incapacidad.

Nada, nadie es un libro que sólo se puede leer conteniendo las lágrimas. Las voces que brotan de su lectura son las de la multitud que durante varios días hizo del heroísmo un hábito cotidiano, y que descubrió en la ausencia de la autoridad los límites del autoritarismo. El coro de esas extraordinarias mujeres como Consuelo Romo, como la Dra. Chiringas, como Victoria Munive (la de las muñecas de trapo) y Evangelina Corona, como las buenas samaritanas de las Lomas o de la Santa Julia que hirvieron agua, cuidaron heridas y dieron de comer, que obligaban a los brigadistas a lavarse las manos, son las voces transparentes de los muchachos de la Ibero y de la Anáhuac, hermanados repentinamente en su acción solidaria y en su indignación política con los chavos banda, los estudiantes de los CCH, los *boy scouts*. Son los testimonios de los médicos y las enfermeras del Centro Médico, de los bomberos; es el duelo por la muerte del ingeniero Jesús Vitela Valdés, que falleció en las labores de rescate, son las acciones de los voluntarios de todas partes del mundo.

Nada, nadie es, ante todo, las voces de los damnificados de Tlatelolco, de las organizaciones de barrio, de los brigadistas, de las costureras, de los que al rebasar la incapacidad oficial, recuperaron derechos, se impusieron obligaciones, y empezaron a constituir, quizá sin darse cuenta, un nuevo pacto social, una nueva nación, como la nación de José Luis Vital, que en las próximas páginas de *Nada, nadie* cuenta que "...cuando llegué al Hospital General volteé al lugar donde estaba Ginecología y, como si no hubiera estado nunca, vi un altero de escombros, con perdón dije: '¡Ay, en la madre!' Uno no es rico ni nada. Ese día estrené unos botines ¿no? y pensé: 'Mis botas', y luego dije: '¡Que viva México!', total si salvo una vida voy a quedar mejor que pagado".

10. IMÁGENES IMPRESAS

Resulta lógico descubrir una pausa en la producción literaria de Elena a raíz del terremoto; entre 1985 y 1988 lo único que publicó en forma de libro fue una colección de semblanzas de autores titulado *¡Ay vida, no me mereces!* (1985). Sus impresiones ensayísticas de autores como Juan Rulfo, Carlos Fuentes, Rosario Castellanos, José Agustín, Gustavo Saínz y otros, recuerdan ese sincretismo literario tan suyo, en el cual lo subjetivo y lo objetivo se disuelven para engendrar algo peculiarmente "helénico". En su reseña del libro, aparecida en el suplemento de los libros de *La Jornada* el 6 de febrero de 1986, y titulada "¡Sí que no la mereces, vida!", Tununa

Mercado señala algunas de estas recurrentes características literarias de la obra de Elena:

Semblanza, glosa, recreo literario, impresión personal, el último libro de Elena Poniatowska, *¡Ay vida, no me mececes!*, se resiste a ser encerrado dentro de un género; muy lejos de una pretensión académica, de un rigor universitario, los textos sobre Carlos Fuentes, Rosario Castellanos, Juan Rulfo y la literatura llamada "de la onda" son, según palabras de la autora, "imágenes impresas" de personajes de la vida cultural mexicana, "Su sustancia me ha nutrido —agrega—. Me han dado vida y fuerza. No es éste un ajuste de cuentas ni es crítica, ni ensayo siquiera: pretende sólo ser un acto de amor hacia hombres y mujeres que me son entrañables".

Al discurrir sobre escritores cuyo carácter protagónico en el país es indiscutible, Elena Poniatowska reflexiona, entre líneas, sobre el papel que desempeñan los intelectuales y la interrelación que entablan con el medio. Su propia idea, por lo tanto, se entreteje en su texto y esto es quizás lo que más interese destacar.

Para entrar en ella, y en primer lugar, diría que Elena Poniatowska se fusiona con el objeto de su discurso, no toma ninguna distancia respecto del autor sobre el que escribe, y se fusiona también con la obra que analiza. Así, no hay fronteras entre el yo de quien observa (ella), el escritor, el personaje que éste crea y el narrador que relata; un mismo magma cubre estas entidades y el acto predominante que las signa es la "inmersión…"

La idea de literatura que anima esta filosofía fusionante se completa con otro fenómeno, el de la absorción: el escritor, ya sea Fuentes, Rulfo, Rosario Castellanos o la propia Elena Poniatowska, absorbe la realidad, la incorpora, la deglute, la segrega como si fuera un alimento que se procesa en el interior antes de salir a la luz de la palabra. Esta capacidad de absorción-exteriorización que sería escribir, supone una dirección ética y hasta política: reflejar la realidad sería denunciarla, poner al desnudo su gloria o su miseria. Fuentes, o Rulfo, fusionados a su vez con la materia que escriben, han asimilado lo que los rodea y, respondiendo a un particular destino de "portar las voces" de quienes sufren o gozan esa realidad, se convierten ante todo en transmisores de sí mismos...

Esa percepción y esta transmisión tan agudas tienen blancos donde ir a parar, finalidades: decir lo que se piensa de México, de sus intelectuales, defender una idea de justicia, reclamar una verdad, suscitar, de modo ejemplar, una reacción frente a errores individuales, defender, en suma, causas. Una vez más, con la frescura e incisión —cualidades complementarias en este caso— que le son propias, Elena Poniatowska se pone al servicio de sus "personajes", los hace hablar, los interpreta, entrega de ellos parcelas desconocidas y redondea imágenes que permiten entenderlos mejor. En este sentido, su escritura es de descubrimiento: logra hacer salir lo que entreveía —¿no es acaso la entrevista uno de sus recursos más preciados? —, y la suya es una invención audaz y peculiar: protegida detrás de la "realidad" produce ficción, recurre a artificios de la imaginación, se entrega al vértigo de la palabra porque no podría —aun a costa de cualquier "realidad"— soslayar su esencia de artista.

11. TERAPIA LITERARIA

En una especie de escapismo literario, Elena se refugió en sus propios recuerdos infantiles, dulces imágenes que quizás sustituyeran las que había enfrentado durante el proceso de escribir su crónica del siniestro telúrico. Al husmear en cajones, escudriñar textos largo tiempo olvidados, y revivir la felicidad e inocencia de su juventud, Elena descubrió un proyecto novelístico enterrado bajo los testimonios de estudiantes desaparecidos y paracaidistas cuernavaquenses. Siempre fiel a su autodeclarado "trabajalismo", Elena lo convirtió en un ejercicio literario. Su proyecto consistió en la reelaboración de una novela concebida a mediados de los años cincuenta, durante la beca del Centro Nacional de Escritores, que recibió en 1957 junto con Héctor Azar, Emilio Uranga y Juan García Ponce, entre otros:

> La "Flor de Lis" es una novela de juventud. En esa época empecé a creer que había que hacer libros útiles, libros para mi país, lo cual hacía exclamar a Carlos Fuentes: "Mira la pobrecita de la Poni, ya se va en su vochito a entrevistar al director del rastro…" El precio de las cebollas y los jitomates, los desalojos y las invasiones de tierra resultaron para mí mucho más importantes que mis estados de ánimo. La segunda parte de La "Flor de Lis" durmió el sueño de la Bella Durmiente hasta que el año pasado, cuando trabajaba en el libro del terremoto cuyos testimonios resultaron atroces, para cambiar de idea saqué del cajón la novela Naranja dulce, limón partido y la remocé añadiéndole la primera parte, o sea unas ciento cincuenta páginas, y le cambié de nombre, y le puse La "Flor de Lis" por la tamalería de la colonia Condesa, pero también porque la fleur de lis está ligada a Francia.

En estricto orden cronológico, la segunda parte de esta novela fue escrita justo después de la publicación de Lilus Kikus en 1954, aquel librito que narra las ocurrencias e inquietudes de una muchacha sumamente curiosa, quien, al final de la obra —y siguiendo los pasos de su autora— es enviada a un convento de monjas en Estados Unidos. Allá, aprendería todo lo que una niña bien necesitaba saber para transformarse en una buena esposa, madre de familia y miembro de la sociedad privilegiada. Si bien este libro contiene algunos rasgos innegablemente autobiográficos, la propia autora insiste en que sirven tan sólo de punto de partida para la creación de un personaje excepcional, la niña Lilus Kikus. Lo mismo sucede con La "Flor de Lis", puesto que la novela trata de una niña burguesa, Mariana, que a raíz de la Segunda Guerra Mundial llega a México con su hermana menor, Sofía, ambas acompañadas de su hermosa madre, Luz. Provenientes de Francia, descubren —entre otras cosas— su propia mexicanidad, largo tiempo perdida en la genealogía de su madre, cuyos antepasados fueron dueños de haciendas como La Llave en Querétaro y San Gabriel en Morelos, durante muchos años.

Hasta ahí La "Flor de Lis" es una novela autobiográfica o un libro de memorias. Después la autora introduce personajes y situaciones que no corresponden a su vida de adolescente, como es el caso del extraño padre Teufel, cuyo nombre quiere decir diablo en alemán. Según Elena, se inspiró en los *pretres-ouvriers* (padres-obreros) de Francia que colgaron los hábitos al entrar en contacto con la clase obrera. Al igual que sucedió con Jesusa Palancares, la inserción de este sacerdote que tanto impresiona a sus azoradas discípulas, resulta en la invención de un personaje literario memorable, basado en un ser de carne y hueso, pero transfigurado por la atrevida pluma de Elena. Es más, el padre Teufel resulta ser una herramienta imprescindible en términos narratológicos, puesto que le permite a la autora alejarse de su propia subjetividad para observar, documentar y criticar la vida que rodea a la protagonista.

Según José Cueli, autor del artículo titulado "La aristocracia de Elena", publicado el 8 de abril de 1988 en *La Jornada*, Elena logra aislar un "...yo observacional en la figura del padre Teufel, que le permite la crítica de ella y su mundo, representado principalmente por su madre Luz". Por otra parte, en su artículo titulado "La bondad del padre Teufel" publicado en *La Jornada* el primero de abril de 1988, José Joaquín Blanco —original lector y crítico del manuscrito bajo escrutinio— descubre en la figura del padre Teufel algo más que pura técnica narrativa, puesto que el extraordinario padre constituye un punto de partida ideológico para sus neófitas mexicanas, quienes pronto contemplarán un mundo lejos del rosario, la catequesis y la confesión, lleno de injusticia e indolencia:

La bondad del padre Teufel consistió en su inteligencia y en su conflictiva sinceridad, predicó sinceramente una desestabilidad que él también compartía y sufrió su buena parte de desastre; en cambio hizo surgir entre las conciencias inteligentes y profundas, pero aletargadas por el bienestar y distraídas por frivolidades burguesas, la chispa de la crítica, del pensamiento. De tales desmoralizadores surge la verdadera moral. Y entre más desvencijado y lleno de incongruencias y culpas resulte, tanto más confiable será su doctrina y su perfil, tanto más auténtica la experiencia que irradia y que padece.
    La *"Flor de Lis"* —dice Elena— es ante todo ficción y realidad. Toda literatura es un poco autobiográfica. Hasta Octavio Paz escribe autobiografía puesto que participa de cuerpo entero en los sucesos que describe. No otra cosa es *Pasado en claro*. No otra cosa son sus poemas de amor a la mujer que ama. La *"Flor de Lis"*, así nombrada por los tamales en la calle de Huichapan

19, es la historia de unos ejercicios espirituales, un retiro predicado por un sacerdote que viene de Francia y conmociona con sus ideas nuevas a la colonia francesa, originaria de Barcelonette cuyas jóvenes se reúnen en la calle de Jalapa a hacer sus ejercicios espirituales.

12. LIBRO DE MEMORIAS

En el texto escrito para la presentación de La "Flor de Lis", publicado después en La Jornada, el 30 de abril de 1988, Antonio Lazcano Araujo comenta la presencia de la autora en la novela y la manera en que su papel, aparentemente protagónico, se disuelve en un universo de personajes literarios provenientes de otras obras suyas que, pasados por el tamiz de la imaginación literaria de Elena, y mezclados con aspectos autobiográficos, cobran vida y habitan su propio espacio narrativo:

> La "Flor de Lis" no es un libro de memorias, pero no es difícil adivinar en Mariana la misma nariz respingada y fruncida, los ojos con la misma candorosa mirada de panóptico azul cielo, la misma inocencia mezclada con la curiosidad endiablada y la aguda inteligencia a la que Elena Poniatowska nos tiene acostumbrados… ¿De dónde brotó La "Flor de Lis"? Todo libro esconde, entre la metáfora y la paráfrasis, elementos autobiográficos, y en este nuevo libro confluyen y reencarnan personajes prefigurados en cuentos de años atrás, "Castillo en Francia", "De Gaulle en Minería", "El inventario", personajes que Elena Poniatowska ha ido hilvanando con los zurcidos invisibles de su escritura para escribir una novela, inventarle la vida a Mariana, relatar parte de su autobiografía y describir al Distrito Federal de los

años cincuenta, cuando todavía era posible encontrarse con una duquesita de guantes blancos trepada a bordo de un camión colonia Del Valle-Coyoacán.

A su vez, y recordando el entusiasmo provocado por la aparición de *Hasta no verte Jesús mío*, varios críticos descubren en esta obra de Elena cualidades novedosas que se dejan ver al separar la novela de la vida real de la escritora; acción difícil para muchos críticos, que insisten en señalar lo esencialmente biográfico, o al menos autorreferencial, de todas las expresiones artísticas femeninas. Desde los sonetos de Sor Juana Inés de la Cruz hasta los dolorosos autorretratos de Frida Kahlo, pasando por la egocéntrica poesía de Guadalupe Amor, estas obras pueden considerarse hasta cierto punto confesionales, pero no por eso se ve disminuida su calidad artística. En este caso, la obra de Elena encierra cualidades que merecen atención crítica y ofuscan cualquier intento de definirla como escritora de textos intimistas.

Uno de los aspectos novedosos de *La "Flor de Lis"* es el de la creación de un mundo literario femenino, que llena un hueco importante en la novelística mexicana, más cuando se tiene en cuenta que ésta no es una historia de pobreza y marginación, de soldaderas desheredadas o artistas famélicas y abandonadas, sino la de una sociedad privilegiada en plena decadencia:

> ...*La "Flor de Lis"* —escribe Antonio Lazcano Araujo—, evoca inmediatamente *El gatopardo*, la espléndida novela del príncipe Guiseppe di Lampedusa, que también pintó desde adentro con rasgos precisos y subjetivos el derrumbe de la aristocracia, el adiós al pasado, el aria final de una época y de una clase de la cual ya sólo quedan jirones. Desde el interior de ese universo que se cierra lentamente sobre sí mismo, y que hasta ahora

no había sido descrito en la literatura mexicana (salvo por libros completamente prescindibles como *Los de arriba*, de Eduardo León de Barra), Elena Poniatowska ha puesto al descubierto la existencia de un mundo aún más recóndito, el mundo femenino, por donde transita Mariana siempre a la sombra de su madre, Luz, una mujer inasible de una belleza tan deslumbrante como su nombre pero siempre lejana.

José Joaquín Blanco, autor de obras tan originales como *Las púberes canéforas*, *Mátame y verás* y el provocador ensayo "Ojos que da pánico soñar", confirma la observación de Lazcano Araujo en su ya citado texto:

> El concepto de "novela femenina", en cambio, sí está más próximo a *La "Flor de Lis"*, en el sentido de que no es sólo una novela de una mujer sobre otras mujeres, sino sobre la larga vida *en gineco*, en feminidad. Acaso esto hubiera resfriado a las feministas desbocadas de pasados tiempos intrépidos; en realidad, constituye una gran aportación el hecho de asumir, y jubilosamente, el mundo cerrado que en buena parte de sus vidas hacen las mujeres para protegerse, quererse, divertirse, aprender unas de otras, y que frecuentemente queda como una "edad de tinieblas" de biografías femeninas que sólo iluminan sus contactos con los hombres. Ese mundo de madres, hijas, abuelas, tías, nanas, sirvientas, amiguitas léperas, hermanas peleoneras y envidiables se vuelve una especie de Edén en *La "Flor de Lis"*, hasta que aparece un barbaján masculino vestido de sotanas y rompe algunas piezas de la cristalería.

Una visión menos particular y más universal es la que presenta la poeta Ethel Krauze, quien vislumbra en la obra de Elena una meditación sobre el tema —nada novedoso en sí— de la mexicanidad. No obstante, la autora de *La "Flor de Lis"* se acerca a esta obsesión nacional desde la perspectiva de Mariana, una niña que, al darse cuenta de su radical diferencia con México y los mexicanos, lucha por afirmar su lugar en una sociedad cerrada que ve al extranjero con ojos de desconfianza o disimulo. Ahora sí, el tema es netamente autobiográfico, especialmente al recordar la siempre repetida frase de los antepasados de Elena: *We don't belong.* Su reseña "La Flor de Elena" fue publicada en *Excélsior* el 21 de abril de 1988:

> Con todo esto, Poniatowska logra el buceo en uno de los sellos más característicos de la cultura mexicana: su negación. Es decir, negar la mexicanidad desde la pretensión aristocrática, porque lo mexicano es visto como sinónimo del indio, pelado o sirviente; paradójicamente, negarle, desde el pueblo, la mexicanidad "al blanco y de apellido raro": eres extranjera de ojo azul, no hables, no tienes derecho, no eres de aquí. Nadie es, pues, mexicano. O ¿cuál es el verdadero mexicano? Y yo —se pregunta Mariana— ¿de donde soy? Y el libro todo le da la respuesta: soy el producto de este cúmulo de contradicciones, y eso me hace enteramente mexicana.

Capítulo VIII

De la tierra al cielo

Tres generaciones: Paula, Elena y doña Paulette.

1. *TINÍSIMA*

A principios de los ochenta, y de manera indirecta, Elena descubrió a una mujer extraordinaria —como ella, mexicana de corazón— cuya aportación plástica y política al México posrevolucionario es un espléndido ejemplo de militancia. En un curioso paralelismo vital, Tina Modotti también emigró con su familia a América, aunque debido a muy diferentes circunstancias. Si bien Elena, su hermana Kitzia, y su mamá vinieron a la ciudad de México en 1942 huyendo de la guerra, Tina llegó a San Francisco, California, proveniente de Udine, Italia, en busca del sueño americano. Al igual que muchos inmigrantes, Tina trabajó en los infames *sweatshops*, donde las condiciones laborales eran deplorables y las horas eternas. Como resultado de su participación en obras teatrales italianas en San Francisco, consiguió trabajo como actriz de cine mudo en Hollywood, donde inevitablemente fue relegada a interpretar el papel de la *femme fatale*, latina, con ojos de lince y daga en la boca. En Los Ángeles, Tina conoció a Edward Weston, con quien viajó a México en 1923. Llegaron a un México jubiloso por el triunfo de la Revolución, que en aquel momento empleaba a sus mejores artistas al servicio del país, patrocinados por el Secretario de Educación Pública, José Vasconcelos. Gracias a su iniciativa, muchos maestros rurales viajaron a los pueblos más remotos de México, brindando a sus habitantes una educación básica, que en la época "en que era Dios omnipotente y el señor don Porfirio presidente" se limitaba a la clase alta. En esta atmósfera llena de grandes expectativas, Tina, inspirada por su nuevo compañero, el revolucionario cubano Julio Antonio Mella, descubrió su verdadero camino: el de fotógrafa comprometida y activista del Partido Comunista Internacional. Al conseguir trabajo en el periódico comunista *El Machete*, Tina tuvo la oportunidad de mostrar su talento fotográfico —aprendido de su maestro, Edward Weston— en un contexto político de grandes cambios sociales.

2. UNA NOVELA POR ENCARGO

Gracias a sus actividades y actitudes, Tina resultó ser el modelo que Elena requería para entender mejor su propio papel en el gran esquema de las cosas. Al igual que sucedió con Josefina Palancares y Angelina Beloff, el azar llevó a Elena hacia Tina; la descubrió cuando el camarógrafo mexicano, Gabriel Figueroa, le encargó un guión para una película sobre la vida de la fotógrafa. La película nunca se realizó, y cuando Elena se enteró del abandono del proyecto, ya le había invertido mucho tiempo y energía. Pero se dio cuenta de que entre las numerosas entrevistas con personajes de la época como Manuel Álvarez Bravo, Vittorio Vidali, Pablo O'Higgins, Guadalupe Marín, Yolanda Modotti, entre otros, había acumulado una gran cantidad de material para un proyecto literario que sería, al igual que las imponentes obras pictóricas de "Los tres grandes", un desbordante mural del México posrevolucionario; época, según Elena, única e irrepetible. La novela, bautizada *Tinísima*, en honor de lo superlativo que resultó el personaje y sobre todo su época, es una verdadera épica del México de los años veinte y treinta que, al seguir los pasos siempre comprometidos de su protagonista, abarca desde la bohemia burguesa de Los Ángeles en torno a John Cowper Powys, la ciudad de México, la Rusia de Stalin, Lenin y Trotsky, hasta la Guerra Civil española, donde Tina luchó al lado del "Comandante Carlos". En entrevista con la revista *Proceso*, el 2 de noviembre de 1992, Elena habla de este retador proyecto literario y de su génesis:

¿Por qué escogiste a Tina y no la vida de una niña popoff como habías anunciado en alguna ocasión?

—No, yo nunca he querido escribir la vida de una niña bien. Tina en realidad fue una encomienda de Gabriel Figueroa, Gabriel me dijo que quería un guión, pero para ayer, sobre Tina Modotti, porque se iban a filmar dos películas, una sobre Antonieta Rivas Mercado, que la hizo Carlos Saura, y otra sobre Tina Modotti que ya no se hizo. Yo había hecho algunas entrevistas para el guión y me pareció muy injusto dejar colgados a mis entrevistados. También me pareció injusto que se juzgara a Tina Modotti a través de sus amantes, así que empecé a hacer más y más entrevistas larguísimas a Fernando Gamboa, María Luisa Lafita, Pablo O'Higgins, Lola Álvarez Bravo, Manuel Álvarez Bravo, y, finalmente, la más decisiva fue la de Vittorio Vidali hecha en Trieste, Italia, de más de trescientas páginas.

Escribir sobre Tina fue totalmente circunstancial. Desde luego, yo ya conocía a viejos comunistas como Rafael Carrillo, Miguel Ángel Velasco, Fausto Pomar, a toda la gente que después entrevisté, y que me sirvió mucho. Yo no sabía que iba a hacer una novela sobre Tina, pero cuando se suspendió el proyecto pensé de inmediato en la decepción de muchos viejos comunistas. Me fue seduciendo sobre todo la época, el personaje de Tina no. A mí la época de los veinte en México me emocionó mucho, me parece una época no sólo irrepetible, sino insuperable. Me parece que los personajes de Diego Rivera, Siqueiros, Orozco con su amargura y su mal humor, Manuel Álvarez Bravo que parecía un pajarito, Lola Álvarez Bravo, Dolores del Río, Emilio Fernández, personajes como esos no se han vuelto a dar, porque son únicos. Todo ese movimiento en torno al muralismo era notable: el doctor Atl volcanólogo, todo eso no ha vuelto a haberlo y además toda la gente que vino en ese momento: Edward Weston, Tina, Hart Crane, Langston Hughes, Katherine Anne Porter, Francés Toor, Anita Brenner, Chabela Villaseñor, Gabriel Fernández Ledesma, Mireya y Germán Cueto, Frida Kahlo, María Izquierdo. También María Asúnsolo, Adelina Zendejas y si te adelantas hacia los cuarenta y cincuenta, Elena Garro también es una figura que no ha sido superada. Mujeres míticas, legendarias. Hay mucho que decir de Rosario Castellanos, también se puede decir un poquito lo mismo de Pita Amor, pero Pita Amor está más ligada al desquiciamiento. Ya no hay en México grandes figuras, las mujeres son más conformistas, menos originales en sus planteamientos y, además, esta ciudad se ha vuelto gigantesca y ya nadie sabe lo que hacen los demás, ya no hay lugares de reunión. La única que veo con un destino excepcional es Jesusa Rodríguez, la actriz, pero también pensadora, la opositora política, la crítica social, la vanguardista, finalmente la creadora.

3. ¿REALISMO SOCIALISTA?

Es en su entrevista con Javier Molina, publicada en *La Jornada*, el 20 de septiembre de 1992, donde Elena se ve obligada a contemplar la naturaleza genérica de *Tinísima*, ya que muchos críticos aún insistían en el aspecto netamente historiográfico de su producción literaria, al pasar por alto sus innegables cualidades literarias:

—¿Considera usted que [*Tinísima*] se trata de una novela histórica?

—No sé poner categorías. Fernando del Paso dice que su libro *Noticias del imperio* es una novela histórica, pero yo no quisiera cometer el mismo error de los libros de texto que quieren hacer pasar el sexenio actual a la historia.

—Puede ser histórica, política, social, el testimonio de la cultura de una época, pero, antes que todo, es una novela: literatura. Háblenos de ello, por favor.

—Es una novela en la que intenté pasar a la literatura testimonios, palabras de entrevistas, y también lo que yo leía en los periódicos. Si parece un español antigüito es sobre todo por eso. Ahora, a medida que pasaron los años se fue internando Tina Modotti, y ya la eché para afuera con mayor facilidad. Me hizo crecer, aprendí mucho con esta novela. Mientras, sucedió el fin de la Unión Soviética, las guerras del Golfo, la radicalización del régimen castrista... y muchas cosas que me impresionaban me fueron cambiando también. Desde luego, el terremoto influyó en mis capítulos sobre la guerra de España: sabemos lo que son las casas destruidas, la pérdida, el dolor, los hospitales llenos... La vida diaria iba participando en la novela.

—Se dice que muchas partes parecen del realismo socialista.

— Puede ser. Es que me documenté en los periódicos de la época: *El Machete*, *El Universal Ilustrado*, *Excélsior*. El que más me impactó fue el de José Pérez Moreno, un gran periodista, aún no suficientemente reconocido. Él cubrió casos muy importantes de la época de los treinta...

En la entrevista con Molina, fruto de su asistencia a la presentación de la novela en la Casa del Risco, en San Ángel, se reproducen las palabras que Carlos Monsiváis dedicó a *Tinísima*; según él, tan sólo "impresiones de lectura", pero impresiones que le llevaron a emitir un juicio muy positivo sobre las cualidades literarias de la obra: "Creo que *Tinísima* es un gran libro y creo que al decirlo sólo me anticipo algunos días o semanas al juicio de los que seguramente serán sus numerosos lectores". En su presentación, Monsiváis enumera los cuatro puntos cardinales de la novela:

Uno. *Tinísima* cumple diversas funciones. Al mismo tiempo novela histórica, crónica cultural y política, retrato de época, narración de la vida de una mujer que en sus cuarenta y seis años pasó de la bohemia burguesa a la militancia comunista y de ahí al fanatismo stalinista. Sobre todo, literatura que recrea el impulso histórico y moral en que se vivía la solidaridad despiadadamente.

Dos. El eje narrativo es la mujer excepcional que vivió del modo excepcional a que obligó a muchos la primera mitad de este siglo. Es actriz secundaria en Hollywood, compañera del fotógrafo Edward Weston, protegida de Diego Rivera, compañera del pintor comunista Xavier Guerrero, del dirigente cubano Julio Antonio Mella, víctima del linchamiento moral de la derecha mexicana, fotógrafa notable (una foto suya fue comprada en Nueva York en más de cien mil dólares). La pasión le permite ampliar sus horizontes y también la reduce a condición de caricatura del dogma, abandona la fotografía, se deja envejecer, ya sólo vive para el deber partidario. Elena Poniatowska ni patrocina ni hostiga al personaje, hay una disciplina narrativa. Es la época misma tal y como la recrea y esencializa. El stalinismo fue monstruoso, pero de 1917 a 1956 por lo menos, muchos lo vivieron como la hazaña que le daba nuevo sentido a la historia. Tina se entregó a la causa que la rebajó a niveles de espionaje y a la condena de los que hacía un momento eran sus camaradas. La escritora respeta la vitalidad del personaje: le entrega al lector la responsabilidad de armar el sentido último del personaje.

Tres. Es también sucesión de atmósferas deslumbrantes: San Francisco, el DF, la Alemania de Hitler, la España de la República y de la invasión franquista, el México de Cárdenas y Ávila Camacho. Los personajes son hijos y padres de su momento.

Cuatro. Tina Modotti fue una gran fotógrafa, una mujer de sensualidad evidente, una personalidad casi siempre en el límite (aquí Monsiváis localiza el gran drama de la protagonista: aprendió a ver, en el sentido profundo del término, y aprendió a dejar de ver en la militancia compulsiva).

4. ESPEJO ÍNTIMO

En su reseña de *Tinísima*, que publicó en *Excélsior*, el 16 de diciembre de 1992, la escritora Ethel Krauze descubre el "espejo íntimo" que proporciona la novela de Elena; pues es reflejo de las convicciones personales y políticas, los deseos carnales y humanísticos de su protagonista y, hasta cierto punto, de su autora. Si bien Krauze no reconoce el importante vínculo personal —casi familiar— que existe entre Elena y su personaje, ve en la novela una historia de la mujer en un sentido colectivo. Su visión fue más generosa que la de Octavio Paz, quien regañó a Elena por haber escrito una novela sobre una stalinista, mientras que doña Paulette se lamentó de que su hija le hubiera dedicado su última novela, la biografía de una "roja":

Tinísima —declara Krauze— es mucho más que la biografía de Tina Modotti, la fotógrafa italiana que vivió en nuestro país para escándalo de la época: mujer liberada, profesional, comunista militante. Es el espejo íntimo de una mujer que lucha entre sus ideales sociales y su necesidad de expresión individual, su importancia y su temple, su amor al hombre y su amor a los demás, su austera disciplina y su gana de contemplación estética; en fin, el actualísimo itinerario de toda mujer que emerge a la inteligencia, a la búsqueda de su identidad para encontrar el sentido de la propia existencia.

Es además un trozo de la historia de nuestro país y sus fascinantes personajes. El retrato de Diego Rivera es excelente, humanístico. Pero la Lupe Marín de *Tinísima* es sencillamente una obra maestra. Desfilan políticos, artistas, luchadores sociales, terroristas, matones, intelectuales. Y entramos en sus diálogos, sus fiestas, sus riñas, sus alcobas, sus secretos, gracias a la sensibilidad y el talento de la autora, que hiende con pasión y sin pudor en los territorios prohibidos de la historia oficial…

De ahí que *Tinísima* nos llene al mismo tiempo de orgullo y de tristeza, de perplejidad: ver lo que fuimos, lo que pudimos ser, lo que estamos siendo. La bravía frescura y el estallido de expresiones artísticas, políticas, sociales, el compromiso de la palabra que se convierte en acción, dieron paso a la burocratización, la apatía, el mercantilismo, la mediocridad, la masificación y la retórica política… De la revolución a la corrupción: en medio, una historia de amor, una historia de muerte, una historia de arte, una historia de lucha: la historia de una mujer tan única, que puede hablar por todas las mujeres.

Por su novela *Tinísima*, Elena Poniatowska fue galardonada con el Premio Mazatlán por segunda ocasión. Ya lo había ganado en 1971 por *Hasta no verte Jesús mío*, novela dedicada a rescatar del olvido a otra mujer, Jesusa Palancares. Este premio llegó justo a tiempo para la escritora, porque durante las investigaciones para su novela sobre Tina, Elena se había topado con una serie de obstáculos bastante graves. Por ejemplo, en entrevista con la escritora irlandesa Margaret Hooks, Elena le proporcionó una cantidad de material original (entrevistas, fichas, su libro entero) para una biografía sobre Tina que, desde su aparición en 1993, gozó de gran éxito en el ambiente internacional; a tal grado que Mick Jagger, cantante principal del conocido grupo inglés *The Rolling Stones*, quiso hacer una película basada en su libro. Sin embargo, la publicación de *Tinísima* hizo bastante ruido para llamar la atención de la casa editorial neoyorquina Farrar, Straus & Giroux, que en 1996 lanzó una (severamente reducida) traducción al inglés de la novela.

5. LOS ZAPATISTAS

Después del éxito de *Tinísima*, Elena volvió a su talacha periodística y literaria. Esto incluye entrevistas con ya veteranos personajes del mundo cultural mexicano como Manuel y Lola Álvarez Bravo, Juan Soriano, y Gabriel Figueroa, cuyos diálogos aparecieron en *La Jornada*, *El Nacional* y *El Financiero* a lo largo de la década de los noventa. Estas entrevistas, entre otras de las más de 10 mil que Elena hizo a partir de 1953, forman parte de la recopilación que lleva por título *Todo México* y cuyo primer tomo fue publicado en 1991 por la editorial Diana, y hasta la fecha lleva ocho volúmenes editados en una serie de más de veinte.

Para la gran sorpresa de todos, el primero de enero de 1994, México despertó a dos eventos políticos que acentuaron las contradicciones de la sociedad posrevolucionaria nacional. En primer lugar, gracias a los esfuerzos del presidente neoliberal Carlos Salinas de Gortari, entró en vigor el Tratado de Libre Comercio entre Canadá, Estados Unidos y México; acuerdo continental que, según el presidente, ganaría para México un lugar en el esquivo —y hasta entonces exclusivo— "primer mundo". La misma madrugada en que el Partido Revolucionario Institucional soñaba con un México moderno y el apoyo incondicional del pueblo mexicano, ingresó en la ciudad de San Cristóbal de las Casas un retén de indígenas encapuchados, dirigidos por un revolucionario carismático: el subcomandante Marcos. Su organismo político, el Ejército Zapatista de Liberación Nacional (EZLN), se inspiró en el lema "tierra y libertad" acuñado por campesinos morelenses más de medio siglo atrás, y forjado a lo largo de años de abuso —en el mejor de los casos, indiferencia— hacia la población indígena de Chiapas. A finales del siglo XX, los herederos de la extraordinaria civilización maya habitaban un mundo semifeudal, donde cultivaban las tierras de poderosos hacendados que controlaban a sus trabajadores por medio de la intimidación y el hambre. Con razón señala Carlos Fuentes en su *Nuevo tiempo mexicano* que:

> ...el movimiento revolucionario iniciado en 1910, que tan radicalmente transformó las estructuras económicas y sociales de México (aunque mucho menos, las estructuras políticas) dejó atrás a Chiapas, donde las prácticas oligárquicas no sólo no le han devuelto la tierra al campesino, sino que se la han arrebatado palmo a palmo,

en beneficio de los ganaderos, los terratenientes y los talamontes que explotan a Chiapas como una reserva colonial. [1]

En su "Declaración de la Selva Lacandona", fechada el 2 de enero de 1994, el EZLN, encabezado por el subcomandante Marcos, se dirige hacia el pueblo de México para condenar las deplorables condiciones en que vive la mayoría de sus habitantes autóctonos:

> Hermanos mexicanos:
> Somos productos de quinientos años de luchas: primero contra la esclavitud, en la guerra de Independencia contra España encabezada por los insurgentes, después por evitar ser absorbidos por el expansionismo norteamericano, luego por promulgar nuestra Constitución y expulsar al Imperio Francés de nuestro suelo, después la dictadura porfirista nos negó la aplicación justa de las leyes de Reforma y el pueblo se rebeló formando sus propios líderes, surgieron Villa y Zapata, hombres pobres como nosotros a los que se nos ha negado la preparación más elemental para así poder utilizarnos como carne de cañón y saquear las riquezas de nuestra patria sin importarles que nos estemos muriendo de hambre y enfermedades curables, sin importarles que no tengamos nada, absolutamente nada, ni un techo digno, ni tierra, ni trabajo, ni salud, ni alimentación, ni educación, sin tener derecho a elegir libre y democráticamente a nuestras autoridades, sin independencia de los extranjeros, sin paz ni justicia para nosotros y nuestros hijos... Pero nosotros HOY DECIMOS ¡BASTA!

---

[1] Carlos Fuentes. *Nuevo tiempo mexicano*. México: Aguilar, 1994, pp. 116-117.

Casi de inmediato, el EZLN disfrutó de gran popularidad entre algunos intelectuales, artistas, estudiantes y políticos de izquierda y Elena no fue una excepción. Gracias al movimiento zapatista, a Elena se le hizo realidad el sueño de participar directamente en una revolución donde su trabajo periodístico tuviera —como el de Tina en *El Machete* tantos años atrás— el poder de cambiar una realidad indigna.

6. UNA SINGULAR INVITACIÓN

El 14 de julio de 1994 Marcos invitó a Elena a visitarlo en su campamento ubicado en "las montañas del sureste mexicano". En una invitación epistolar de innegable estirpe cervantina, el "Sup" hace alarde literario de la aristocracia de la escritora, conocida entre sus conocidos europeos como la *Princesse Rouge*, es decir, la Princesa Roja. La carta de invitación que le envió Marcos y la crónica del peregrinaje a Chiapas emprendido por Elena y sus hijos apareció en *La Jornada*, el 30 de julio de 1994 bajo un título seductor "Invita Marcos a Poniatowska a posar su rubio pie sobre las rebeldes tierras":

> Reciba vuesa beldad múltiples y espectaculares reverencias. Que acallen las fanfarrias su incómodo saludo. Dejad que mi equino rocinante acerque su torpe paso hasta el pie de la ventana vuestra, que mi intrépido atrevimiento se llegue hasta vuestro balcón, y que pueda yo, con la incómoda amenaza de despeñarme hasta el suelo (¿En qué piso vive vuestra excelencia? ¿No podríamos negociar una planta baja? ¿No? ¿Y una piscina a distancia prudente? ¿Un amable cojín de suaves plumas? ¿Un catre siquiera?), hacer formal invitación para que tenga

a bien usted posar, sobre estas rebeldes y amenazadas tierras, la suave planta del rubio pie vuestro. Podremos hablar de muchas cosas y, lo más importante, callar de una cantidad mayor. O, si no, podremos vernos con aire distante y serio, a lo lejos veré yo que mis tiernos guerreros os brinden mil y una atenciones. ¿Fecha probable para que aterricen ángeles en esta tierra de demonios (Prigrione *dixit*)? Dicen que dicen que los astros, la Luna, las mareas, los retenes y desalojos podrán hacer una amable conjunción el día 23 de este incierto julio. Lugar, hora, y agenda probable de tan ¿afortunado? suceso: con los amables portadores de la presente. Si no es posible en fecha insinuada, no preocuparse, los transgresores no tenemos horario fijo, trabajamos a destajo, es decir, de tiempo completo; el "año sabático" lo trocamos, años ha, en "vida selvática".

Vale. Salud y traiga una de esas incómodas "bolsas de dormir", porque aquí, a más de digno, el suelo es duro.

Desde las montañas del Sureste Mexicano
Subcomandante Insurgente Marcos
México, julio de 1994

7. TIERRA ADENTRO

Elena —visiblemente emocionada— hizo todos los preparativos para el viaje: compró boletos de avión para ella, sus hijos y el científico Manuel Fernández y fue a Sanborns para conseguirle tabaco al "Sup", cuya pipa servía como símbolo oral que lo vinculaba con otros revolucionarios latinoamericanos como el Che Guevara y Fidel Castro, además de otros objetos que seguramente harían falta en las tupidas selvas de

Chiapas. Durante las semanas que siguieron a la sublevación chiapaneca, ya la casa de Elena se había convertido en un pequeño almacén para los libros destinados a la biblioteca construida por los zapatistas, y contaba con computadora y una impresora, entre otras cosas reunidas que después fueron trasladadas en caravana hasta el sureste mexicano. A diferencia de sus experiencias con Jesusa Palancares, en esta ocasión Elena no se encontró sola en su afán de ayudar a los marginados, porque sus hijos Felipe y Paula se dedicaron a la causa chiapaneca, y su casa vibraba con emoción y actividad mientras llegaban jóvenes cargados con bolsas de ropa, útiles, y comida para los rebeldes. Según lo documenta Elena en su crónica del viaje, aparecida en *La Jornada* el 30 de julio de 1994, el camino a Chiapas fue azoroso:

> No es fácil llegar hasta el subcomandante Marcos —apunta Elena—. Hay que hacer contactos, conectes, sumergirse en un océano de siglas. Dizque son cinco horas de San Cristóbal hasta Guadalupe Tepeyac, pero como ahora es época de lluvias se hacen más y eso si se consigue vehículo porque sólo pasan los *jeeps*, las *pick up* y uno que otro vochito que no teme los golpes. Eso sin contar los retenes que empiezan desde Tuxtla Gutiérrez, al bajar del avión en el aeropuerto de Terán... En el último retén militar, el teniente coronel Juan Daniel Lara Capuchino es más caballeroso que el director de Protocolo de Relaciones Exteriores, y eso que no ha de ser nada fácil en medio de este lodo y esta soledad interrumpida sólo por las tiendas de campaña kakis y la punta de los fusiles.

Cuando por fin llegan a Guadalupe Tepeyac, el pueblo más cercano a los cuarteles del EZLN, se instalan en un hospital vacío que los zapatistas habían convertido en albergue.

Allí otra vez aguardan para ser llamados a emprender lo que falta del camino hasta Marcos. Mientras aguardan, Elena apunta en su libreta: "El día se va en esperar y desesperar. Una nunca sabe cuándo llegará el chaparrito encapuchado a decir que 'ya'..." Casi al terminarse el día concertado para la cita, Elena recibe otra misiva firmada por el "Sup", llena de bombos y platillos pero con un tono enigmático:

El sonido de miles de cuernos resuena en valles y cañadas. ¿Algún candidato de algún partido de Estado de algún país de algún inminente proceso electoral? ¡No! Vuestra llegada anuncian y ya corre el cortejo, ya se oyen los claros clarines, ya las campanas tañen, ya sigue mi bota rota y yo me apuro, me apura el Comité, yo apuro al Comité, se hace una asamblea y se vota si hay que apurarse o no, el Comité apura la votación, apurada gana la apuración y sí, apurados todos y "consensados" en nuestro apuro nos enfilamos hacia la zona franca donde vuesa beldad reposa su fatiga. Pero resulta que, apurada apuración del apuro y todo, tardaremos horas, tal vez días (meses y años si tenemos el viento en contra) en llegarnos cerca vuestro. La paciencia es virtud de los guerreros, pero no de las escritoras, así que se me ocurre mandaros una apurada flor de apuro para tratar de reteneros lo suficiente para que se acabe de organizar nuestro apuro (que, a como va, será por el 2013) y nos lleguemos (todavía arreglando el yelmo, un poco ladeado por la carrera), hasta vuestra presencia y ponernos literalmente (seguro alguno se tropieza por la armadura oxidada) a los pies vuestros. Yo no me puedo hacer presente hasta que el reloj del Palacio de Buckingham dé las doce campanadas (que no tengo una maldita idea a qué hora será pero suena muuuy elegante lo de "Buckingham"), pues antes de esa hora debo sobrellevar una horrible maldición que me condena, años ha, a de día ser una calabaza, eso sí, una hermosa calabaza, pero una calabaza al fin y al cabo. Dudo que vuesa excelencia considere prudente entrevistar a una calabaza, sobre todo si la calabaza lleva pasamontañas, así que le ruego esperar la improbable hora de improbable reloj del improbable palacio del improbable "Buckingham" (¿así se escribe…?)

Vale. Salud y un filtro mágico de esos que cambian dragones en ranas y príncipes en candidatos oficiales… ¿No era así? Bueno, salud simplemente…

Desde las montañas del Sureste Mexicano.

(O sea, aquí cerquita)

El Sup, de calabaza graduado, rodando loma abajo.

México, julio de 1994

Por fin la larga espera dio su fruto y Elena y sus hijos fueron trasladados hasta la tienda de campaña de Marcos, quien los entretuvo durante varias horas con su consabido sentido del humor y gran cultura. El largo diálogo resultó en una extendida entrevista que publicó Elena en dos entregas entre el 30 y 31 de julio de 1994 en *La Jornada* y se considera una de las entrevistas más logradas con el carismático revolucionario.

8. HOMENAJE A MÉXICO

Cuando cumplió sesenta años, Elena fue coronada "Reina de la Intelectualidá Mexicana" por su entrañable amiga Jesusa Rodríguez. Al volver la vista atrás y contemplar su trayectoria tanto personal como profesional, Elena descubrió un coro de voces, producto de sus entrevistas con cientos de personajes del mundo cultural mexicano, algunos ya viejos amigos. Al darse cuenta del acervo de entrevistas que había acumulado durante más de cuarenta años de trabajo, cuidadosamente recortadas y pegadas por su madre, Elena decidió organizar y publicar este material en más de diez volúmenes que llevarán por título *Todo México*: "Yo le quiero rendir homenaje a mi país —explica la escritora— y quiero recoger las entrevistas hechas a lo largo de mi vida. Por eso los volúmenes se llaman *Todo México* Pero no pretendo ser la bióграfa ni la cronista de México, simplemente es parte de mi trabajo". Aparte de esta notable recopilación de diálogos, en 1994 Elena también publicó una edición de bello formato que lleva por título *Luz y luna, las lunitas*, ilustrada con fotos de Graciela Iturbide, Rosa Nissán y Paula Haro. El libro contiene seis ensayos que abarcan desde la elegía a su compañera del alma Jesusa Palancares, oportunamente titulada "Vida y muerte de Jesusa", hasta "Las señoritas de Huamantla", ensayo de costumbres y "color local" de la tradicional feria del pueblo tlaxcalteca, amén de sus hongos mágicos que resistieron a la Conquista y la imposición de una nueva religión.

9. OFICIO ADQUIRIDO

Un ejemplo literario de cómo Elena volvió a sus años formativos durante la década de los noventa se descubre en *Paseo de la Reforma*. Esta venerable avenida, diseñada por los arquitectos de Maximiliano para que Carlota pudiera observar a su esposo en su diario tránsito al Palacio Nacional, desde la terraza de su recámara, ha sido testigo de la epopeya histórica del México moderno. Fue, en los años cincuenta, la zona donde se crió la pequeña escritora, quien vivía con su abuela y sus veinte perros en la calle de Berlín, en la colonia Juárez, a unos pasos del elegante boulevard, imitación de su querido *Champs Elysées* parisino. En entrevista con la escritora Adriana Malvido, publicada en *La Jornada* el 17 de diciembre de 1996, Elena conversa con la autora de *Nahui Olin: mujer del sol* sobre la feliz génesis de su novela, que nació a petición del editor Juan Guillermo López, de Plaza y Janés:

> No la tenía planeada ni nada —insiste su autora—, pasé varios días pensando ¿de qué puedo escribir? Me lancé a hacerla y desde el momento que la empecé hasta el final, menos de cuatro meses, fue un deleite porque me divertí y yo jamás me había divertido con los libros, siempre habían sido casi como un castigo, una manda, porque todo lo tomo a lo trágico: el amor, la política, todo. Además soy muy insegura.

El producto final fue una narración lírica que ilustra cómo los años y las experiencias adquiridas no pasaron en balde para la escritora, ya una mujer madura con más de cuarenta años en el medio cultural. Su novela traza la historia de Ashby Egbert, joven aristócrata de la ciudad de México, y sus relaciones con dos mujeres muy distintas: Nora, su mujer, y Amaya Chacel, quien tiene una muy personal actitud frente a la vida. Según José Cueli en su reseña del libro publicada en *La Jornada* el 20 de noviembre de 1996:

> Elena Poniatowska se salió de madre al escribir *Paseo de la Reforma* y rastrear sus fantasmas. Sus personajes (Ashby y Amaya) que se pasan la vida sin estar listos. Ellos quisieran algo más. Desesperados, viven una diferente noción del tiempo, el espacio y la velocidad de los acontecimientos. *Paseo de la Reforma* se desliza en otra galaxia —que el resto de su obra— en un tiempo medido con un reloj sin límites… Voluptuosidad de la escritora que se permite gracias al ofi-

cio adquirido, estirar los minutos y los espacios delgados e inexistentes y enlazarlos a imágenes en que hace vivir a sus personajes: Ashby, Amaya o Nora. Fatalidad que desborda al no adaptarse a la vida convencional representada por Ashby y su aristocracia. Presencia fuera de las fronteras, de las normas, en el margen, los márgenes, las regiones desconocidas que son ausencia.

10. ¿*ROMAN Á CLEF*?

En su ya citado diálogo con Adriana Malvido, Elena también explica el aspecto singular y para ella novedoso que envolvió la redacción de esta pequeña novela: el que su composición fuera un "deleite de principio a fin" pues durante los cuatro meses que tardó en escribir la obra, su autora se divirtió, inventó y jugó con enorme libertad. Pregunta Malvido:

—¿A esa libertad atribuyes el deleite?

—Creo que se debe a que era ficción, no tenía que consultar nada, jamás abrí un libro para checar una fecha, iba yo inventando las situaciones o quizá las traía dentro de mí, en recuerdos de situaciones reales que he vivido o que me han relatado desde hace muchos años; y todas las fui metiendo en esos dos personajes, uno muy cercano a mí que es Ashby, con el cual me identifico muchísimo, y otro muy sorprendente y muy inesperado que es Amaya Chacel.

—¿Quién es Ashby Egbert? ¿Quién es Amaya Chacel? ¿Quién es Nora? Son preguntas que seguramente pasan por la mente del lector de *Paseo de la Reforma* sobre todo porque conviven con sus personajes reales. Elena los recorre uno a uno y los desmenuza.

—Toda mi vida he observado a las mujeres, sus

movimientos, sus ademanes, sus gestos, su manera de caminar, de reír, o de mover la cabeza y se me quedan grabados como notas mentales que aparecen a la hora de escribir y se amalgaman en un solo personaje.

—¿De quiénes está hecha Amaya Chacel?

—Es un personaje compuesto por rasgos de carácter de personas que he conocido a lo largo del tiempo y que me han impactado mucho como pueden ser Rosario Ibarra de Piedra, que es una mujer muy peleonera, que les dice la verdad a los políticos. Recuerdo también que cuando era muy joven y me inicié en el periodismo, me impactó grandemente Elena Garro y alguna vez la acompañé con Elvira Vargas, la periodista —que también me sirvió un poco de personaje—, a Ahuatepec, en el estado de Morelos. Y también hay rasgos de Rosario Castellanos y rasgos en el personaje Nora, la esposa de Ashby, de Celia Chávez, la esposa de Jaime García Terrés y mi amiga de infancia. Pero yo no sé si ellas se reconozcan o no y a lo mejor no les gusta, pero hay cosas suyas que me impresionaron que he guardado casi inconscientemente, así como posturas de Rita Macedo o rasgos de Ana Cecilia Treviño, Bambi, que algún día saldrán…

Al ser interrogada por la periodista respecto al protagonista de su obra —un hombre— fenómeno que antes nunca había sucedido en su obra literaria, Elena confiesa que se identifica con "Ashby por su capacidad de salirse de sus propias circunstancias, su capacidad para descastarse como diría su clase social, su capacidad para amar la calle y ver a los demás con una curiosidad infinita, lo que le sucede a raíz de su estancia en el hospital Obrero, porque aunque antes estuvo cerca de la muerte nunca se había volcado hacia los demás…"

Continúa Malvido:

A lo largo del paseo imaginario con Elena Poniatowska vemos desfilar a todos aquellos personajes de la novela con los que convive Ashby en el hospital y que le cambian la vida. La escritora se detiene ante ellos:

"Cuando estás escribiendo, el motor encendido, metes hasta a los que ves en la calle. Yo estaba en esos días trabajando con un periodista sueco notable, Kent Klich, íbamos mucho a platicar con los niños de la calle a lugares donde se reúnen. Había uno que era el Calimonstruo, otro el Todomenso y en un sitio donde se juntan los pachecos estaba el Gansito, estuve diez días con ellos, luego un poco los transformé para no hacerles daño nunca".

Al final de su entrevista con Elena, la periodista menciona un proyecto ya iniciado por la escritora años atrás, uno que, cuatro años después, cambiará la vida profesional de Elena: "Continúa escribiendo —apunta Malvido— una novela que trata sobre lo que significa la ciencia en un país del Tercer Mundo a través de la vida de un joven científico". Este enorme proyecto novelístico culminará en el año 2000 con la publicación de su novela más trascendente desde *Hasta no verte Jesús mío*. Su *magnum opus*, una novela inspirada en la vida y descubrimientos de su esposo Guillermo Haro —fallecido en 1984— llevaba en aquel momento el enigmático título *T. Tauri*, en referencia a un grupo de estrellas descubiertas por el notable astrofísico mexicano. Al contemplar este proyecto y otros más, Elena —en un raro momento de autorreflexión—, confiesa que:

Cada vez tengo menos tiempo y me tengo que apurar antes de petatearme, fíjate que tengo que entregar veinte libros de *Todo México* y si no me apuro voy a alzar los tenis antes de terminarlos. Pero también tengo conciencia de que es un poco neurótico traer la máquina colgada del pescuezo como un ancla. Quiero estar con las amigas y los amigos, hacer más cosas de calidad y menos avalancha de artículos.

11. VIDAS CRUZADAS

Al explicar sus razones para reeditar una importante selección de entrevistas que conformarán alrededor de veinte tomos, Elena negó que quisiera ser la cronista o la biógrafa de México. Sin embargo, a finales de los años noventa se convirtió en biógrafa, no del país, sino de dos grandes creadores del siglo XX mexicano: Octavio Paz y Juan Soriano; a quienes entrevistó por primera vez en 1953, iniciando una larga serie de diálogos que evidencian una fructífera amistad con ambos, amigos entre sí. En 1998 esta larga afición dio dos importantes frutos: *Octavio Paz: las palabras del árbol*, y *Juan Soriano, niño de mil años*. Ambas obras se estructuran con el material periodístico que Elena acumuló a lo largo de casi medio siglo de trabajo, aunado a sus propias investigaciones sobre la vida y obra de estos dos personajes de la vida cultural mexicana. En entrevista con Javier Aranda Luna, publicada en *La Jornada Semanal* el 24 de enero de 1999, Elena comenta sobre un defecto que padece su libro dedicado al Nobel mexicano:

El libro me pareció un poco mamón porque no fui lo suficientemente crítica. Pero el chiste del libro es que todo lo que allí aparece se lo dije a Octavio en su propia cara. Le dije, por ejemplo, que era indignante la forma en que había tratado a Carlos Fuentes y quizás por el solo hecho de decírselo frente a frente no se enojó. Al contrario, le preguntaba con frecuencia: "¿Has visto a Carlos Fuentes?" Hasta que su esposa le dijo: "¿Por qué no tomas tú el teléfono y le llamas?" Octavio leyó *Las palabras del árbol* un año antes de que se publicara y me permitió decir impertinencias que no le habría permitido a otro. Sus correcciones fueron mínimas y básicamente tuvieron que ver con la correcta escritura de apellidos de escritores extranjeros.

Si bien sus comentarios sobre el biografiado desmienten cierta tensión personal en su amistad con Paz; amistad que culminó en los años sesenta y setenta (debemos recordar que hizo el prólogo a la traducción al inglés de *La noche de Tlatelolco*) para luego alejarse de Elena a raíz de *Tinísima*, biografía, según Paz, de una comunista que conoció y aceptó los crímenes de Stalin. En cuanto al pintor Juan Soriano se percibe todo lo contrario, pues él es y ha sido amigo constante de Elena y, según ella, es un hombre risueño y desenfadado, nada solemne ni imperioso. La idea de hacer una biografía de Soriano surgió cuando el artista presentó *Las palabras del árbol*, y después a Elena se le ocurrió decirle: "¡Ay, a ver si hago un libro igual sobre ti!" Soriano contestó que sí, que le gustaría mucho. De acuerdo a Elena, su biografía del pintor tapatío está redactada en primera persona para eliminar la presencia de ella, y para que los lectores se acerquen mejor a Soriano. Es el resultado de muchas horas de conversación con Soriano a lo largo de muchas convivencias, iniciadas en agosto de 1953, cuando Elena publicó en *Excélsior* su primera entrevista con Soriano: "Trece vidas al margen del tiempo". En el diálogo con Ángel Vargas que apareció en *La Jornada* el 29 de noviembre de 1998, Elena revela su ferviente devoción hacia el pintor que nació cuarenta años atrás:

Realmente es un libro de devoción —confiesa Elena—, es como un devocionario lleno también de flores del mal o de flores malditas, porque Juan Soriano dice muchas cosas a veces medio infernales, medio terribles. Es mi santito, al cual le rezo desde hace muchos años, porque tiene, para mí, una sabiduría que no tienen otros: la sabiduría para ver la vida. Todas las cosas que él me ha dicho a lo largo de la vida han sido como guías espirituales, siempre me han ayudado. De Juan Soriano no me ha venido más que el bien, siempre ha sido muy bueno conmigo.

Al preguntarle qué hay de original en esta biografía, la respuesta es sorprendente. Según Elena, Soriano:

...habla con mucha libertad de su homosexualismo... esa es la novedad en el libro. Si alguien puede hablar de homosexualismo es él, justamente porque es un hombre de setenta y ocho años. Es, además, un hombre de enorme inteligencia, gran agudeza, mucho corazón, mucha sensibilidad. Entonces, yo creo que él, en cierta manera, es el indicado para hablar de este tema y quitarle tragedia, drama.

Al terminar la entrevista Elena alude a otro proyecto biográfico que a finales de 2002 aún no realiza: "Dentro de un tiempo —señala—, dos o tres años, me gustaría hacer un libro dedicado a Carlos Monsiváis, si no me muero antes". Sólo el futuro revelará si Elena, con sus múltiples compromisos, prólogos, entrevistas y artículos, llevará a cabo este homenaje en vida a "Monsi", su gran amigo.

12. Vidas colectivas

Tres proyectos que Elena logró terminar a finales del siglo XX y principios del XXI también tienen algo de biográfico, pero en vez de la historia vital de mexicanos ilustres, son biografías colectivas dedicadas a las divergentes manifestaciones femeninas en la historia y actualidad de México. El primer libro lo editó ERA en 1999 en coedición con el Instituto Nacional de Antropología e Historia y se llama *Las soldaderas*. En palabras de la autora, quien basó su texto en los testimonios de partícipes como su admirada Jesusa Palancares, amén de investigaciones históricas y fotos conservadas en la Fototeca Nacional en Pachuca, y reproducidas en el texto, su libro explora y documenta el papel de las mujeres revolucionarias (adelitas, vivanderas, chimiscoleras, cucarachas, *et al.*) que:

> con sus enaguas de percal, sus blusas blancas, sus caritas lavadas, su mirada baja, para que no se les vean la vergüenza en los ojos, su candor, sus actitudes modestas, sus manos morenas deteniendo la bolsa del mandado o aprestándose para entregarle el máuser al compañero, no parecen las fieras malhabladas y vulgares que pintan los autores de la Revolución Mexicana. Al contrario, aunque siempre están presentes, se mantienen atrás. Nunca desafían. Envueltas en su rebozo, cargan por igual al crío y las municiones. Paradas o sentadas junto a su hombre, nada tienen que ver con la grandeza de los poderosos. Al contrario, son la imagen misma de la debilidad y de la resistencia. Su pequeñez, como la de los indígenas, les permite sobrevivir.

Muy distintas resultan las mujeres congregadas en un delgado tomo que lleva por título *Las siete cabritas*, dedicado a las "tres gracias" de Elena: Carlos Monsiváis, José Emilio Pacheco y Sergio Pitol, publicado en 2000. El curioso título fue acuñado por Elena a consecuencia de su hija Paula, quien al preguntársele acerca de cuál sería un título apropiado para el libro, respondió con una sonrisa traviesa que "Las dulces gatitas" o "Las yeguas finas". Cuando Elena rechazó las dos opciones, arguyendo que estas mujeres eran mucho más bravas que sumisas, y que las yeguas finas estudiaban en el Colegio Francés de San Cosme años atrás, Paula se enojó y le dijo a su mamá que nunca más le volvería a "dar un título para tus pinches libros". Finalmente, Elena optó por *Las siete cabritas* porque a estas mujeres "todas las tildaron de locas y porque más locas que una cabra centellean como las Siete Hermanas de la bóveda celeste". Al echar mano de sus propias experiencias, recuerdos, entrevistas, investigaciones, y referencias familiares, Elena explora el mundo interior de Frida Kahlo, Nahui Ollin, Guadalupe Amor, Rosario Castellanos, María Izquierdo, Elena Garro y Nellie Campobello. El producto final es un libro que complementa la serie de entrevistas, *Todo México*, donde algunos de estos personajes femeninos hablan por sí mismos.

El último en este ciclo de tres libros dedicados a explorar el mundo colectivo femenino se llama *Paulina: las mil y una* (2000). Es un extendido ensayo de indignación que nació a raíz de un acto terrible: la violación de una niña mexicana de trece años. También es una fuerte denuncia de la hipocresía y el rezago religioso que, en los albores del siglo XXI, aún rige a ciertos sectores de la sociedad mexicana. Paulina, quien vivía en Mexicali con su madre y hermanos, fue violada por un ladrón que entró en su casa para quitarles lo poquito que tenían. El resultado fue que Paulina quedó embarazada y al querer abortar al bebé —hijo de un adicto a la heroína— le fue negada la posibilidad de hacerlo, Elena escribió entonces este libro:

porque es indignante que en un Estado donde el aborto por violación es legal, éste le haya sido negado a una niña de trece años. Médicos y asociaciones religiosas se salieron con la suya en aras de una abstracción. ¿Cómo se atreven grupos religiosos a intervenir en la vida de los demás? Paulina entró en mis días sin pedirlo ella ni pensarlo yo. Me asombró su capacidad de denuncia y su fuerza de niña de catorce años. He aquí la indignación de Paulina hecha papel. He aquí el apoyo de mujeres y hombres y agrupaciones contra el ultraje a la hermanita menor.

13. PATRIMONIO INTERNACIONAL

El 7 de marzo de 2001, Elena recibió una llamada telefónica de Marcelo Uribe de ERA, felicitándola por haber obtenido el cuarto Premio Alfaguara por su novela *La piel del cielo.* Elena, vestida en *pants* y lista para salir al club, sólo pudo exclamar: "¡Nunca pensé ganar! Concursé con una gran inseguridad. No quería ni dar mi nombre, por eso recurrí al seudónimo de Dumbo", nombre del elefantito que vuela en las caricaturas de Walt Disney, el mismo alias con el cual la periodista quería firmar sus primeros reportajes, para hacer juego con Bambi, Ana Cecilia Treviño, en *Excélsior.* La noticia del premio llegó en un momento personal muy difícil para la escritora, cuya madre, doña Paulette Amor de Poniatowski, estuvo internada en el hospital por un fuerte caso de bronco-neumonía, al cual sucumbió el 22 de marzo a la edad de noventa y dos años. Doña Paulette recibió la noticia con una reacción nada sorprendente para los que la conocíamos bien: "Qué bueno, ¡ahora ya no vas a escribir!" —exclamó—, con su aún muy perceptible acento francés. Según la galardonada, su madre creía que escribir tanto durante tantos años le había robado tiempo para cosas más importantes como la convivencia y el disfrute de la belleza: "No te cuidas, sólo escribes. ¿Para qué?"

Siempre me he sentido culpable —confiesa Elena—, es parte de mi formación, es una vocación que además cultivo y me hace daño. Aunque trabajo mucho, siento que no doy lo suficiente. A mi madre la quise hacer a mi modo. Sus dos últimas semanas de vida coincidieron con la venida a México de los zapatistas, y ella se solidarizó mucho con los indígenas y sus peticiones. Era lo que ella quería ver en televisión. Y cuando tuve que ir a Cuicuilco a un mitin, invitada por el subcomandante Marcos, insistió desde su cama del hospital aunque hablaba con mucha dificultad por la neumonía: "Ve, tú ve, tienes que ir". Fui con la muerte en el corazón pero me calentó el abrazo de los comandantes, sobre todo el de Zebedeo y me gustó escuchar a Carlos Montemayor hablar en tzotzil. ¿Lo hablará bien? —me distraje. También recuerdo dos caras, la de Carmen Castillo y la de José Saramago. Al regresar al hospital, mi madre estaba peor, pero yo no quería aceptarlo. Rechacé su muerte, incluso hasta después de su muerte. Pensaba: "¿Qué les pasa a todos que me están dando el pésame?"

Antes de hacerse público el veredicto del jurado —compuesto por los escritores españoles Antonio Muñoz Molina y Rosa Regás, amén de Juan Cruz, director de coordinación editorial del Grupo Santillana; Gonzalo Celorio, director de Fondo de Cultura Económica; Germán Castro Caycedo, escritor colombiano; la actriz española Adriana Ozores y el escritor uruguayo Omar Prego Gadea— ya corría el rumor de que la ganadora era una escritora mexicana, y a las cinco de la tarde, hora de Madrid, el rumor se confirmó desde la Casa de América. Elena fue la segunda mujer y la primera mexicana en ganar el premio, dotado con 25 millones de pesetas (aproximadamente 175 mil dólares) y su obra fue seleccionada entre 596 manuscritos del mundo hispanoparlante. Antes el premio había correspondido al cubano Eliseo Alberto, al nicaragüense Sergio Ramírez y a los españoles Manuel Vicent y Clara Sánchez. Según el presidente del jurado, Antonio Muñoz Molina, el más joven académico de la lengua española, la novela de Elena trata "de un personaje que busca en las posibilidades de la ciencia la explicación del mundo y de la vida, y que halla, en proceso de esa búsqueda, el desafío del amor, a lo largo de una biografía que se confunde con la historia contemporánea de México". En cuanto a los talentos narrativos de su autora que tanto impresionaron al jurado, señala que "la escritura de Elena Poniatowska es extraordinariamente limpia y de gran precisión, con un ritmo narrativo de progreso horizontal". *T. Tauri*, título original de la novela, resultó ser demasiado arcano para un libro que seguramente se convertiría en *best seller* y el chiste del premio era vender — según Elena— al menos 175 mil dólares en libros. La autora, que nunca aprendió a decir que no, rebautizó su novela con un título más prometedor y seguramente más vendible: *La piel del cielo*. Según Elena, su novela fue "escrita con el corazón y también con los pies, porque seguro que me equivoqué cien veces", mientras señala que "uno de los objetivos de esta obra es la reivindicación de la ciencia en un país en el que no la hay. Quería dar voz a los científicos. Ya que los escritores a veces parecemos vedettes, digo yo que hay que aprovechar la coyuntura". En entrevista con su buen amigo César Güemes, publicada en *La Jornada* el 7 de marzo de 2001 —día en que supo del premio— Elena habla sobre la génesis de su novela:

—No teníamos noticias de esa novela —apunta Güemes— salvo algún comentario suelto que hizo hace tiempo. ¿Cuándo la escribió?

—La empecé hace dos años. El caso es que siempre estoy haciendo periodismo, doy conferencias y trabajo en los prólogos que me solicitan. Eso me implicaba mucho tiempo. Total, como sé que ya no me cuezo de un hervor, un día de hace dos años me puse el reto de escribir con decisión.

Al inquirir sobre el premio y qué significa para ella como mujer y como periodista, Elena responde que:

…a los periodistas nos debe dar mucho gusto porque toda la vida me han dicho que soy una pinche periodista. Si eso fuera poco, en efecto cuando uno anda reporteando está sujeto a que el entrevistado nos trate bien o no, a que quien forma la página nos corte el trabajo y que el responsable de la edición publique la nota. Es una labor que a diario nos da lecciones de humildad… También es un premio para las mujeres, claro. Es un gusto para mí porque soy muy cercana a las causas femeninas. En cuanto a la prosa de la novela, pues pasó sin género porque el jurado no sospechaba que fuera una autora.

—Al personaje Lorenzo, como usted dice, no le hacen mucho caso. ¿Eso es una constante con los científicos nacionales?

—Así es, de modo que el libro en ese sentido es una crítica muy virulenta a la política del país y al PRI. Es increíble que nuestros científicos no sean apoyados y muchos se quedan en el extranjero después de su doctorado. Si Mario Molina, nuestro Premio Nobel, se hubiera quedado en México, jamás habría obtenido el Premio Nobel. Hablo del rezago de los países del Tercer

Mundo y de la tristeza y el coraje del personaje central porque el gobierno no le dedica recursos a la educación ni a la ciencia. ¿Qué significa la ciencia en una nación como México? Nada. Dependemos de los Estados Unidos. El caso es que nuestra ciencia, salvo en astronomía, siempre va detrás.

Hacia el final de su diálogo, Elena habla de sus futuros proyectos, "como la novela sobre Demetrio Vallejo, que inicié hace años y la de Lupe Marín, que también está pendiente".

14. LA PIEL DE ELENA

Supe de la existencia de la *Piel del cielo* un día en que subí la escalera de su casa para encontrarla, como siempre, frente a la computadora, mirando intensamente a la pantalla, perdida en sus pensamientos. Conversamos sobre la política del momento, sus queridos zapatistas y su familia. Era 1998 y México todavía soñaba con una democracia verdadera. Aquel día Elena me pidió que le ayudara a transcribir algunos documentos en la computadora, cosa que ya había hecho yo en varias ocasiones. Esta vez, sin embargo, el material de lectura me pareció inverosímil. No eran las cartas de su padre dirigidas a su madre durante la Segunda Guerra Mundial, tampoco apuntes rápidamente esbozados en florida caligrafía, recuerdo imperecedero de sus años formativos en el Convento del Sagrado Corazón, sino unos tratados científicos realmente inescrutables, que incluían teorías, ecuaciones y símbolos que yo no entendía para nada; menos cómo se podrían volver literatura. Pasaban meses y Elena seguía sus lecturas: astronomía, física, astrofísica: Galileo, Kepler, Hubble, Einstein y Hoyle eran los autores de muchos libros que se amontonaban en una enorme canasta colocada en el piso de su estudio. Luego descubrí por qué tanto afán; al principio creí que la escritora componía un *Primero Sueño* del siglo XXI: "Piramidal, funesta, de la tierra nacida sombra". Pero no. Elena preparaba una novela inspirada en su esposo, el astrofísico Guillermo Haro, y su hijo mayor, Mane, doctor en física y jefe de laboratorio de la Universidad Autónoma Metropolitana (UAM). Sin embargo, como Elena señala, si Guillermo leyera la novela "se le pararían los pelos de punta en la tumba, porque le cuelgo un montón de amores que no tuvo". Pasaron varios años y no volví a ver los tratados científicos, y por lo tanto pensé que había abandonado el proyecto. Cuál no sería mi sorpresa cuando descubrí que Elena había ganado el Premio Alfaguara por su novela *La piel del cielo*, una aproximación literaria a un tema difícil: el legado de las investigaciones astronómicas en un país como México. De repente recordé que en una entrevista concedida por la escritora en 1998, le pregunté sobre sus proyectos literarios actuales y me explicó que trabajaba en una novela que trataba de la ciencia en un país del Tercer Mundo. Sin lugar a dudas, la novela abarca mucho más que esto. Es una *bildungsroman* que narra el desarrollo intelectual y emocional de su protagonista, Lorenzo de Tena, niño precoz criado por su madre en la utópica huerta de San Lucas, en el pueblo de Coyoacán, entre vacas, gallinas, burros y caballos. Al morir la madre, se rompe el encantamiento de la niñez y el joven se ve inmerso en un mundo hostil. Vuelve a aparecer su padre quien, hasta el momento, había brillado por su ausencia, y se lleva a Lorenzo y a sus cuatro hermanos a vivir con su tía en una casa porfiriana, que recuerda el *Ancien Régime*, pero cuyos habitantes y concurrentes —los Braniff, los Escandón, los Iturbe, los Creel, los Amor, los de la Torre, los Rincón Gallardo— se encuentran en aprietos, gracias al "pelado" de Zapata quien, años atrás les quitó sus haciendas de pulque, azúcar, café y henequén. Lorenzo y sus hermanos son bautizados los "huérfanos" por la tía, doña Cayetana, quien habla francés en la mesa "*a cause des domestiques*", y se indigna por las malas costumbres de los huérfanos. En aquel medio difícil de asimilar, Lorenzo conoce al doctor Carlos Beristáin, quien fomentará las crecientes inquietudes intelectuales del joven. Entre fórmulas matemáticas y cálculos científicos, Lorenzo también descubre otros misterios, los de la carne, a través de un romance con una amiga de su tía, la intrigante señorita (más bien, solterona) Lucía Arámburu y González Palafox. Igualmente Lorenzo debe encargarse de sus hermanos, en especial de Leticia, quien queda sola y embarazada, y cuya vida tomará rumbos que él nunca logra entender. Durante sus años de preparatoria, conoce a José Revueltas y trabaja en *Combate*, experiencia que lo ilumina respecto a las injusticias sufridas por la gran mayoría de los habitantes de su país.

Sin embargo, el gran cambio en la vida y suerte de Lorenzo ocurre cuando conoce a Luis Enrique Erro, también miembro de la Liga de Acción Política. Además de gran orador, y no obstante su creciente sordera, es un astrónomo aficionado, y tiene un pequeño observatorio en la azotea de su casa. Un día invita a Lorenzo a observar las constelaciones, y de ese decisivo momento en adelante, Lorenzo es un ser poseído por las esferas celestes y la bóveda celestial. Para el joven, "este cielo era su piel, sus huesos, su sangre, su respiración, lo único por lo que daría la vida". Mientras tanto, en la tierra, Lorenzo se atormenta por los demás hombres que "iban y venían con infinita complacencia, dedicados a sus pequeños asuntos, sin interrogarse acerca de lo que sucedía en el cielo". Estas obsesiones siderales se ablandan un día cuando aparece en el observatorio de Tonantzintla —lugar de Tonantzin, diosa transformada en la virgen de Guadalupe— una mujer fascinante, Fausta Rosales, quien lleva a Lorenzo por otras galaxias donde aprende lo que significa la vida en la tierra. Con *La piel del cielo*, Elena Poniatowska ha tejido un verdadero universo planetario cuyos habitantes encarnan constelaciones humanas, que reflejan a la vez su interminable afán de conocer y su enorme capacidad narrativa, al crear, eso sí, un firmamento en el cual brilla la dignidad del ser humano en todos sus matices.

15. UN "OFERTORIO MEXICANO"

Esperemos que el destino de *La piel del cielo* no sea el mismo de *Tinísima*, novela, según Christopher Domínguez Michael, más halagada que leída. En Internet localicé un artículo del profesor de literatura latinoamericana de la Universidad de Brown, Julio Ortega, cuyo "Canto amoroso de Elena Poniatowska" aparece en el sitio de *Verbigracia*, suplemento literario de *El Universal* de Caracas. Según Ortega:

> *La piel del cielo*, la novela de Elena Poniatowska premiada este año en el concurso de Alfaguara, es un ofertorio mexicano a las promesas del siglo XX. Posee la claridad emotiva de una acción de gracias, y el estremecimiento de un relato de aprendizajes. Tiene una feliz dinámica narrativa, que no desmaya, y la rara autoridad de la simpatía. Su límpida prosa trasparenta un asombro maduro. Pronto, el lector se demora en esa intimidad cierta. Su perspectiva es una reconstrucción, pero no se demora en la evocación porque el pasado discurre en el presente y los personajes viven no los desenlaces sino los dilemas de la actualidad. El tiempo se sostiene, así, en la página, en la línea que leemos, y nos sitúa entre sus personajes veraces. La fábula recupera al pasado con la convicción

de un porvenir ganado por la creatividad. Pocas veces la novela se desarrolla como un ritual de lo genuino, preguntándose por el horizonte de lo vivido. Pocas veces ocurre que la novela logra comunicar la nobleza de esa demanda mayor.

Suma de lección histórica y crónica familiar, de memoria científica y biografía espiritual, esta novela reconstruye el pasado como una promesa del porvenir. Es una novela poseída por la noción clásica de que la vida se debe a su realización plena. Esa visión fáustica se desarrolla en la fábula biográfica, esto es, en el proyecto vital forjado en las posibilidades del medio y su tiempo; y se pone a prueba en la aventura del conocimiento, que es capaz de exceder el medio y trascender su tiempo para ampliar sus límites. Por eso, esta es una novela sobre la fuerza apasionada de la creatividad. Esa vocación de aprender y hacer, de descubrir y enseñar contamina con su tiempo de gestaciones esta historia del siglo, como si su narración fuese un proyecto abierto por una vida compartida que no cesa de recomenzar. En ello *La piel del cielo* es fiel a su motivación interna: es memoria ejemplar de su tiempo, hija del siglo que ofrenda. Lo es tanto por la saga de un sujeto del saber, que se construye en el progreso de la narración, cronológicamente; como por la fe en un relato capaz de articular la vida y la historia en su elaboración mutua. Y ello demuestra el carácter profundamente latinoamericano de esta novela: es una alegoría de la identidad creadora y de la nacionalidad creativa.

Capítulo IX

Elena: patrimonio universal
(A manera de conclusión)

Elena con Octavio Paz, 1987.

1. CALIDAD DE EXPORTACIÓN

Si bien el Premio Alfaguara difundió a Elena y su obra por casi todos los rincones del mundo hispanoparlante —en sus palabras, como "vendedora de una nueva marca de jabón"—, su paulatina globalización ya comenzaba en las décadas de los setenta y ochenta cuando investigadores universitarios de Estados Unidos —mujeres casi todas— empezaron a publicar entrevistas, traducciones, reseñas, e interpretaciones dedicadas a la escritora y su creciente producción literaria.[1] A su vez, revistas no especializadas en América Latina pero con gran distribución y diverso público —como *Evergreen Review*— publicaron diálogos con la entonces autora de dos fundamentales pero aún no traducidos libros: *La noche de Tlaltelolco* y *Hasta no verte Jesús mío*. A lo largo de los años —y con debida razón— esta mancuerna literaria será el punto de mayor interés de la crítica estadounidense, dentro y fuera de círculos académicos, tanto en inglés como en español.

---

[1] Hay que señalar que ya existe una bibliografía crítica a escala internacional, pero aquí me limito —por cuestiones de espacio— a contemplar la recepción de su obra en Estados Unidos, país donde el mayor número de investigadores se han dedicado a la interpretación de su obra. Salvo una importante excepción, la crítica presentada en este capítulo proviene de los no pocos libros que contienen secciones o capítulos dedicados a su obra. También se debe mencionar que varios de sus libros han sido traducidos a otros idiomas, incluyendo el polaco, francés, danés, holandés, alemán, ruso, japonés e italiano.

Uno de los primeros textos sobre Elena divulgado por la crítica estadounidense fue la entrevista que concedió a la profesora Beth Miller en 1974, donde la escritora responde a las mismas preguntas que han intrigado a sus lectores desde el principio de su carrera y cuyas respuestas se encuentran en este libro: "¿Se considera escritora o periodista? ¿Es difícil combinar el trabajo de ama de casa y el de escribir? ¿Cuáles son sus escritoras mexicanas admiradas? ¿Por qué decidió escribir *La noche de Tlatelolco*? ¿Y cómo hizo *Hasta no verte Jesús mío*?" La entrevista apareció en *Latin American Literary Review* editada por la Universidad Carnegie Mellon de Pittsburgh, Pensilvania, un año después, en 1975.[2]

2. AIRES DE FAMILIA

No obstante el interés manifestado por investigadores estadounidenses en la obra narrativa de Elena Poniatowska, hay un componente más intrínseco que explica su estrecha relación con Estados Unidos, uno que se descubre en la herencia cultural y lingüística de la escritora. Debemos recordar que su abuela paterna, Elizabeth Sperry Crocker, era estadounidense, hija de una familia de gran presencia en el desarrollo comercial del estado de California, y que contaba entre sus más ilustres antepasados a Benjamín Franklin. Esta era la abuela que les contaba a Elena y su hermana Kitzia historias exóticas y escalofriantes sobre los indios mexicanos que, según ella, comían carne humana. Para inculcar esta idea firmemente en las cabezas de sus nietas, les enseñaba páginas ilustradas de la revista

---

[2] Beth Miller: "Interview with Elena Poniatowska". *Latin American Literary Review* 4.7 (1975): 73-78.

National Geographic, con imágenes de aborígenes africanos casi desnudos, adornados con orejeras, narigueras y huesos en el cabello, insistiendo en que eran mexicanos. Cuál no sería la sorpresa de las dos niñas afrancesadas al descubrir que su madre, Paulette, era mexicana y que, a raíz de la Segunda Guerra Mundial, dejarían su infantil Francia de diminutos jardines y calles adoquinadas para trasladarse a México, país de caníbales, selvas impenetrables, bestias mitológicas, inmensos desiertos, y activos volcanes. Al instalarse en la mansión de su abuela materna, Elena Iturbe de Amor, las niñas pronto se desengañaron respecto a las fábulas mexicanas inventadas por su abuela estadounidense. En la capital mexicana descubrieron un ambiente sofisticado, europeizante, y en muchos sentidos parecido a Francia. A mediados del siglo XX, todavía se podía apreciar el trazo parisino de la colonia Juárez, cuyos edificios —muchos ya destruidos o convertidos en burdeles y talleres de automóviles— seguían un lineamiento arquitectónico europeo que incluía techos con mansarda para evitar la acumulación de nieve y cuya principal avenida, ubicada a unas cuantas cuadras de su nuevo hogar, era una fiel copia, si bien menos grandilocuente, del boulevard *Champs Elysées*.

Apenas ubicadas en su nuevo mundo mexicano, su madre inscribió a las dos hermanas en el Windsor School para aprender a hablar el inglés a la inglesa, y reverenciar a la reina. Doña Paulette nunca se preocupó de que sus hijas recibieran una instrucción formal en el idioma de Cervantes puesto que el español lo aprenderían en la calle. Al completar su educación primaria, los padres de Elena la enviaron a Eden Hall, *Convent of the Sacred Heart*, cerca de Filadelfia, donde perfeccionó su inglés y aprendió mucho sobre el mundo del hábito y el claustro. Allí escribió su primer texto con pretensiones literarias —en inglés—, titulado "On Nothing" ("Sobre nada"), fue nombrada tesorera de la revista literaria *The Current Literary Coin* y, al inscribirse en el club dramático, ensayó sus talentos histriónicos en *Twelfth Night* de William Shakespeare. Los cuatro años en el internado estadounidense constituyen su única formación académica.

Su innegable talento lingüístico —el hecho de dominar el francés, inglés, y más tarde, el español a la mexicana— fue decisivo en sus primeros intentos por incorporarse al mundo laboral mexicano y tras su efímero sueño de ser médico, Elena se inscribió en una escuela de taquimecanografía para ser secretaria ejecutiva. Gracias a su amistad con María de Lourdes Correa —Maú— compañera de aula en Eden Hall, Elena tuvo su primera oportunidad de hacer periodismo y se inició con una entrevista en inglés con Francis White, embajador de Estados Unidos. A ésta le seguirían muchos diálogos, algunos traducidos del francés, o del inglés, pero la gran mayoría serían en español. Como escritora multilingüe, no debe sorprender que Elena también haya traducido del inglés y del francés al español. Tal fue el caso de *La casa en Mango Street*, de Sandra Cisneros, que Elena tradujo junto con Juan Antonio Ascencio en 1994. En 1998 Elena tradujo también al español la autobiografía de su madre, *Nomeolvides*, originalmente escrita en francés e inglés.

3. Un caso de conciencia

La niñez y adolescencia de Elena y su relación con una emergente conciencia social es precisamente el tema del artículo fundacional de Bell Gale Chevigny, titulado "The Transformation of Priviledge in the Work of Elena Poniatowska" ("La transformación del privilegio en la

obra de Elena Poniatowska"), también publicado en
Latin American Literary Review, en 1985. En su análisis,
Chevigny —como la mayoría de sus críticos posterio-
res— se centra en *La noche de Tlatelolco* y *Hasta no verte
Jesús mío* para ilustrar una importante contradicción —o
metamorfosis— en la persona y obra de la escritora:

> Las raíces sociales de Poniatowska —señala la investiga-
> dora— son aristocráticas mientras que sus antecedentes
> políticos son conservadores. Generaciones de exilio,
> reforma y revolución en México y Polonia engendraron
> —en Francia— tanto a los padres de Elena Poniatowska
> como a ella misma. Sobre este marco se ubican las dos
> obras más celebradas de Poniatowska, delineando a su
> vez la trayectoria dual de su carrera. En *Hasta no verte Je-
> sús mío* se coloca en el lado opuesto del mundo femenino
> y su posición social privilegiada. En *La noche de Tlatelolco*
> se halla en el polo opuesto de la norma política... La fuer-
> za particular de la obra de Poniatowska se deriva del vacío
> que descubrió en su realidad como mujer privilegiada, y
> en haber utilizado ese lugar para cultivar una disposición
> imaginativa y espiritual. Cuando tal disposición se enfren-
> ta con los marginados, ella convirtió un privilegio en una
> fuerza real. Tal evolución haría de sus vínculos con los
> marginados una necesidad perpetua. (50)[3]

4. LA "NOVELA DE TLATELOLCO"

Aunque crítica de su política, Elena cultivó sus lazos con
Estados Unidos y paulatinamente se hizo un lugar —tanto

---

[3] Todas las traducciones de artículos en inglés reproducidos en este
capítulo son mías.

académico como editorial— en el mundo universitario y literario estadounidense. En 1976 Elena debutó en el mundo literario de ese país con su crónica de la matanza ocurrida en la Plaza de las Tres Culturas. Su título en inglés, *Massacre in Mexico: A Richard Seaver Book* (*Masacre en México*), es más prosaico que el original, *La noche de Tlatelolco*, y pronto se convirtió en prototipo de un subgénero literario, que documentaba los eventos sociales ocurridos en 1968, determinante año que fue testigo de la invasión de Praga por los rusos, las manifestaciones estudiantiles en París, y un sinnúmero de mítines y protestas en Estados Unidos, incitados por la guerra de Vietnam y los crecientes enfrentamientos entre negros y blancos en las grandes ciudades. *Massacre in Mexico* fue traducida por Helen Lane Wilson y cuenta con un largo prólogo de Octavio Paz —el escritor mexicano más reconocido en el extranjero— quien intenta, de un lado, universalizar lo que compara con una tragedia grecolatina, y del otro, ubicar el acontecimiento en un contexto histórico mexicano. El libro de Elena, originalmente editado por Viking Press y reeditado casi veinte años después —en 1992— por la Universidad de Missouri, fue alabado por la crítica estadounidense y ahora constituye un clásico de la literatura testimonial latinoamericana, junto con la *Biografía de un cimarrón*, del cubano Miguel Barnet, y los libros de Oscar Lewis.

La noche de Tlatelolco —cuya estructura Elena describe como un *collage*— llamó mucho la atención de críticos norteamericanos especializados en América Latina y su producción cultural. En su libro *Politics, Gender, and the Mexican Novel, 1968-1988: Beyond the Pyramid* (*Política, género y la novela mexicana, 1968-1988: Más allá de la pirámide*), Cynthia Steele describe la técnica formal de Elena como una que:

...yuxtapone las voces de numerosos participantes y observadores del movimiento [estudiantil] y de esta manera hace resaltar la dimensión dialógica de la novela, a la vez que se enfoca en la comunidad —la ciudad de México— como protagonista literario y político. Al hacer esto, Poniatowska trabaja en la más excelsa tradición de la ficción mexicana: se podría decir que ha reemplazado la comunidad del campesino apático, vencido—, protagonista colectivo —literalmente un pueblo de fantasmas— de *Pedro Páramo* (1955) de Juan Rulfo, con la movilizada, forzosamente subyugada, pero no vencida comunidad urbana. (12-13)

Steele también detecta un ejemplo de solidaridad femenina en *La noche de Tlatelolco*, porque según ella, Elena fue inspirada a escribir el libro gracias al testimonio de mujeres que perdieron a sus hijos en la matanza. Para ilustrar la trascendencia de este libro y otros de la misma índole, la investigadora propone que en los años setenta la "Novela de Tlatelolco" sustituye a la "Novela de la Revolución" y la "Novela de la Ciudad", como género principal de la ficción mexicana; y señala a Elena Poniatowska y a Carlos Monsiváis como los "...responsables de convertir la novela testimonial y la crónica sociopolítica en la quintaesencia del género literario de los años setenta y ochenta. Al mismo tiempo —advierte Steele— ambos han perpetuado el modelo iniciado por José Revueltas del escritor comprometido como figura pública" (11). Al enumerar las características temáticas de la obra de Elena, Steele presenta la imagen que de ella se tiene en Estados Unidos, una que se destaca por "...un compromiso de representar a los que no tienen poder, a los miembros marginados y opuestos a la sociedad, que no tienen acceso a la autorrepresentación impresa o a los medios: lisiados, víctimas del sida, del terremoto, artistas y escritoras del pasado, actores políticos, presos políticos, organizadores de sindicatos, líderes de la oposición, sirvientas, costureras, mujeres indígenas" (11-12). Citando a varios críticos y teóricos de la literatura, la investigadora concluye que "… el testimonio es en sí mismo un género narrativo, ni biografía ni autobiografía, ni ficción ni periodismo" (34), hecho bien comprendido por cualquier lector del "nuevo periodismo" estadounidense, por ejemplo, de las obras neorrealistas de Tom Wolfe y Truman Capote.

En su estudio *The Postmodern Novel in Latin America: Politics, Culture, and the Crisis of Truth* (*La novela posmoderna en América Latina: política, cultura y la crisis de la verdad*), Raymond Leslie Williams descubre en el año de Tlatelolco el punto de partida de la posmodernidad mexicana, que finaliza a mediados de los noventa con la sublevación del EZLN en Chiapas. Paradójicamente *La noche de Tlatelolco* resulta ser para él una obra representativa de la "condición posmoderna mexicana" aunque "…en general, las diferentes variantes de ficción posmoderna tienen en común una posición distante y subversiva hacia la verdad, [mientras] el testimonio trata de hallar la verdad y la autenticidad" (121). No obstante, el crítico confiesa que "…muchas novelas posmodernas cuestionan el concepto del sujeto individual, y muchos testimonios privilegian la comunidad sobre el individuo. No son las novelas sino los testimonios los que están íntimamente alineados con la etnografía posmoderna" (122).

5. GÉNEROS EPISTOLARES

Diez años después de la publicación de *Massacre in Mexico* —en 1986— la editorial estadounidense Pantheon Books publicó la traducción de *Querido Diego, te abraza Quiela*, a cargo de Katherine Silver, con el sencillo título de *Dear Diego* (*Querido Diego*). Ahora, en vez de testimonio social, sus lectores angloparlantes pudieron apreciar el talento literario de Elena, quien en su pequeño libro noveliza —de manera epistolar— la tormentosa relación sentimental entre Diego Rivera y su amor ruso, la pintora Angelina Beloff. El libro disfrutó de gran éxito en Estados Unidos, debido a su reducido tamaño, y al hecho de ser un documento literario relacionado con el pintor mexicano más famoso en el ámbito internacional; un pintor recordado en ese país por sus controvertidos (y profanados) murales del Rockefeller Center, amén de los frescos que adornan el patio interior del Detroit Institute of Arts. Para ilustrar la manera en que la escritora aprovecha su bilingüismo en cada aspecto de su producción literaria, habría que señalar que Elena descubrió el material básico para *Querido Diego* en la célebre biografía del pintor escrita —originalmente en inglés— por el comunista norteamericano Bertram Wolfe, que lleva por título *The Fabulous Life of Diego Rivera* (*La fabulosa vida de Diego Rivera*).

En un capítulo de su libro *Textured Lives: Women, Art, and Representation in Modern Mexico* (*Vidas tejidas: mujeres, arte, y representación en el México moderno*), Claudia Schaefer actualiza el "canon epistolar" al analizar la curiosa estructura discursiva de *Querido Diego* y *Gaby Brimmer*. En ambas obras —demuestra Schaefer— Elena trabaja como una:

> ... *bricoleuse* que reconstituye signos u objetos ya existentes en nuevos discursos y quien habla a través de las cartas de otros; al utilizar construcciones anteriores como sus creaciones emergentes, Poniatowska establece *personae* para Beloff y Brimmer. Las nuevas

personae constituyen aspectos potencialmente ocultos, públicamente ignorados, subconscientemente latentes, o hasta puramente fabricados de estos personajes, cuyas "máscaras" o "voces" no son figuras de autoridad, sino que exhiben elementos contradictorios nunca reconciliados por Poniatowska... Al llenar los intersticios de las cartas de ambas mujeres, parece que Poniatowska se propone subvertir cualquier idea (¿o acusación?) de identificación directa o exacta entre literatura e historia; la supuesta representación o reflejo de la realidad objetiva, al ofrecer en su lugar una interpretación subjetiva. Al lector no le queda duda de que este es un discurso mediado cuyas reglas son las de la ficción narrativa (67, 68).

La interpretación metódica de Schaefer acerca del mundo discursivo creado a conciencia por Elena, caracteriza la profundidad y el rigor —tanto literario como ideológico— de la crítica de la cual ha sido objeto su obra en Estados Unidos; país donde se le han dedicado más de cien monografías en decenas de revistas literarias. La investigadora concluye con un acercamiento crítico a la complejidad del universo literario inventado por Elena, al contemplar la elección genérica que empleó para escribir *Dear Diego*, pues "el género epistolar pone al alcance de Poniatowska un repertorio de elementos o fórmulas que puede explotar, para construir nuevas posibilidades textuales en la exploración del ego femenino mediante dos ejemplos de discursos muy diferentes. Algunas de estas convenciones son especialmente pertinentes para el estudio de los textos bajo escrutinio —la función de la carta es un intento de recuperar una pérdida o una ausencia, por ejemplo, y la idea de reciprocidad o correspondencia" (69).

6. DIÁLOGOS APASIONANTES

Después de las traducciones de sus obras al inglés, el esfuerzo más importante para divulgar la obra de Elena en Estados Unidos fue la publicación —en 1994— del libro de Beth Jörgensen, *Engaging Dialogues: The Writing of Elena Poniatowska* (*Diálogos apasionantes. la escritura de Elena Poniatowska*), estudio crítico basado en parte en las ideas "dialógicas" del teórico ruso Mikhail Bakhtin y que en su primera encarnación fue tesis doctoral de la joven investigadora. El libro está dividido en cuatro capítulos: el primero, "Face to Face" ("Cara a cara"), contempla la trayectoria de Elena entrevistadora, y cómo sus primeros artículos "… rinden tributo a la jerarquía social y genérica predominante, mientras ella presenta un velado desafío a la autoridad de sus prominentes entrevistados" (XIV). "Creative Confusions" ("Confusiones creativas"), título del segundo capítulo, constituye una lectura crítica de la novela *Hasta no verte Jesús mío*, con la cual Elena "… alcanzó una creciente notoriedad y un público lector cada vez más grande en México y el extranjero… esta novela ha encendido un continuo debate respecto al concepto de autoría y referencialidad en un texto literario, que mezcla elementos documentales y ficticios en una narración fluida" (XVI-XVII). Los dos últimos capítulos tratan las "Chronicles of the Conquered" ("Crónicas de los conquistados"), al explorar cuestiones de autoridad e historia que se manifiestan en *La noche de Tlatelolco*, mientras en "Intimate Conversations" ("Conversaciones íntimas"), la investigadora analiza tres "ficciones privilegiadas": *Lilus Kikcus*, *La "Flor de Lis"* y *De noche vienes*.

Al evaluar sus libros y su persona, Jörgensen considera los temas obligados, afirmando que "en todos los casos, la obra de Poniatowska ofrece una perspectiva crítica – y autocrítica— sobre la realidad contemporánea mexicana, al recuperar las versiones silenciadas de los eventos y al cuestionar su propio lugar en el *status quo*" (XII). Respecto a las formas que emplea en sus libros, la investigadora señala que como "nunca está sujeta a géneros establecidos, Poniatowska crea a menudo textos híbridos al combinar discursos reales y ficticios, y utilizar muchos registros lingüísticos y formas literarias. Estas innovaciones formales corresponden a las exigencias de sus investigaciones respecto de clase, género y diferencias étnicas, amén de la lucha de mujeres y pobres para obtener justicia social y económica, así como los mecanismos represivos de esa lucha" (XII).

A manera de conclusión, Jörgensen resume la historia literaria de Elena, que es, esencialmente "...la historia de su encuentro con México; sus textos inscriben la siempre cambiante relación entre su voz y las voces de sus diversos compatriotas" (XIX). Respecto a la innegable originalidad de su obra, la investigadora señala que es producto del "...diálogo que ha buscado activamente, primero desde la posición de un extrañamiento cultural, y luego desde una posición de creciente afianzamiento cultural y autoridad dentro de México. La dinámica de reciprocidad e influencia mutua entre los interlocutores crean un foro ideal para la exploración del ser y del otro, centrales en la obra de Elena Poniatowska. A otro nivel, ella fomenta un diálogo entre modos de escribir distintos, al conectar las prácticas del periodismo y la literatura de creación imaginativa en su obra" (XIX).

A pesar del prestigioso lugar que ocupan los títulos ya mencionados, el proyecto literario más ambicioso de Elena fue la publicación, diez años más tarde, de *Tinísima*, biografía novelada sobre Tina Modotti. Publicada originalmente en 1992, la obra mereció cinco reimpresiones, y su autora fue galardonada con el Premio Mazatlán por segunda vez, siendo ella la única mujer en recibirlo en dos ocasiones. Una versión reducida y traducida por Katherine Silver, fue publicada en 1995 por la editorial neoyorquina Farrar Straus & Giroux bajo el mismo título, y reeditada por Faber & Faber en Inglaterra tres años más tarde.

Si bien *Tinísima* no recibió la atención crítica que merecieron sus dos obras más aclamadas, la novela generó cuestiones sobre el género biográfico, la relación entre los materiales visuales — en este caso fotografías— y los más tradicionales documentos escritos como fuentes legítimas para la recreación literaria de una vida. Tal es el planteamiento de la más prolífica crítica de la obra de Elena Poniatowska, Beth Jörgensen, autora del único libro dedicado al trabajo de Elena, ya contemplado en este capítulo. Su monografía titulada "Light-Writing: Biography and Photography in *Tinísima*" ("Escritura-lúcida: biografía y fotografía en *Tinísima*") se incluyó como capítulo del libro *The Other Mirror: Women's Narrative in Mexico 1980-1995* (*El otro espejo: narrativa femenina en México 1980-1995*) editado por Kristene Ibsen, y publicado en 1997 por Greenwood Press. En su texto, Jörgensen señala que *Tinísima* "como muchas obras de la escritora, es un texto híbrido que se mueve en la frontera entre los discursos verídicos y ficticios. Específicamente, invita a una lectura como biografía y como novela, esto evidenciado por los comentarios de la propia autora" (57). Su análisis de *Tinísima* también "examina el texto como una novela biográfica, utilizando aproximaciones feministas recientes a la biografía, para así analizar la construcción de su sujeto histórico y ficticio" (58). La investigadora concluye con una discusión de "la relación entre el registro fotográfico dejado por Tina Modotti, que incluye tanto las fotos que ella tomó como aquellas para las cuales modeló, y la imagen verbal creada por Poniatowska". Esto lo hace para poder "considerar cómo Elena Poniatowska empleó fotografías a manera de 'fuente' para su visión de

Modotti, y cómo las reproducciones fotográficas son parte integral del libro publicado" (58). Para lograr su meta, la investigadora considera tres factores: "1. La naturaleza de sus fuentes, 2. la relación de Poniatowska con estas fuentes, y 3. la conjunción de lo biográfico (Tina Modotti) y lo autobiográfico (Elena Poniatowska) en *Tinísima*" (66). Jörgensen concluye que hay "tensiones que se presentan a lo largo de la novela y que se pueden atribuir a una compleja reciprocidad entre varios factores: la naturaleza de las fuentes escritas y orales empleadas por Elena Poniatowska, el respeto que ella tiene por estas fuentes, las fotografías, y la intersección de lo biográfico y lo autobiográfico" (71).

Otro libro de Elena que fue traducido al inglés en el mismo año, pero cuya recepción se ha limitado casi exclusivamente a círculos universitarios es *Nada, nadie, las voces del temblor*, puesta a documentar la calamidad natural de 1985 que desató una frenética labor de rescate y reconstrucción; y al mismo tiempo desenmascaró la corrupción y desorganización tan persistentes en el gobierno mexicano. Originalmente publicado en México en 1986, fue espléndidamente traducido al inglés por Arturo Schmidt y Aurora Camacho de Schmidt en 1995 y publicado por Temple University Press bajo el título *Nothing, Nobody: The Voices of Mexico City's Earthquake* (*Nada, nadie, las voces del terremoto en México* DF).

7. CUESTIONES DE GÉNERO

Como se ha mencionado, de sus cinco libros traducidos al inglés, dos se destacan por el vigor con que han sido comentados por la crítica estadounidense: *La noche de Tlatelolco*, ya glosado en este capítulo, y *Hasta no verte*

Jesús mío, traducido por Deanna Heikkinen y publicado por Farrar Straus & Giroux en 2001. A pesar del hecho de no estar disponible en inglés durante más de treinta años después de su publicación original en 1969, la novela es objeto de investigación en el ya citado libro de Cynthia Steele, *Politics, Gender and the Mexican Novel...*, donde la investigadora plantea que "junto con *La noche de Tlatelolco*, *Hasta no verte Jesús mío* es, hasta la fecha, la obra maestra de Poniatowska. Cumplió la misma función de vindicación de los pobres de la zona marginada, que logró *La noche...* para la clase media politizada" (31). En palabras de Steele, *Hasta no verte Jesús mío* constituye:

> ...un modelo de ficción testimonial, y literatura que desea representar subjetividades no hegemónicas, incluyendo las de mujeres pobres, artistas y disidentes políticas. Reproduce la ideología y el dialecto popular mexicano, de la misma manera en que Fernando del Paso y José Emilio Pacheco incorporan el lenguaje y humanismo liberal de la clase media urbana intelectual, que maduró en los años cuarenta; y de la misma manera en que José Agustín textualiza la perspectiva irreverente contracultural del ambiente joven de los años sesenta, las obras de Poniatowska entienden la novela como proceso colaborativo o dialógico. (25)

En su influyente libro *Plotting Women: Gender and Representation in Mexico* (*Trazando mujeres: género y representación en México*), Jean Franco también se dedica a la exégesis de *Hasta no verte Jesús mío*, señalando que "este texto origina cuestiones importantes de género, y desafía de manera directa el tipo de discurso etnográfico representado por Oscar Lewis en *Los hijos de Sánchez*. Más importante, confronta las arraigadas creencias de aquellas instituciones literarias e intelectuales que habían excluido la vida diaria como algo trivial, y que insistían en la trascendencia literaria de praxis social" (176). Si algo representa Jesusa Palancares, continúa Franco, "… es lo que ha llamado Gayatri Spivak 'la soledad del subalterno definido por su género'. La 'novela' de Poniatowska —concluye la investigadora— no puede reclamar la especificidad de la etnografía, ni trasciende la vida cotidiana tal cual lo hace la literatura o historia. Por otro lado, como el libro no es una grabación transcrita, sino la reacción de Poniatowska a la voz de Jesusa, he querido considerarlo como una obra de coautoría, que por ser algo compuesto, evita el problema de la alineación jerárquica entre escritor e informante, escritura y voz" (178).

8. LECTURA COMPULSIVA

Como hemos visto, a raíz de las traducciones de algunas de sus obras más representativas, Elena cuenta con una presencia literaria en el mundo editorial angloparlante. También habría que señalar —a manera de conclusión— el impacto que ha tenido su obra en idioma original, dentro de las aulas universitarias estadounidenses, donde sus novelas y crónicas aparecen en los programas de centenares de cursos y seminarios dedicados a la literatura mexicana, testimonial, y la novela femenina, además de formar parte de toda lista de lectura concerniente a la literatura latinoamericana en general. Hasta la fecha se han presentado veinticuatro tesis doctorales que analizan su obra —exclusivamente o con la de otros autores—, cifra que se compara favorablemente con las tesis que se han dedicado a otros escritores contemporáneos suyos como Carlos Fuentes (70), Octavio Paz (53) y Rosario Castellanos (33). Elena misma ha pasado parte de su vida como "Key Note Speaker" en congresos, y como profesora invitada en diferentes universidades de Estados Unidos, como la de Davis, California, y la Florida Atlantic University, en Boca Ratón. Además ha sido honrada con tres doctorados *honoris causa*: Manhattanville College (2001), Florida Atlantic University (1995), y The New School for Social Research (1994).

Si bien un libro como éste tiene que llegar a su final, no es el caso de nuestra biografiada, quien en la actualidad se está recuperando tras su *grand tour* del mundo hispanoparlante, a raíz del Premio Alfaguara con su novela *La piel del cielo*. Pronto retomará su frenético ritmo de trabajo que en este momento va dirigido a la conclusión de un proyecto literario sobre el líder ferrocarrilero Demetrio Vallejo. Sólo el tiempo dirá si Elena alcanza esta meta creativa largo tiempo aplazada; pero al reflexionar sobre su asombrosa y productiva trayectoria, su consumación parece irrevocable; y el fruto será otra estrella más en un universo literario nacido hace casi cincuenta años en las páginas de *Excélsior* y que, como el firmamento, se expande infinitamente.

FIN

Capítulo X

La "Poni": mito nacional
Testimonios de amigos y colegas

Con Gabo.

El jueves 21 de septiembre de 1995, *La Jornada Semanal* dedicó un número especial a "La eterna impertinente", Elena Poniatowska. Concebido por el entonces director del suplemento, Braulio Peralta, el suplemento cuenta con numerosas fotografías (algunas reproducidas en este libro), caricaturas, anécdotas personales, y panegíricos desbordantes, fruto de la colaboración de muchos escritores, periodistas, caricaturistas, y celebridades, entre ellos Carlos Monsiváis, Sergio Pitol, Christopher Domínguez Michael, Arturo García Hernández, Margo Glantz, Marta Lamas, Octavio Paz, Raquel Peguero, Jordi Soler y Gloria Trevi, quienes —a su manera— brindaron su visión de la vida y obra de esta singular mexicana. Otros testimonios se encontraron en los libros de recuerdos de la propia Elena, mientras algunos aparecieron en periódicos y revistas en la forma de textos de presentaciones de sus libros y reportajes sobre sus muchas conferencias.

En las siguientes páginas reproducimos una selección de estos textos, dando preferencia a aquellos cuya voz no formó parte del resto del libro.

"LO MEJOR ES ESTAR ENAMORADA"
MARTA LAMAS

En 1976, en una de las primeras juntas de la revista *Fem*, Elena Poniatowska me sorprendió al afirmar: "A mí no me preguntan, yo no sé de feminismo, yo sólo estoy aquí porque quiero a Margarita y a Alaíde.[1] Yo la veía tan feminista como las demás: había estado desde el mero arranque en el primer grupo que se organizó en 1970 y después participó en cuanto acto y ciclo de conferencias convocamos. Sin ser una militante típica, siempre ofreció y compartió su casa y sus relaciones pues, como escritora famosa, tenía muchas invitaciones y la buscaban personas de todas partes.

Sin embargo, en ese tiempo era evidente su ambivalencia: cuando se la asociaba con el feminismo, Elena, con su talento provocador, se las arreglaba para desmarcarse. En la serie de entrevistas que realizó Margarita García Flores a varias feministas en 1979 los títulos eran: "Exigimos respeto", "Lo personal es político", "El feminismo no es una moda", "¿Qué clase de sociedad queremos las feministas?"; el de Elena se disparaba con: "Lo mejor es estar enamorada". Ahí decía:

"Fue muy impresionante para mí conocer a las vietnamitas, era cuando la guerra de Vietnam estaba en el punto más álgido, y las mujeres estaban haciendo una lucha maravillosa. Me impresionaron mucho, y fue mi primer contacto con el feminismo. Nunca aclaré ni he aclarado hasta la fecha dentro de mí de qué se trata, tengo muchos libros de feminismo, he leído, pero no te puedo decir que el feminismo es esto y lo otro. Alguna idea debo tener, pero si yo no sé ni qué cosa hago ni a qué le tiro. Sé que tienen una serie de postulados, pero si me pides que los recuerde tampoco los conozco".

Aunque también en ese texto Poniatowska reconoce

---

[1] Vale la pena leer el relato que [Poniatowska] hace sobre el proyecto de la revista: E. Poniatowska, "Fem, o el rostro desaparecido de Alaíde Foppa", en *Fem. 10 años de periodismo feminista*. Planeta, México, 1988.

que le impresiona la situación de las mujeres y hace una crítica feroz, vigente hoy en día, de las mujeres políticas del momento.

"Si las mujeres en grupo tuvieran otra actitud política mucho más libre, en primer lugar con romper con el lenguaje, no darle quinientas veces las gracias al presidente de la República —como si fuera su papacito o su novio— a lo largo de un discurso. Sería realmente un logro y sí podría considerarse una victoria feminista, pero no lo hacen. Dicen unos discursos demagogos y amelcochados que no tienen nada que ver con nada".

Ese mismo año, en *Cartas marcadas*, otro libro de entrevistas de García Flores, esta vez con escritores, al comentario de "En el fondo, eres feminista…" Elena respondió:

"Sí, creo que las mujeres debemos tener oportunidad de desarrollarnos, de hacer nuestra obra, la misma oportunidad del hombre. Es muy horrible que los papeles se hayan dividido en femenino y masculino. He oído muchas veces que las mujeres dicen: 'No quiero a las mujeres, no tengo amigas'. Yo siento un cariño profundo, una lealtad definitiva por mis compañeras. Pero a pesar de mi enorme simpatía por las mujeres, reconozco que en muchos casos tenemos menor capacidad de síntesis y para desarrollar ideas".

Esa lealtad por sus congéneres ha sido la fuente del feminismo de Poniatowska. Su compromiso se ha manifestado de varias maneras. Un ejemplo: cuando a raíz del temblor de 1985 se formó el Comité Feminista de Solidaridad, en apoyo a las costureras, Elena aceptó el único cargo individual de ese frente amplio que unió a todos los grupos feministas del DF. Su honestidad fuera de toda duda aseguró que los donativos dirigidos a las trabajadoras llegaran efectivamente a su destino y su dedicación fue decisiva para la constitución y buen funcionamiento de la Cooperativa "19 de Septiembre".

Pero es en la escritura donde su feminismo, fruto de sus vínculos con las mujeres, resuena reflexivamente. En un ensayo de 1982, titulado "La literatura de las mujeres es parte de la literatura de los oprimidos", acertadamente se sale de la trampa esencialista del mujerismo y señala: "No hay una condición femenina en abstracto ni es necesariamente la mujer la depositaria de todas aquellas virtudes que el hombre no tiene tiempo de ejercer. Para combatir críticamente la explotación y el marginalismo de las mujeres sería un error idealizar, inventándola, la condición femenina".

Elena analiza el desempeño de figuras políticas y artísticas para concluir: "Por lo tanto, no es la mujer en el poder, ya sea político o artístico, la que le hace justicia a sus compañeras de sexo. Al contrario, se une al olímpico desprecio de la sociedad patriarcal y va aún más lejos en sus refinadas y sutiles maneras de evidenciarla y su imagen resulta más certera porque lo hace desde dentro, con absoluto conocimiento de causa".

Ella pone el dedo en una de las llagas más dolorosas: "¿No es la falta de respeto y el enfermizo espíritu de competencia de las mujeres el que da al traste con su evolución? ¿No es el espíritu competitivo el que contribuye a que las mujeres sean aún ese rebaño que (acepta) la cópula y pare y vuelve a copular, amamanta, copula y vuelve a parir hasta sentir que ya no sirve porque justamente sus entrañas ya no dan fruto? ¿Qué hace la mujer entonces, para dónde voltea, dónde está la mano amiga, mejor dicho, qué mano amiga se la tiende? Si la solidaridad entre mujeres existiera, hace mucho que habría comedores y guarderías públicas... Sin embargo, cuando el puesto se lo permite, las mujeres suelen ser verdugas de 'las otras'. Tratar mal a una sirvienta es una forma de tortura. Un ser desvalido que se ampara a la sombra de otro más afortunado y es sujeto de explotación y humillaciones, es afrentado en su dignidad de hombre y en sus derechos que son los mismos: los derechos humanos".

Tal vez algo que caracteriza a Poniatowska es el deslumbramiento que le provoca la capacidad de ciertas mujeres de romper los esquemas tradicionales, de ser valientes, de transgredir. La admiración que le inspira Jesusa Palancares, esa mujer jodida y sola, capaz de mandar a todas a la chingada, incluyéndola a ella, la "catrina" latosa, es sólo comparable a la que le despierta Rosario Ibarra, que "ha hecho del sufrimiento un acto de vida, un acto que nos enaltece, un acto de amorosa entrega a los demás, un acto de creación". Ambas, inconformes y bravas, son para ella un modelo paradigmático de mujer, muy cercano al estereotipo de la feminista: intrépida, independiente, agresiva.

Sus frases victimistas —¿No son las mujeres hornos, estufas, bolsas desechables?—[2] parecen hechas con la esperanza de que algo sacuda a esas conciencias temerosas y las salve del precipicio. Con una piedad que da paso a la ira, Poniatowska es capaz de vislumbrar en "las otras" (un ejemplo son las sirvientas peruanas que se sindicalizaron)[3] una nueva postura ética de las mujeres, que implica dejar de considerar la abnegación y el renunciamiento como sinónimo de altruismo o como elementos básicos de feminidad. Es patente el gusto con que describe la rebeldía de Jesusa, quien dice que las mujeres se tienen merecido el trato que los hombres les dan por "dejadas" o el orgullo con que relata cómo Rosario Ibarra, a diferencia de otras madres de desaparecidos que se encerraron con su dolor, se puso a reunirlas: "Rosario se indignó y supo comunicarles esta

---

[2] "La literatura de las mujeres es parte de la literatura de los oprimidos", *Fem.*, vol. 6, núm. 21 1982, p. 25.
[3] "Se necesita muchacha", en *Luz y luna, las lunitas*, ERA, México, 1994.

indignación. A muchas madres resignadas que practican la sospechosa virtud de la abnegación, como la llamó Rosario Castellanos, las sacudió".[4]

Elena Poniatowska se ha vuelto una referencia indispensable para grandes actores del feminismo mexicano no sólo porque en su obra introduce el reconocimiento y la valoración entre mujeres, o porque reivindica el amor propio de las mujeres, en los términos en los que habla Savater: amor propio como inspiración ética que funda un sujeto responsable de sí mismo.[5] Hay, por lo menos, dos razones más: una, porque en su vida cotidiana ella ejerce una solidaria y callada generosidad con las mujeres que la buscan y solicitan su apoyo, muy en el estilo del *affidamento* (término del feminismo italiano, mezcla de tener fe y entregar la confianza, que postula un modelo de relación entre las mujeres a partir de la mediación de figuras femeninas para afirmarse, defenderse e inspirarse). De ahí la importancia de que en un orden simbólico que no propone relaciones de compañerismo entre las mujeres, Elena encarne la figura de la amiga.

La otra razón es que Poniatowska personifica un objetivo primordial del feminismo: que una mujer dé cauce productivo a su deseo. Así, sin proponérselo, Elena Poniatowska se ha convertido en un símbolo feminista al encontrar su fuerza en la relación con su querer escribir: su deseo. Por eso su escritura, un grito de amor por México, es a la vez un reclamo por las mujeres sometidas, una abalanza de aquellas que, de manera individual o social, han inaugurado espacios y caminos de lucha y un ejemplo notable de una forma distinta —más humana, como diría Rosario Castellanos— de ser mujer.

---

[4] "Madres de los desaparecidos", *Fem.*, vol. 8, núm. 32, México, 1984.
[5] Fernando Savater. *Ética como amor propio.* Mondadori, Madrid, 1988.

"LA POLONAISE BRILLANTE"
SERGIO PITOL

Intento escribir una nota brevísima que capture la personalidad de Elena Poniatowska. Oigo entretanto un disco que
acabo de comprar. Música romántica: Schubert, Schumann,
Chopin. La pieza de Chopin me parece un prodigio; una
polonesa brillante para piano y cello. Me resulta increíble
no haberla oído durante los años que pasé en Polonia, donde viví inmerso en la música de Chopin. Escucho el disco
sin cesar, una y otra vez. Es una pieza primerísima (apenas
el *Opus 3*) escrita a los diecinueve años para una princesa
adolescente. Una emoción casi a punto de desbordarse
anticipa ya el *corpus* musical que Chopin producirá poco
después y se funde con una alegría incontenible, con una
pura voluntad de juego. ¿Para qué si no se es joven? El cello
da la nota grave y el piano le responde dispuesto a aceptar
tanta heroicidad, pero añadiéndole una nota de júbilo, de
burla, de invitación al baile.

De pronto, advierto que esa *polonaise* brillante es el
vivo retrato de ese ser excepcional, la otra princesa, que es
Elena. Su persona comparte con la pieza musical el mismo
resplandor, el mismo coraje, la misma melancolía, y también
el humor que aparece cuando la solemnidad asoma para
disolver todas las pompas de este mundo.

La conocí en Polonia hará casi veinte años. Asistía con
su madre al traslado de la estatua ecuestre del príncipe Joséf
Poniatowski, ese héroe legendario que aparece en tantas
páginas de la literatura europea del siglo pasado, la cual pasó
de un jardín palaciego a un sitio de honor en la más bella
avenida, la Krakowskie Przedmiescie, de Varsovia. Desde
entonces somos amigos. La leo con placer y admiración. Me
sorprende siempre la transparencia que distingue cada uno
de sus actos y aflora en lo que dice y escribe.

Me encantaría relatar aquí mil minucias de esas que a pocos les interesan. Verla, por ejemplo, entrar de pronto con una toca negra de antigua emperatriz viuda en la inauguración de una exposición, una conferencia, o la presentación de un libro, saludar casi furtivamente y salir volando porque debe recoger a su mamá para ir a una misa de difuntos de algún familiar lejanísimo; o su manera apasionada de escuchar en medio de una fiesta ensordecedora a Luis Cardoza y Aragón y a Carlos Monsiváis, abstraídos por entero, como si una campana de vidrio los cubriera, del bullicioso tedio circundante; o bien, oírla hablar de Hermann Broch, cuyos *Sonámbulos* me descubrió hace muchos años en un lecho de hospital donde convalecía de una operación. Pero el espacio es exiguo y me imagino que debo escribir sobre cosas más serias. Decir, por ejemplo, que ha convertido la entrevista en un género mayor, que ha logrado un estilo perfectamente individual, que es una novelista dotada y una conferencista que reúne a públicos multitudinarios, y, para decirlo pronto, que es uno de los mejores escritores de México. Hablar también de su valentía, del uso certero que ha hecho de la palabra para defender a quienes carecen de ella; destacar, sobre sus diversos dotes, ese grano de dinamita disimulado bajo su sonrisa eterna y su nariz fruncida, capaz de hacer añicos la grosería, la crueldad y la arrogancia con que suelen recubrirse los triunfadores de este mundo.

"EL OTRO *BEST SELLER*"
NEUS ESPRESATE

El primer libro de Elena que publicamos fue *Palabras cruzadas*, una colección de entrevistas deliciosas. Varios años después nos trajo *Hasta no verte Jesús mío*. José Luis González se lo llevó para leerlo, y regresó muy entusiasmado a decirnos que no sólo era un libro buenísimo, sino que estaba seguro de que iba a ser un *best seller* y un libro famoso. Muy buen ojo el de José Luis, sobre todo si se considera que ni él ni nadie en la editorial tenía experiencia alguna en lo que a los *best sellers* se refiere.

Después vino *La noche de Tlatelolco*. Haber podido publicar un libro tan importante como ése, que a veinticuatro años de haber salido sigue haciéndonos oír, a nosotros y a los jóvenes, las voces del 68, es de las cosas que dan sentido a la vida de un editor. Esa coincidencia de intenciones, historia compartida, hace nuestra relación con Elena muy entrañable, digamos que apasionada. Le debemos una parte importante de nuestro orgullo como editores.

La obra de Elena y ERA han crecido juntas en estas décadas. Desde esos primeros libros, pasando por otros excelentes, como *Fuerte es el silencio*, hasta el último publicado, que es *Luz y luna, las lunitas*, hemos visto de cerca el trabajo de Elena. A veces es muy alegre, lo disfruta mucho. A veces ha sido esforzado y doloroso, físicamente devastador para ella, como la preparación de *Nada, nadie, las voces del temblor*. A veces también muy complejo, extenuante, como en *Tinísima*.

Elena es una persona muy seria en su trabajo, muy sencilla, muy valiente, siempre muy vital... Nos tenemos una honda confianza, por eso trabajar al lado de ella en sus libros ha sido cada vez, además de una responsabilidad profesional, un placer y una alegría.

"LA DESPISTADA SUBLIME"
CHRISTOPHER DOMÍNGUEZ MICHAEL[6]

Con motivo del 62 aniversario de la princesa Elena Poniatowska, Adela Salinas publica en *La Jornada* una nota de color (como se les decía antes), donde el lector se entera, entre otras cosas, que:

• EP desayuna un jugo de siete frutas con ajo, perejil y sábila (muy mexicano, supongo).

• EP come un día a la semana con su mamá (como casi todos los mexicanos).

• EP quiere a sus nietos (como la mayoría de las abuelas).

• EP tiene una "administradora del hogar" llamada Chabela (nótese que la cronista no se atrevió a decir que EP tiene sirvienta).

• EP pesa 62 kilos (como yo. Bueno, exagero).

• EP pide aventón a sus alumnas (¿Y?) (¿Los jueves no circula?)

• EP tiene una hija fotógrafa y un hijo científico (Oh).

Me pregunto si Elena Poniatowska merece la infame cursilería que rodea cada uno de sus actos públicos (y al parecer domésticos). Me pregunto si la autora de *La noche de Tlatelolco*, esa estela luminosa en la memoria mexicana, requiere del azucarado incienso de sus sectarias. Quisiera saber si quien escribió *Nada nadie*, esa prueba de tesón y solidaridad, necesita los halagos tan ñoños de sus admiradores de ambos sexos. Quisiera saber, finalmente, si una de nuestras más entrañables escritoras no acabará por ser destruida por su leyenda piadosa. Ya ocurrió con *Tinísima*, novela que fue exaltada, pero no leída, libro que merecía algo más que la unción del cuitlacoche. Supongo que la propia Elena Po-

---

[6] Christopher Domínguez Michael. *Servidumbre y grandeza de la vida literaria.* Joaquín Mortiz, México, 1998.

niatowska ha contribuido a crear ese entorno donde reina la complacencia más gemebunda. Cada mujer u hombre de fama tiene su demonio pues el éxito, como decía Scott Fitzgerald, es un fracaso. Elena Poniatowska tuvo la inteligencia de inventarse un buen personaje —la Despistada Sublime, la Aristócrata Populachera, la Flaca Tonta— que con los años no sólo amenaza con devorarla, sino provoca, con alarmante recurrencia, textos como el de Adela Salinas. Me temo que el culto de las burguesas semiletradas, cursis y culpígenas por la Poniatowska tiene que ver con la conmoción que causa, desde el siglo XVIII, la existencia de una princesa de sangre que se ocupa de los menesterosos. Entre la gente menuda del Tercer Estado la caridad siempre conmueve. La tragedia de Elena Poniatowska es que sus sicofantes admiran en ella no a la escritora radical e intransigente que es profundamente, sino la princesa que dispensa los actos de caridad que aquéllos ven. Y señoras o señoritas como Adela Salinas ya pueden abstenerse de comentar el ¡Hola! a la hora del té, pues tienen, para consumo local, a esa "reina polaca que masca chicle", se ufana de los mexicanismos que le enseñaron sus criadas indígenas y escribe sobre ellas, como sobre los estudiantes asesinados, los desaparecidos políticos, los damnificados del temblor, que, en fin, tiene, a los ojos de sus incondicionales, a sus Pobres esperando caridad a las puertas de su palacio. Hay que defender a Elena Poniatowska de sus demonios, súcubos travestidos en adorables aficionadas a las letras.

"DOÑA ELENA"
GUADALUPE LOAEZA[7]

...De pronto, me acuerdo de Elena maestra en el taller de literatura de los jueves allá en San Ángel. Más que maestra, Elena era una compañera más que leía sus textos de los libros que estaba escribiendo para ver qué pensábamos. Que durante la clase, nos platicaba de cómo iban en la escuela sus hijos: Paula y Felipe. Que nos contaba de Rosario Ibarra de Piedra, de sus reuniones de trabajo con don Jesús Reyes Heroles, de su hermana Kitzia, de su mamá, de Carlos Monsiváis, de su casa y de todo lo que sucedía durante la semana. "Elenita, si quieres yo te acompaño a la editorial." "Elenita, ¿cuándo podremos escribir como tú?" "Elenita, mira lo que te traje de mi viaje." "Elenita, te compré esta mascada por el día de tu santo." "Elenita, ¿te sirvo otro cafecito?" "Elenita, ¡estás guapísima!" "Elenita, ¿de veras te gustó mi cuento?" Frases como estas se escuchaban entre sus alumnas cada jueves, después de leer los cuentos corregidos en el original por la propia Elena. Estas mismas alumnas, también estaban allí sentadas en las dos primeras filas, escuchando a su amiga de hace más de diez años.

"EL PÁJARO DE LA LITERATURA MEXICANA"
OCTAVIO PAZ[8]

Al finalizar los años cincuenta, después de un largo periodo de residencia en París, Octavio Paz regresa a México. En

---

[7] Crónica publicada el 25 de marzo de 1988 en *La Jornada*.
[8] Texto forjado por Braulio Peralta basándose en sus múltiples entrevistas con Octavio Paz.

la página 253 del tomo cuatro de sus *Obras completas*, en la edición del Círculo de Lectores, leemos:

"Terminé de regresar... Un México distinto. Nuevos amigos: Carlos Fuentes, Jorge Portilla, Ramón y Anna Xirau, Elena Poniatowska, Jaime García Terrés..."

Durante la entrevista, no recuerda con exactitud el año en que conoció a Elena Poniatowska:

—No lo sé, pero hace mucho tiempo. Era una chica encantadora, inteligente, que me sorprendió, primero por su vivacidad y por su inmensa simpatía; inmediatamente después, porque empecé a leer sus textos, que me encantaron: había introducido al periodismo mexicano una frescura, una gracia, una imaginación que la hacían algo muy distinto. Única.

—¿En algún género en especial?

—Sobre todo en sus entrevistas. Ella dijo alguna vez que las entrevistas eran luchas morales, que había que matar, que había que matar al entrevistado. O a la inversa: que el entrevistado mataba a la entrevistadora. Bueno, a mí me ha hecho muchas entrevistas, no tengo idea de cuántas, pero hemos conversado mucho. Y yo nunca quise matarla, ni creo que la hayan matado otros entrevistados. Tampoco ella me ha matado, pero esas conversaciones sí han sido verdaderos duelos de espadas.

Julio Scherer, en una entrevista con Paz (*Proceso*, 5 y 12 de diciembre de 1977), pregunta:

—En la entrevista que te hizo recientemente, Elena Poniatowska dijo que siempre has sido anticomunista.

—Yo me atrevo a corregir un poco a mi querida amiga Elena Poniatowska: Octavio Paz no ha sido nunca anticomunista pero es, desde hace mucho, un enemigo de la burocracia que ha convertido a la URSS y a otros países "socialistas" en ideocracias totalitarias. Pensar así no me convierte en un anticomunista: el que asesinó a los comunistas fue Stalin, no sus críticos.

(Y nos invita a leer *El arco y la lira* para ampliar sus conceptos).

—Don Octavio, la imagen de esta mujer candida, ingenua...

—En apariencia...

—En apariencia, que ha logrado conjuntar al periodismo con la literatura y cuya obra...

—Bueno, lo ha juntado en tres diferentes maneras: es periodista, es autora de cuentos y novelas, y ella misma se ha convertido en un personaje literario.

—¿Cuál es el personaje literario de Elena Poniatowska?

—Como todos los personajes, es cambiante. Yo no coincido con la mayor parte de sus opiniones políticas —y esto hay que decirlo—. Aunque eso no impide verla siempre con interés y con afecto.

—Usted escribió el prólogo al inglés, en 1973, de *La noche de Tlatelolco*.

—Sí... Me sorprende el lenguaje de Elena Poniatowska. No es un lenguaje puramente coloquial. El coloquialismo por el coloquialismo es un error literario. Pero cuando el escritor logra transformar el idioma de todos los días en literatura, entonces se logra esa especie de musicalidad, que lleva esa cosa alada, cierta, como poética, que observamos en el lenguaje de Elena Poniatowska...

Finaliza el poeta la entrevista con las siguientes palabras:

"Usted me preguntó que cuál es la función de Elena en la literatura mexicana. Pues bien: si uno está en un parque, donde hay gente que se pasea, niños que juegan, obreros que caminan, novios que se besan, gendarmes que vigilan, vendedores de esto y de lo otro, hay enamorados, hay nodrizas, hay mamás y señoras viejas que tejen, hay vagos que leen el periódico o que leen un libro, y hay pájaros... bueno, Elena es eso: un pájaro en la literatura mexicana".

"ELENA PONIATOWSKA: BOCA DE GRANA"
JESUSA RODRÍGUEZ [9]

Mi Elena, Elenita, qué más quisiera que tener un lugarcito cerca de tu corazón, aunque fuera en el ventrículo del mundo, o en la coronaria más externa, o en la más chiquita de tus venas poéticas y ahí quedarme, pobre diablo, apolismado y tilico oyendo cómo entra y sale la sangre que te corre por dentro, cómo retumba tiernamente tu pecho de canario, cómo escribiste el último trazo solitario.

Te tienes a ti misma como un pequeño sol entre las manos y nos tienes a todos bajo ese sol de tus cabellos y ora sí ya me estoy poniendo cursi pero nomás para despistar porque "no es lo mismo ver llover que estar en el aguacero" y eso de decir te quiero aquí frente a tanta gente siendo como represento al Príncipe del Infierno, se pone medio difícil: porque mi amor es eterno y ora sí entrando en materia, tan muy buenos los tamales que de dulce, que de chile, que de flor de calabaza, quesque de La "Flor de Lis" y de flores de papel que florecen en tu casa. ¡Ay Elena!, ¡ay Elenita! Tantas cosas te dijera nomás diciendo ¡Ay Elena!

"Que no hay cusca ni ladrón que no tenga santo de su devoción" y tú santa, Santa Elena, isla donde Napoleón ya quisiera refugiarse, Santa de mi devoción, emperatriz del maguey, no me dejes ser tan guey "que el que no conoce a Dios donde quiera se anda hincando", y el que no conoce a Elena lo chamuscará la pena.

---

[9] Texto para la presentación del libro La "Flor de Lis", publicado en La Jornada el 15 de marzo de 1988.

Y aquí está pues tu libro que no sólo no está mal, sino que le faltan hojas, que a la hora de que se acaba quiere uno más y ya nuay. Como dicen en francés este tamal se pa mal. Y aquí me desaparezco yo que, por lo general, soy siempre el aparecido, no porque tenga mi hogar y se enoje mi marido sino porque estoy jodido y tengo otra aparición en la compañía de Shakespeare, otro admirador de Elena, que por ahí tal vez les suena.

Vine vestido de Joyce, pero no tengo Rolls Royce, así que me voy corriendo y en lo alto de la higuera le voy a cantar a mi güera:

> La amaré toda la vida
> le daré lo que me pida
> pero acuérdate Elena
> no te apures pa'que dures
> Elena boca de grana
> cachetitos de manzana.

"LA ABOLICIÓN DE LA CULPA"
CARLOS MONSIVÁIS

A principios de los cincuenta, cuando Elena Poniatowska comienza su tarea periodística, es todavía noticia aislada la noción de "escritoras" mexicanas. El nombre de Sor Juana aparece desde luego para casi clausurar la lista, y los memoriosos citan a Josefa Murillo, llamada La Alondra del Papaloapan con el objeto de que a nadie se le olvide el atributo femenino de la sensiblería. Hay lugar en la brevísima lista para Nellie Campobello, narradora de la Revolución, localizada como curiosidad, y los nostálgicos de la derecha citan a María Enriqueta Camarillo viuda de Pereyra, autora de *Rosas de infancia*. No mucho más. Aún no publican lo mejor de su obra Elena Garro y Rosario Castellanos, y es mínimo el público para cuentistas como Amparo Dávila y Guadalupe Dueñas.

Casi desde el primer momento, Elena Poniatowska impone con relativa facilidad su estilo de entrevistadora. Sabe describir, usa metáforas seductoras y frágiles, lanza preguntas desarmantes y convierte las entrevistas en su Universidad, en sentido estricto. Allí encuentra a los personajes estimulantes, a las últimas atmósferas del nacionalismo que recreará más tarde (*Querido Diego, te abraza Quiela* y *Tinísima*), al gusto por la imaginación verbal y gracias a la estampa costumbrista, recopilada parcialmente en *Todo empezó el domingo*, con dibujos de Alberto Beltrán, se acerca de modo más sistemático al pueblo y sus descubrimientos, el tema de algunas de sus grandes crónicas. Cierto, el primer contacto es sentimental y semiturístico, pero la politización del 68 y el conocimiento de su gran personaje magisterial, Jesusa Palancares, eliminarán de su trabajo el pintoresquismo.

Supongo que, con esa expresión, Poniatowska "ama a México". Pero eso no me resulta ni lo más importante ni lo más significativo de su obra, sino el manejo de su capacidad de admiración, misma que a veces le retiene en la proliferación de elogios. En momentos fundamentales de su obra (*La noche de Tlatelolco, Hasta no verte Jesús mío, Fuerte es el silencio, Tinísima*), el despliegue de sus admiraciones —por el Movimiento Estudiantil del 68, por la reciedumbre de Jesusa Palancares que elige el heroísmo para no aburrirse con el martirio, por el proceso de construcción de la colonia popular Rubén Jaramillo, por las radicales de los veintes y treintas— la obliga a la intensidad prosística y a la sucesión de vislumbres poéticos. Se requieren estos climas vehementes para hacerle justicia a la épica que Poniatowska valiera tan altamente. La condición épica, en el caso de los militante stalinistas, desemboca en el endiosamiento de un aparato de exterminio y terror, pero en *Tinísima* se distingue entre el personaje en ascenso (la generosidad revolucionaria) y el personaje en plena autodestrucción (la inquisidora bolchevique).

Inevitablemente, la admiración por el don de hazañas en atmósferas hostiles conduce a Elena a analizar la situación de las mujeres. En un medio soezmente machista la dignidad femenina es la proeza que se defiende, sea con ironía y talento (Rosario Castellanos), sea mediante la invención de personalidades (Frida Kahlo, Lupe Marín, Lola Álvarez Bravo, Rosario Ibarra de Piedra), sea con el recurso de la terquedad de la especie (Jesusa Palancares). Poniatowska conduce su aprendizaje del feminismo a través de las recreaciones de figuras tensas, poderosas, atropelladas por la conspiración de los prejuicios. Y el cambio de personajes, que es también la mudanza de atmósferas narrativas, obliga a Poniatowska a renunciar casi por entero a las defensas y astucias de sus comienzos, de *Melés y Teléo* y *Lilus Kikus*, cuando su singularidad radicaba en la "frescura" anunciada como ingenuidad, en los giros graciosos y las metáforas inesperadas, en la ebullición que prepara a un estilo. A las posiciones feministas, Poniatowska llega a través de la vida de sus personajes, y de la compasión que es toma de conciencia.

En 1969 *Hasta no verte Jesús mío* revela la solidez que se ha ido consolidando entre admisiones regocijadas de inmadurez. Jesusa Palancares, la relatora de las desdichas de la mujer pobre, es, en su comportamiento, alguien genuinamente anónimo, en el sentido de carente de contextos personales, pero no es figura simbólica, y este es un gran mérito del libro. La mujer típica es también el ser específico, la-nacida-para-sufrir a quien el torbellino de la Revolución y el conocimiento de la capital que se expande entre bailongos y arrejuntes y rupturas, la protegen contra la peor amargura que es la pérdida del sarcasmo. En *Hasta no verte...* queda claro: el resentimiento es una consecuencia laboral, y el trabajo inclemente es la otra respiración de las mujeres, en el patriarcado. *Hasta no verte...* es la reelaboración elocuente y hermosa del México siempre desconocido. En su vida cotidiana, Poniatowska nada tiene en común con Jesusa Palancares; en la dimensión de la literatura, halla en Jesusa un elemento indispensable: la caudal de sufrimiento concreto que declara abolida la culpa.

La noche de Tlatelolco es un libro histórico y es, al mismo tiempo, historia, en el sentido más radical, del hecho que le imprime sentido a la acumulación de acontecimientos, del ordenamiento de una realidad que le facilita su comprensión a quienes la han vivido y, sobre todo, a quienes la conocieron parcialmente o no estaban en la posibilidad física o cronológica de entender. Publicada por Ediciones ERA a principios de 1971, *La noche de Tlatelolco* es un testimonio oral insuperable donde se oye hablar a la comunidad creada en esos meses por la resistencia y el amor romántico. Las voces son posiciones críticas y emotivas, que dan fe de lo sustancial entre los jóvenes del 68, de su compromiso más emocional que político con los derechos humanos y civiles. *La noche de Tlatelolco* hace transparente lo obvio (esa es la virtud de la crítica en medios sojuzgados por el autoritarismo: hacer transparente la obviedad), y al mostrar un movimiento de derechos civiles enfrentado al absolutismo, recupera lo invisibilizado por la censura y la operación de amnesia que llamábamos prensa e información radiofónica y televisiva. En las voces allí congregadas se expresa la decisión involuntaria y voluntaria de heroísmo, ese heroísmo solemne y relajiento (la estatua del desmadre) que ya no impulsa el patriotismo clásico sino la mera imposibilidad de soportar la opresión y la abyección del sistema. Y en *La noche de Tlatelolco* se revela también un método de su autora: preguntar con la insistencia suficiente para que los entrevistados se enteren a fondo de sus vivencias y pensamientos.

Querido Diego, te abraza Quiela es un testimonio romántico, no demasiado distante de un melodrama clásico, con una diferencia: lo narrado sí aconteció en lo esencial, Quiela se llama Angelina Beloff, y el cruel e incomprensivo Diego (Rivera) es uno de los ejes de la cultura mexicana de este siglo. Quiela —artista menor, extranjera en tierra de revoluciones— es una víctima, alguien por tanto incluido en la esfera de las primeras obsesiones de Poniatowska y de la idea que ha ido modificando, sin abandonarla del todo: el martirologio femenino es el antecedente de la autonomía. Y será otra extranjera en tierra de guerras y revoluciones, artista mayor de trayectoria suspendida por el sectarismo, quien reactiva el poderío narrativo de Elena. En *Tinísima*, fresco extraordinario de los años de la militancia heroica, Tina Modotti representa la fiebre de vivir y de radicalizarse que les dio a las mujeres de la vanguardia la plenitud negada por el patriarcado. Modotti necesita ser muchas profesiones a la vez porque sólo así ejerce debidamente su energía vital; es aspirante a estrella de cine, bohemia burguesa, mujer liberada en un sentido drástico, fotógrafa admirable, comunista politizada por Xavier Guerrero y Julio Antonio Mella, stalinista en México, Alemania, la URSS y España. Tina no es, como Jesusa Palancares o Quiela o Rosario Castellanos, una figura moral impecable, pero sí, y gracias también a sus contradicciones, es excepcional. Por su generosidad se identifica con la causa bolchevique, y por su stalinismo cae en la deshumanización y el ánimo de exterminio de los "traidores". Sin duda Tina es el personaje más complejo de Poniatowska porque en su caso la víctima es también el verdugo, el sufrimiento desemboca en el escepticismo sardónico, la compasión es el reverso de la ferocidad.

"La sonrisa de Elena Poniatowska"
José Joaquín Blanco [10]

Elena Poniatowska empezó desde arriba, con total insolencia. Ya están desde el principio su estilo, su ironía, su ritmo, su música, su crítica, su desparpajo, su chantaje de que "soy sencillita pero cuídate de mí más que de una bruja"; su voluntad de sonrisa y de vida. Su talento sobresaltó en los cincuenta a su "tío" Salvador Novo, con mucho el más sensible termómetro cultural de que disponía el país.

Alfonso Reyes pudo haber dicho de ella: "Nació como Minerva, completamente armada". En efecto: *Lilus Kikus*, *Palabras cruzadas* y *Todo empezó el domingo* ya revelaban, en lo esencial, a la escritora Elena Poniatowska que admiramos en este fin de siglo.

Abundan, para mi gusto, los vuelos de ángeles en la ciudad de México que describe con "tanta chispa", según se decía durante los años cincuenta, en *Todo empezó el domingo*. ¡Tanta gracia en la ciudad! Pero el ángel es Elena y no tanto la ciudad de México, la cual sonríe en este libro en el rostro de su autora, y no escasos merecimientos propios en los libros de Bernardo de Balbuena y de Salvador Novo, y en las crónicas de Manuel Gutiérrez Nájera.

Pero nunca hubo un paraíso en estas partes, ni una región muy transparente. Si uno se asoma a los archivos, a las hemerotecas, a la literatura, encontrará que todo siempre ha

---

[10] Perfil biográfico aparecido en el sitio de Internet "Escritoras de Hispanoamérica" (http://redescolar. ilce .edu.mx)

sido espantoso. La ciudad de México aparece como bonita o fea por puros méritos ideológicos, o por vicisitudes, caprichos y, sobre todo, por voluntarismos líricos…

Elena Poniatowska nos ha enseñado, con muy duros tonos, la crítica de la vida —*La noche de Tlatelolco*, *Fuerte es el silencio*, sus crónicas del temblor— y del país; pero siempre hay en su bandera una sonrisa indirecta, una voluntad de vida, y no sólo de la vida como proyecto y teoría, sino de la vida que hay que vivir, banal o insoportable, minuto a minuto. La sonrisa esencial para las minucias instantáneas. Dijo Auden en su poema de homenaje de Voltaire: "Sí, la lucha contra lo falso y lo injusto / siempre vale la pena. Igual que la jardinería. Civilizar…"

Alabo su sonrisa. Alabo la intrepidez de esa chamaquilla, que, como diría Simone Weil "en el infierno se creyó, por error, en el paraíso". Creo que esa voluntariosa necesidad o urgencia de dicha prosperó en su novela *Hasta no verte Jesús mío*, en la cual logra el paisaje de la pobreza desde el honor, la altivez y la energía de una voz narradora sumamente vitalista, por más que la realidad obstaculice a cada rato a su personaje igualmente admirable…

En el plano literario, podemos legítimamente enorgullecernos de la obra maestra que logró el reportaje, o la historia oral, o la crónica, o como se quiera llamar a un género tan ambicioso como *La noche de Tlatelolco*. Episodios equivalentes más difíciles, en Europa, Asia, África o Estados Unidos no contaron con semejante audacia y plenitud profesional. ¿De veras el *New Journalism* ocurrió en Nueva York? No, culminó sobre todo en un libro mexicano de Elena Poniatowska.

BIBLIOGRAFÍA ANOTADA
OBRAS PRINCIPALES DE ELENA PONIATOWSKA

NARRATIVA:

Lilus Kikus. Colección Los Presentes, núm. 1, México, 1954. Segunda edición, aumentada:

Los cuentos de Lilus Kikus. México: Universidad Veracruzana, 1967. Tercera edición (1982), Grijalbo. Cuarta edición (1985), ilustrada por Leonora Carrington, Ediciones ERA.

Hasta no verte Jesús mío. México, Ediciones ERA, 1969. (47 ediciones).
> Círculo de Lectores (Madrid), 1984.
> Alianza Editorial (Madrid), 1984.
> Secretaría de Educación Pública, Lecturas Mexicanas, 2a. serie, 1986.
> Casa de las Américas (La Habana), 1991.
> Traducciones al francés, al italiano, al flamenco y al inglés.

Querido Diego, te abraza Quiela. México, Ediciones ERA, 1976. (22 ediciones).
> Alianza Editorial (Madrid), 1978.

Traducciones al holandés, al polaco, al danés, al francés, al alemán y al inglés.

De noche vienes. México, Grijalbo, 1979.

México, Ediciones ERA, 1985. (Doce ediciones).

La "Flor de Lis". México, Ediciones ERA, 1988. (Doce ediciones).

Tinísima. México, Ediciones ERA, 1992. (Siete ediciones).

Paseo de la Reforma. México, Joaquín Mortiz, 1996. (Cuatro ediciones).

La piel del cielo. México, Alfaguara, 2001. (66 mil ejemplares vendidos).

Tlapalería. México, Ediciones ERA, 2003.

El tren pasa primero. México, Alfaguara, 2005.

OBRAS REUNIDAS:

Obras Reunidas I (*Lilus Kikus, Querido Diego, te abraza Quiela, De noche vienes, Tlapalería*). México, Fondo de Cultura Económica, 2005.

Obras Reunidas II (*Hasta no verte Jesús mío, La "Flor de Lis", Paseo de la Reforma*). México, Fondo de Cultura Económica, 2006.

TEATRO:

Melés y Teléo, apuntes para una comedia, revista *Panoramas,* núm. 2, verano, 1956, pp. 135-299.

ENTREVISTA:

Palabras cruzadas. México, Ediciones ERA, 1961.
Domingo Siete. México, Océano, 1982. (Tres ediciones).
¡Ay vida, no me mereces! México, Joaquín Mortiz, 1985.
  (Diez ediciones).
Todo México (tomo I). México, Diana, 1990. (Cinco
  ediciones).
Todo México (tomo II). México, Diana, 1993. (Dos edi-
  ciones).
Todo México (tomo III), *Gabriel Figueroa: la mirada que
  limpia.* México, Diana, 1996.
Todo México (tomo IV). México, Diana, 1998.
Todo México (tomo V). México, Diana, 1999.
Todo México (tomo VI). México, Diana, 2000.
Todo México (tomo VII). México, Diana, 2002.
Todo México (tomo VIII). México, Diana, 2003.
Jardín de Francia. México, Fondo de Cultura Económica,
  2008.

LIBROS PARA JÓVENES:

Boda en Chimalistac. México, Fondo de Cultura Econó-
  mica, 2008.
La Adelita. México, Tecolote, 2006.
El burro que metió la pata. México, Tecolote, 2007.

CRÓNICA:

Todo empezó el domingo. Dibujos de Alberto Beltrán,
  volumen especial de la Colección Vida y Pensamiento

de México, México, Fondo de Cultura Económica, 1963. Primera reimpresión, México: Océano, 1997.

La noche de Tlatelolco: testimonios de historia oral. México, Ediciones ERA, 1971. (56 ediciones). Traducción al inglés (*Massacre in Mexico*, con prólogo de Octavio Paz), New York, Viking Press, 1975.

Fuerte es el silencio. México, Ediciones ERA, 1980. (Doce ediciones). Traducción al alemán.

Nada, nadie: las voces del temblor. México, Ediciones ERA, 1988. (Ocho ediciones). Traducción al inglés (*Nothing, Nobody, the Voices of Mexico City's Earthquake*). Philadelphia, Temple University Press, 1995.

Amanecer en el zócalo: los 50 días que confrontaron a México. México, Planeta, 2007.

TESTIMONIO:

Gaby. Brimmer. México, Grijalbo, 1979. (Dieciocho ediciones).

ENSAYO:

El último guajolote. México, Martín Casillas y Secretaría de Educación Pública, 1982.

Luz y luna, las lunitas. México, Ediciones ERA, 1994. (Cinco ediciones).

Las soldaderas. México, Ediciones ERA (Conaculta/ INAH), 1999.

Las siete cabritas. México, Ediciones ERA, 2000.

Las mil y una: la herida de Paulina. México, Plaza y Janés, 2000.

BIOGRAFÍA:

Juan Soriano: niño de mil años. México, Plaza y Janés, 1998.
Octavio Paz: las palabras del árbol. México, Plaza y Janés, 1998.
Mariana Yampolsky: Mariana y la Buganvilia. México, Plaza y Janés, 2001.
Miguel Covarrubias: vida y mundos. México, ERA, 2004.

POESÍA:

Rondas de la niña mala. México, ERA, 2008.

MISCELÁNEA:

Cartas de Álvaro Mutis a Elena Poniatowska. México, Alfaguara, 1998.

LIBROS SOBRE ELENA PONIATOWSKA:

Ascencio, Esteban (entrevistador). *Me lo dijo Elena Poniatowska: su vida, obra y pasiones contadas por ella misma.* México, Ediciones del Milenio, 1997.
Jörgensen, Beth. *The Writing of Elena Poniatowska: Engaging Dialogues,* Austin, University of Texas Press, 1994.

Principales referencias a su obra
(en inglés):

Basinett, Susan. *Knives and Angels: Women Writers in Latin America*. London, Zed Books, 1990.

Franco, Jean. *Plotting Women: Gender and Representation in Mexico*. New York, Columbia University Press, 1989.

Ibsen, Kristene, ed. *The Other Mirror: Women's Narrative in Mexico, 1980-1995*. Westport, Greenwood Press, 1997.

Kaminsky, Amy, *Reading the Body Politic: Feminist Criticism and Latin American Women Writers*. Minneapolis, University of Minnesota Press, 1993.

Meyer, Doris y Margarita Fernández Olmos, eds. *Contemporary Women Authors of Latin America: Introductory Essays*. Brooklyn, Brooklyn College Press, 1983.

Neubauer, John y Helga Geyer-Ryan, eds, *Gendered Memories*. Amsterdam, Rodopi, 2000.

Schaefer, Claudia. *Textured Lives: Women, Art, and Representation in Modern Mexico*. Tucson, University of Arizona Press, 1992.

Steele, Cynthia, *Politics, Gender, and the Mexican Novel, 1968-1988: Beyond the Pyramid*. Austin, University of Texas Press, 1992.

Williams, Raymond Leslie. *The Postmodern Novel in Latin America: Politics, Culture, and the Crisis of Truth*. New York, Saint Martin's Press, 1995.

AGRADECIMIENTOS

El proceso de investigación para este libro fue facilitado en parte por una beca de la Fundación Andrew W. Mellon que me permitió estar un año en el departamento de español de la University of Southern California (USC). También quisiera agradecer a algunas personas cuya participación en los múltiples aspectos del libro resultó indispensable:

Adriana González Mateos, Alejandro Varderi, América Sánchez, Ana Cecilia Treviño (Bambi) (†), Ángel de la Cruz (†), Carlos Fuentes, Doris Bravo, Enrique Rodríguez Mirabal, Fausto Rosales Ortiz, Ignacio Amador Montelongo, Isabel Castillo "Chabela", Isolina Ballesteros, Juan Antonio Ascencio, Kim Jurmu Melhoff (†), Lisette Parodi (†), Lois Parkinson Zamora, Magdalena Castillo, María DeMello, Paulette Amor de Poniatowski (†), Rosa Beltrán, Susanne Wagner, Susan Schaffer y Tufic Makhlouf.

CRÉDITOS DE FOTOGRAFÍAS

Úrsula Bernath (p. 27), Héctor García (pp. 55, 195), Lola Álvarez Bravo (p. 221) y Pedro Valtierra (p. 337).

ÍNDICE

INTRODUCCIÓN
"LO QUE ME IMPULSA ES EL DESEO"

CAPÍTULO I
VIVIR UN CUENTO DE HADAS

Capítulo II
La Universidad en la calle

Capítulo III
"Elenita": la joven narradora

Capítulo IV
La "princesa del tepalcate"

Capítulo V
Un México desconocido

Capítulo VI
1968: Año de Tlatelolco

Capítulo VII
Viuda de desastre

Capítulo VIII
De la tierra al cielo

Capítulo IX
Elena: patrimonio universal
(A manera de conclusión)